美國
以基督教立國

清教徒神學與英美保守主義
建國二十五大原則

王志勇　著

主流出版有限公司　出版

獻詞

獻給愛妻朱素雲女士
記念主內結婚三十週年
（1991~2021）
孝敬父母，相夫教子，送往迎來，
含辛茹苦，無怨無悔！

表面主張民權之徒，走的實為專制之路；
顛覆共和主權之民賊，政治生涯伊始時，都曾討好百姓。
他們當中，多以蠱惑家開局，終以專制者收場。
——漢密爾頓《聯邦黨人文集》

宗教被自由看成是戰友和勝利夥伴，
看成自己嬰兒時期的搖籃和後來各項權利的神賜依據。
自由把宗教視為民情的保衛者，
而民情就是法律的保障和讓自由持久的保證。
——托克維爾《論美國的民主》

教會承認，眼看肆無忌憚地使用血腥暴力，
無數無辜的人身心受苦，壓迫、仇恨以及謀殺，
卻沒有為無辜的人說話，也找不到途徑，趕緊去救助他們。
教會因此對耶穌基督最軟弱和最無自衛能力的兄弟之死負有罪責。
——朋霍費爾，《倫理學》，胡其鼎譯（北京：商務，2012 年），101 頁。

目錄

余序
美國，美國，快回到你立國的根基

　　二〇二一年春，我在台灣出版了窮盡二十年心血完成的《大光：宗教改革、觀念對決與國族興衰》三部曲。然而，此書在在華語教會中並未激起「死水微瀾」，反而在教會外得到更多的關注和肯定。比如，經濟學者、評論人何清漣在一篇書評中指出：

　　　　余杰與我一樣，來美國的年代是美國保守主義迅速衰落的時代，當時，我們對美國的認知還是托克維爾描述的「美國式民主」──地方自治加三權分立的基督教國家、大陸制憲會議與憲法的神聖、雷根時代。但二〇一五年西方難民潮之後，我們深刻感知西方世界的變化，開始關注美國國內政治、經濟與社會的變化。余杰的《清教五百年秩序》，涉及到的自歐巴馬當政以來的時間段不過十三年，放在五百年當中非常短促，但余杰卻非常敏銳地捕捉到各種本質的變化，並尖銳地指出這些變化與清教秩序──上帝選國的各種不可調和的衝突與矛盾。

　　「躲進教堂成一統」的教會早已喪失了整全性的世界觀和文明論，面對左派意識形態、世俗化和非基督化的潮流從衝擊，毫無招架

之力。就連最保守的美國新教最大的宗派美南浸信會都急劇左傾，向極左的「黑命貴」運動屈膝下跪。美國秩序的動搖，跟教會的軟弱不無關係。

在華語教會內部，更是少有人關心此類看似無關婚姻輔導、子女教育的議題。一位基督徒評論人嘆息說，在教會內讀余杰的書是一種「政治不正確」。由此，更可以想像，作為牧師和神學家的王志勇，提出「美國是基督教國家」這個常識時，必然是「知音少，弦斷有誰聽」。很多頗具名望的牧師、神學院教授自覺不自覺地接受左派思想的洗腦，不能認同王志勇的論述，甚至支離破碎地引用聖經經文來否定這個常識。

光進入黑暗中，黑暗卻不接受光。人類悖謬的歷史，向來如此，日光之下無新事。美國憲法學者和歷史學者斯考森（W. Cleon Skousen）早就痛切地指出：「就思想意識來說，我們是非美國的一代人。即使我們當中那些受過政治科學教育的人，也沒有被要求去讀聯邦黨人的文章，讀洛克、柏克、亞當·斯密，或讀那些把憲法置於重要地位的人的原著。我們的一位大學教授甚至說，美國憲法已經過時了。他認為，這部憲法並不是為一個現代的工業社會設計的。」拋棄美國立國根基的結果是什麼呢？是美國的衰落，是「毒品、騷亂、革命、恐怖手段，掠奪性戰爭，反常的性行為，曇花一現的婚姻，有組織犯罪，忽視乃至虐待孩子，麻醉性狂歡，債務殘生的繁榮」——經過二〇二〇年美國歷史上前所未有的選舉舞弊、病夫竊國，以上種種罪惡，在美國堂而皇之、變本加厲地上演了。

為了對抗「非美國」的意識形態，斯考森寫了《飛躍五千年：美國二十八條立國原則》一書，從美國憲法中提煉出二十八個關鍵原

則、二十八個「有助於改變世界的偉大觀念」──正如美國著名媒體人格倫・貝克所說，美國的國父們幾乎沒有發明它們其中的任何一個，但是他們發現了它們，並且把這些觀念引入了一份單獨的文件（美國憲法），這份文件已經賜福給這個偉大的國家與世界。

斯考森所指出的二十八原則，其中有若干原則已是舉世公認的普世價值的一部分，即便那些專制獨裁的國家，也不得不在表面上承認它們，比如「所有人生來都是平等的」、「只有財產安全，生命和自由才不會收到侵犯」、「應建立制衡制度，防範權力濫用」等等；但也有很多是生活在英美文明、英美秩序之外的人們所陌生的，比如「在共和政體的憲法之下，只有品德高尚的人才能成為自由人」、「如果沒有宗教信仰，政府和公民的自由就不能長久」、「若要將繁榮推向極致，自由市場經濟和最低限度的政府干預兩者缺一不可」──這一部分尤為重要，尤其應當在華語文化圈和華語教會中傳播、普及和推廣。

王志勇的《美國：以基督教立國》一書，可以說是一本基督教色彩更突出、更強烈的《飛躍五千年》。在本書中，王志勇從根基性、人道性、價值性、制度性、延續性等五個方面歸納出證明美國是以基督教立國的國家的二十五個原則，這些原則來自於美國憲法，也來自於聖經──美國憲法是近代以來英美保守主義政治哲學的完美總結，而自宗教改革以來清教徒對聖經的重新詮釋所形成的清教徒神學，則是「根基之根基」。

赴美十年以來，我走訪過數十家北美的華人教會，遺憾地發現很多都淪為與同學會、同鄉會平行的「少數族裔俱樂部」。很多牧者和信眾對聖經真理興趣缺缺，卻耗費無數時間和精力在微信上分享吃喝

玩樂及八卦消息。一方面，他們因為離開此前的母國（中國、台灣、香港或其他東南亞國家）似水流年，失去了對原來生活之地的「感同身受」（比如，他們通常對中共政權迫害家庭教會無感）；另一方面，他們在北美生活了多年，卻不願融入在地的文化和社會脈動，即便在法律上入籍，卻仍然對所在國持有「過客」之心態。這種雙重的尷尬和無根的狀態，使得很多在北美華語教會中擁有博士、教授頭銜的會友，其精神世界與國內的打工妹、小保姆「同構」──他們的娛樂就是「翻牆」回中國去「追劇」，和看那些無腦的娛樂節目。因此，對於西方和美國當下面臨的重大危機，他們漠不關心、不聞不問。面對海外華語教會的這種怪現狀，大部分牧師只能遷就、配合，充當「維持會會長」，講道亦力求「你好、我好、大家好」，既無深度亦無廣度，更不敢從聖經真理出發針砭現實，「以免引發爭議」。

王志勇是其中的異數。他經歷過八九學運，曾是法學研究者和律師，早在北京生活時就已經是家庭教會的牧師；赴美之後，他先在加爾文神學院研究神學，然後在北美多家華人教會牧會。他關心中國的民主和人權狀況，敢於在諸多敏感事件上公開發言；成為美國公民之後，他更是忠於自己的誓言，與各個族裔的愛國者一樣，苦苦思索捍衛美國秩序、讓美國再次偉大的良策。他曾入選百名最具影響力的華人知識分子名單，身兼牧師和公共知識分子兩種身分（那份名單中，他是唯一的一名牧師）。他更力圖回到清教徒幫助美國建國的那個偉大傳統之中──美國獨立戰爭期間，有一位生活在美洲殖民地的保皇派寫信給英王喬治三世說：「我個人以為所有這些不尋常的行動，都要怪長老教會。他們是煽動所有這些誇張手段的主要管道。」而當這些「不尋常的行動」傳到英國時，首相沃波爾

（Horace Walpole）在議會上說：「我們的表親美國和一位長老會的牧師跑了。」這位長老教會牧師，指的就是普林斯頓大學校長威瑟斯龐（John Witherspoon），他是美國獨立建國的開國元勳，也是唯一簽署獨立宣言的牧師。威瑟斯龐早在一七七一年就出版了一本支持美洲獨立的著作，並鏗鏘有力地寫道：「為了抵抗奴役，即使死亡也在所不惜。……回顧歷史，一旦失去政治自由，宗教自由亦將不保。」這與今天教會主動「非政治化」的立場真是天壤之別！一七七六年六月二十八日，威瑟斯龐牧師以紐澤西代表的身分出席費城的大陸會議，參與獨立宣言的討論，並在獨立宣言上簽名。他所參與的政治活動，就是其宗教信仰的投射，正如他自己所說的那樣：「有根基就有方向！」

所謂正本清源，梳理根基，就是尋找方向。歷史從來不是一潭死水，歷史是一條川流不息的大河；信仰從來不是一場跟著感覺走的遊戲，信仰是一場有始有終、流血流汗的征戰。王志勇是一位將書齋和講壇當作戰場的學者和牧師。他看到美國目前正面臨建國以來最大的政治、經濟、社會、精神和信仰危機，正如他在本書的序言中所指出的那樣：

第二次世界大戰前後，歐洲殘餘的馬克思主義知識分子以難民的身分進入美國，反客為主，開始打著「文化批判」的旗幟滲透、顛覆美國大學和媒體，他們以歷史性、中立性、客觀性、多元性為名，向美國立國之本基督教文明發動了全方位的「超限戰」。這場戰爭最深層的乃是思想之戰，就是上帝所啟示的基督教真理與一切異質宗教或意識

形態的爭戰，目前尤其是與「文化馬克思主義」的爭戰。

不管教會和基督徒是否願意應戰，戰爭的號角已經吹響，對方正在步步緊逼。王志勇大聲呼籲說：「美國基督徒必須清醒過來，自覺地捍衛基督教在美國的地位，回到清教徒和保守主義的正傳，繼續發揮基督教真理在美國社會中本有、當有的中流砥柱式的影響。否則，美國就會被共產主義、社會主義、伊斯蘭教等異質思想徹底顛覆，美國就會面目全非，不再是原初意義上的『上帝之下統一的國家』（One nation under God）。」但願更多北美華語教會的基督徒聽到此一呼喊，加入到這場守護美國、守護憲法、守護聖經的戰鬥中來。

王志勇寫作此書，既是為捍衛美國秩序，亦是為中國未來的轉型提供另一種價值參照係和另一條可能的出路。六四屠殺三十多年後，中國不僅沒有「走向共和」，反而掉頭「走進帝制」，這是當初的參與者們未曾意想到的結果，這也是那些希望讓中國先富起來、先加入經濟全球化體系，然後再民主化的西方人士始料未及的情況。為什麼出現這種「中國例外」現象？除了持久地批判中共的專制暴政、獨裁者的倒行逆施之外，王志勇與一般海外民運人士、異議人士之間最大不同之處在於，他更多地反省了「反抗者的缺陷」和「反抗者的歧路」。很多高喊反共口號的人，其實是「隱形的共產黨員」——以惡抗惡、以暴易暴，即便成功，亦不過是建立一個無共產黨之名而有共產黨之實的政權。回顧二十世紀的歷史，一九四九年中共建政不是錯誤的開始，而是一九一九年五四運動思想歧途的必然結果。王志勇在本書的自序中指出：

　　很多中國知識分子並不了解憲政與民主的分別，更不瞭解憲政與民主背後以基督教真理，尤其是以清教徒神學為根基的觀念秩序。他們把民主當成了包治百病的靈丹妙藥。民主制度成為當今世界自由主義知識分子公認和追求的普世價值，中國一九一九年五四運動明確把「德先生」（democracy，民主）列為中國首先當追求的目的。從歐美憲政民主的發展來看，基督教真理始終是立國的根基，民主制度不過是從基督教長期發展結出來的果子（邱吉爾所說的「最不壞」的制度而已）。要民主制度，而不要基督教真埋，這當然是本末顛倒甚至是緣木求魚之舉。這種不要基督教真理，只要基督教真理所帶來的憲政、民主、法治、自由與興盛的夢想，乃是中國幾百年來追求現代化的自由主義知識分子最大的誤區。

　　這是繼余英時、林毓生、張灝等前輩思想史家對中國近代化敗局和悲劇的深刻反省之後，基督徒公共知識分子對同一問題所做出的最新思考。但願更多中國家庭教會的基督徒和所有熱愛自由的人們，從這本書中看到大光、看到真光。

余杰

二〇二一年八月十一日

美利堅合眾國維吉尼亞共和國費郡綠園群櫻堂

美國：以基督教立國
——清教徒神學與英美保守主義建國二十五大原則

自序
文化戰爭與基督教國家

　　思考人性的問題，關注國家的興衰，始終是高尚的精神事業。前者是宗教問題，關乎個人的靈魂秩序，涉及到每個人都需要面對的安身立命問題；後者是政治問題，關乎社會的公共秩序，涉及到每個人都不得不面對的家國天下問題。魚兒關心水，水兒滋養魚，宗教與政治，實在是須臾不可分離的魚水關係。脫離政治的宗教是不可能存在的，脫離宗教的政治也是不可能存在的，關鍵是要正確地認識宗教和政治的關係。

　　圍繞二〇二〇年美國總統大選，目前美國基督教立國與基督教文明的理想，正在遭受敵基督者狡猾的顛覆與瘋狂的攻擊！那些享受著美國基督教國家與文明所帶來的自由與法治保護的人，卻矢口否認美國是基督教國家和文明，甚至把基督教文明視為「文化霸權」！不管是伊斯蘭教徒，還是來自中國的共產黨員，以及美國本土生產的社會主義者（及形形色色的左派），他們同心合意，一同起來，利用各種手段，包括虛假新聞、偷竊選票和打砸搶等欺詐與暴力恐怖行為，不僅要顛覆美國立國的基督教傳統，還要直接顛覆以選舉為軸心的美國代議民主制度。

　　對於這種狀況，一切熱愛上帝、真理和自由的人，都當警醒謹守，免得中了仇敵的詭計。對於美國當今面對的爭戰，憲政學者王建

勳明確指出：「在過去半個世紀中，美國正在經歷一場文化戰爭。它發生在進步主義者（自由主義者）和保守主義者之間，其分歧涉及政治、經濟和社會諸領域，雙方的爭論主要圍繞政府權力、私有產權、自由市場、資本主義、墮胎以及同性婚姻等問題展開。保守主義者致力於捍衛基督教傳統、有限政府和資本主義，認為這是美國精神乃至西方文明的核心。進步主義者則宣導世俗化、大政府、干預主義以及福利國家。這是一場觀念與信仰之爭，西方文明的未來在很大程度上取決於保守主義能否占據上風。」[1] 基督徒最大的社會關懷就是國家問題，而國家問題的根本仍然是信仰與文化問題。

早在一九九一年，學者亨特（James Davison Hunter，1955 年）就發表了《文化戰爭：界定美國之戰》一書，強調這種「文化衝突」（cultural conflict）的終極就是對「統治權的爭奪」（the struggle for domination）。這種爭奪戰涉及到私人與公共文化的各個方面。[2] 尤其是第二次世界大戰前後，歐洲殘餘的馬克思主義知識分子以難民的身分進入美國，反客為主，開始打著「文化批判」的旗幟滲透、顛覆美國大學和媒體，他們以歷史性、中立性、客觀性、多元性為名向美國立國之本基督教文明發動了全方位的「超限戰」。[3] 這場戰爭最深層的

---

1 王建勳，《文化戰爭、保守主義與西方文明的未來》，見《當代美國評論》，2019 年第 4 期，59-77 頁。

2 See James Davison Hunter, *Cultural Wars: The Struggle to Define America* (New York: Basic Books, 1991).

3 See Michael Walsh, *The Devil's Pleasure Palace: The Cult of Critical Theory and the Subversion of the West* (New York: Encounter Books, 2015)；喬良、王湘穗，《超限戰與反超限戰：中國人提出的新戰爭觀美國人如何應對》（北京：長江文藝出版社，2016 年）。

乃是思想之戰，就是上帝所啟示的基督教真理與一切異質宗教或意識形態的爭戰，目前尤其是與「文化馬克思主義」的爭戰。[4] 這種「文化馬克思主義」已經通過大學和媒體滲透到美國社會之中，左派知識分子以「思想更加解放」之名，貶低基督教神學，甚至仇視基督教信仰，把美國大學變成了顛覆基督教信仰和文明的大本營。[5]

　　一九九六年之時，哈佛大學政治學教授亨廷頓（Samuel P. Huntington）發表《文明的衝突》一書（以及隨後的《誰是美國人》），強調「美國面臨著一個較為直接和危險的挑戰」，這個挑戰就是：「在歷史上，美國的民族認同在文化上是由西方文明的遺產所界定的，在政治上則是由美國信條的原則所界定的，即絕大多數美國人都贊同的自由、民主、個人主義、法律面前人人平等、憲政和私人財產權。二十世紀末，美國認同的這兩個部分受到了為數不多但極有影響的知識分子和國際法專家集中而持久的攻擊。他們以多元文化主義的名義攻擊美國對西方文明的認同，否認存在著一個共同的美國文化，提倡種族的、民族和和亞民族的文化認同和分類。」[6] 正如小亞瑟‧施萊辛格所指出的那樣：「多元文化主義者常常是堅持種族中心的分裂主義

4　See Jefrey D. Breshears, *American Crisis: Cultural Marxism and the Culture War: A Christian Response* (Center Point Publishing, 2020).

5　埃米爾‧瓦爾特 – 布希，《法蘭克福學派：批判理論與政治》，郭力譯（北京：社會科學文獻出版社，2014 年）；弗朗索瓦‧庫塞，《法國理論在美國——福柯、德里達、德勒茲公司以及美國知識生活的轉變》，方琳琳譯（鄭州：河南大學出版社，2018 年）；小威廉‧法蘭克‧巴克利，《耶魯的上帝與人》，林毅譯（南昌：江西人民出版社，2015 年）；勞倫斯‧維賽，《美國現代大學的興起》，欒鸞譯（北京：北京大學出版社，2018 年）。

6　亨廷頓，《文明的衝突》，周琪等譯（北京：新華出版社，2013 年），281 頁。

者，在西方的遺產中，他們除了西方的罪行之外，幾乎看不到任何東西。」在態度上，他們主張「拋棄不道德的歐洲遺產，而從非西方文化中尋求補充。」[7] 亨廷頓等保守派思想家對美國的基督教文明的肯定與捍衛，卻受到左派知識界的圍剿，並被妖魔化為種族主義者。

第二次世界大戰之後，美國成為全世界的頭號強國。二戰之後美國政策的最大敗筆就是一心向全世界輸出民主，卻不強調基督教的奠基性作用。羅斯福的親信之一哈里・霍普金斯（Harry Lloyd Hopkins）在二戰結束後數周直率地向蘇聯領導人進言：「經常有人問我，我們在波蘭、希臘、伊朗和朝鮮有什麼利益所在」，他說，「我認為我們有世界上最重要的事情──而且事實上也是唯一配得我們傳統的事情，這就是：竭盡我們的外交所能，盡一切可能地培育和促進世界民主政府的發展。我們不應羞於向全世界宣告，我們渴望所有人民都能獲得真正的公民自由。我們相信生機勃勃的民主制度是世界上最好的制度。」[8] 這種解讀並不合乎美國的憲法，因為美國本身並不是民主制的國家，而是共和制的國家。當初那些締造美國憲法的人，最擔心的就是民主所導致的暴民統治。他們固然反對一個人的獨裁和少數人的寡頭統治，但更加擔憂的則是「大多數人的暴政」（the Tyranny of majority）。可惜，很多中國知識分子並不瞭解憲政與民主的分別，更不瞭解憲政與民主背後以基督教真理，尤其是以清教徒神學為根基的

7　Arthur M. Syraesinger, Jr., *The Disuniting of America: Reflections on a Multicultural Society* (New York: W. W. Norton, 1992), pp. 66-67, 132.

8　維克多・塞巴斯蒂安，《現代世界的形成》，李斯、易丙蘭譯（太原：陝西人民出版社，2015 年），14 頁。

觀念秩序。[9]他們把民主當成了包治百病的靈丹妙藥。民主制度成為當今世界自由主義知識分子公認和追求的普世價值，中國一九一九年五四運動明確把「德先生」（democracy，民主）列為中國首先當追求的目的。從歐美憲政民主的發展來看，基督教真理始終是立國的根基，民主制度不過是從基督教長期發展結出來的果子（邱吉爾所說的「最不壞」的制度而已）。要民主制度，而不要基督教真理，這當然是本末顛倒甚至是緣木求魚之舉。這種不要基督教真理，只要基督教真理所帶來的憲政、民主、法治、自由與興盛的夢想，乃是中國幾百年來追求現代化的自由主義知識分子最大的誤區。

　　當然，華語文化圈所接受的基督教本身也是漏洞百出、支離破碎，與西方基督教的正傳相比甚至可以說是南橘北枳、面目全非。許多人把基督教聖而公的真理體系約化成了「傳福音，信耶穌，升天堂」的民間宗教，從來沒有接受過托克維爾所強調的清教徒式的「民主的、共和的基督教」。[10]這種基督教的正傳在教義上強調的是聖約框架內的律法與福音的平衡、教會與國家之間的配搭、宗教與政治之間的和諧、今生與來世之間的延續。華語教會所領受的基督教則是律法與福音撕裂、教會與國家對立、宗教與政治隔絕、今生與來世衝突的扭曲變態的山寨版基督教。這種基督教缺乏整全的世界觀，當然也無法建立基督教國家和文明。更可怕的是，大多數基督徒在種種錯誤神學的毒化與洗腦之下，不僅缺乏合乎聖經的國家觀和文明論，還直接

9　參考余杰，《大光：宗教改革、觀念對決與國族興衰》（臺北：八旗，2021年），第 1 卷，《清教秩序五百年》。

10　托克維爾，《論美國的民主》，張揚譯（長沙：湖南文藝出版社，2011 年），上卷第二部分第九章，202 頁

否認聖經啟示和歷代大公教會所持守的基督教國家與文明的教訓，彷彿只有在異教政權的野蠻統治之下受苦、受虐、受逼迫，才是正常的基督徒生活。

基督教國家與文明乃是基督教信仰在人類歷史上取得的最大成就，基督徒放棄基督教國家與文明的理想乃是中了仇敵的詭計。以美國為例，從歷史的角度而言，美國當然是一個不折不扣、明明確確的基督教國家。從現實的角度來看，美國目前政治的亂象，社會主義與異質宗教的猖獗，就是因為美國大多數基督徒已經忘記了當初清教徒以基督教建國立國的根本。托克維爾強調：「我好像從第一個在美國海岸登陸的清教徒身上便看到了美國未來的命運，就像我們從人類的第一個祖先身上看到了人類的整個命運一般。」[11] 凱利（Douglas F. Kelly）在其考察中明確指出：「與現代自由主義或民主主義不同，新英格蘭的清教徒們，不是要建立一個價值中立的國家，讓不同的人自由地去傳播所有的宗教觀念。他們的理想是一個奠定在歸正的基督教信仰之上的『山上之城』，一個基督徒的共和國，為著尚未歸正的世界而存在的一個自由人的聯邦。」[12] 針對以社會主義為導向的左派思想，美國保守主義所要捍衛的就是當初美國的以基督教為本的建國理念和傳統價值。今日基督教，不管是在歐美，還是在中國及華語世界（台灣、香港、新加坡等），特別需要復興的就是基督教國家與文明的觀念。這絕不僅僅是定義或學術的問題，而是直接關乎到我們個人

---

11 托克維爾，《論美國的民主》，上卷第二部分第九章，195-196 頁。
12 道格拉斯．F．凱利，《自由的崛起：16-18 世紀，加爾文主義和五個政府的形成》，王怡、李玉臻譯（長沙：江西人民出版社，2008 年），164 頁。

與國家的生死存亡的大問題。

　　二十一世紀關於美國最大的謊言之一，就是歐巴馬之流的左派政客所散佈的論調——「美國不是基督教國家」！關於基督教最大的謊言之一，就是教會內外反律主義者所強調的教訓——「摩西律法對我們當今時代的人不再有效」！美國於十八世紀建國，難道當時有世俗化的國家嗎？摩西不過是先知，上帝的話語的出口，難道摩西有他自己的「摩西律法」嗎？這是美國前總統歐巴馬之流的掛名的基督徒反覆強調的兩大謊言，可惜很多基督徒也在不知不覺的過程中被人洗腦，不僅沒有反擊歐巴馬之流所主張的離經叛道的荒謬言論，反倒深表贊同，甚至同流合污、隨聲附和，加入仇敵陣營，到處搖旗吶喊，自己被洗腦致殘之後繼續對別人洗腦，反對美國以基督教立國的理想，反對以上帝所啟示的律法為高於一切人定法的「高級法」（the higher law）。[13] 這可以說是世上最可悲的現象了，基督徒與一切熱愛憲政民主的人士必須正視這樣的現象。中國人近現代最大的悲劇就是：我們向西方學習，向美國學習，卻不知道美國的主流社會和教會已經在很大程度上背棄了基督教國家與文明的理想！

　　忘記歷史，就是背叛！比忘記歷史更可怕的是，我們所瞭解的歷史不過是被人故意改寫甚至偽造的歷史！資訊傳播受到限制，言論自由蕩然無存，歷史被那些掌握了槍桿子和筆桿子的「老大哥」無休止地改寫，這是現代史上最引人注目的現象。喬治・奧威爾在一九四八

13　Edward S. Corwin, *The "Higher Law" Background of American Constitutional Law* (Indianapolis: Liberty Fund, 1955);《美國憲法的「高級法」背景》，強世功譯（北京：北京大學，2015 年）。

年寫就《一九八四》一書，其中所描寫的就是極權主義者這種通過製造歷史而對人民進行洗腦的統治術。他們的「真理部」純粹是顛倒黑白的大本營，其座右銘就是：「戰爭即和平，自由即奴役，無知即力量。」[14] 日本當今文學大家村上春樹由此而強調：「剝奪正確的歷史，就是剝奪人格的一部分。這是犯罪。……歷史就是集體記憶，一旦它被剝奪，或者會被改寫，我們就無法繼續維持正當的人格。」[15]

筆者強調，從美國建國的歷史與現狀來看，美國自初至今一直是基督教國家，上帝所啟示的律法一直是美國的「高級法」！正如英美普通法權威布萊克斯通所強調的那樣：「毫無疑問，與我們通常所說的本性法相比，啟示法享有無限大的權威。因為啟示法是上帝親自明確宣佈的本性法，另一種律法只是我們在理性的幫助下認為是本性法而已。假如我們對於後者能夠做到像前者一樣確定，兩者會擁有同樣的權威；但是，即使那樣，我們也絕不能把兩者置於並駕齊驅的地位。」[16] 美國立國的根本就是基督教，尤其是清教徒神學，美國本身就是基督教國家。美國保守主義所要捍衛的就是美國以新教為根本的基督教文明。[17]

美國是基督教國家，這是美國開國元勳、古典的改革宗長老會和

---

14 喬治・奧威爾，《一九八四》，董樂山譯（上海：譯文出版社，2010 年），5 頁。

15 村上春樹，《1Q84，Book1，4 月 -6 月》，施小煒譯（海口：南海出版社，2018 年），第二版，323 頁。

16 William Blackstone, *Commentaries on the Laws of England*,（Birmingham, Alabama: The Legal Classical Library, 1983）,Vol. I, p. 42.

17 參考余杰，《大光：宗教改革、觀念對決與國族興衰》，第一卷，《請教秩序五百年》（臺北：八旗，2021 年），281-390 頁。

保守主義思想家的共識，也是一八九二年美國最高法院的正式裁定。
亞當斯（John Adams，1735-1826 年）是美國國父之一，美國第一任
副總統，第二任總統，也是美國憲法和保守主義思想的奠基者（但他
的歷史地位未得到應有之肯定）。他在一八一三年寫給富蘭克林的心
中強調：「這些總原則是什麼？我的回答是，這些總原則就是基督教
的總原則（the general principles of Christianity）。正是通過這些基督
教的總原則，各個部分都得以聯合起來。這些總原則也是英國和美國
自由的總原則。那些年輕人都聯合起來，美國的所有黨派都聯合起
來，多數人足以主張並保持美國的獨立性，都是通過這些總原則達成
的。現在我宣誓，過去我相信，現在仍然相信，這些基督教的總原則
是永恆的，是不變的，正如上帝的存在和屬性是永恆不變的一樣；
這些自由的總原則是不可改變的，正如人性和我們的地上的系統一
樣。」[18]

老普林斯頓神學家赫智（Archibald Alexander Hodge，1823-1886
年）是美國歷史上最負盛名的改革宗長老會神學家和教會領袖之一，
他明確強調：「就律法、權利及其實際情況而言，美利堅合眾國從
其一開始就是，現在仍然是一個基督教國家」（These United States of
North America are, and from the beginning were, of law, of right and of
actual fact, a Christian nation.）。[19] 美國基督教史學家馬斯登指出：「一

---

18 *The Adams-Jefferson Letters: The Complete Correspondence between Thomas Jefferson and Abigail and John Adams*, ed. Lester J. Capon, 2 vols. (1959; repr. New York: Simon and Schuster, 1971), vol. 2, pp. 339-340.

19 A. A. Hodge, *Popular Lectures on Theological Themes* (Philadelphia: Presbyterian Board of Publication, 1887), p. 278.

八七〇年，幾乎所有美國人都把美國看作是一個基督教國家，而幾乎所有的福音派新教徒都把福音派信仰看作是美國的標準信條。」[20] 美國保守主義思想家柯克在其名著《美國人的事業》一書中明確強調：「美利堅合眾國是一個基督教國家。這是一個再簡單不過的事實陳述，這並不是為了推動美國人的事業才這樣說。」（The United States is a Christian nation. This is a simple statement of fact, not an argument to advance the American cause.）[21] 可惜，當今許多美國人，包括政治人物和基督徒在內，已經數典忘祖，甚至可以說忘恩負義，直接否定這樣簡單的事實！

一八九二年，美國最高法院在研究十年之後，作出了著名的「三一裁決」（Trinity decision），申明美國是基督教國家：「這些宣告並沒有任何不一致之處，貫徹其中的用語都是一致的，意思也都是統一的。它們一致承認和重申的就是：這是一個有宗教信仰的國家。這些文件並非個體性的宣告，而是由眾多個人來聯合作出的宣告。它們本身具有有機性的合一。它們所講說的是整個人民的聲音。這是一個有宗教信仰的民族……這是一個基督教國家。」（There is no dissonance in these declarations. There is a universal language pervading them all, having one meaning. They affirm and reaffirm that this is a religious nation. These are not individual sayings, declarations of private persons. They are organic utterances. They speak the voice of the entire people.

20 George M. Marsden, *Fundamentalism and American Culture: The Shaping of Twentieth Century Evangelicalism*, p. 11.
21 Russell Kirk, *The American Cause* (Wilmington, Delaware: ISI Books, 2004), p. 17.

This is a religious people…this is a Christian nation.）。[22]

　　一八九二年，美國最高法院作出這一裁決，宣佈美國是「一個基督教國家」，當時美國各大報刊、各個大學、歷史學家和政治家們並沒有任何異議或爭議。後來美國的民情有了變化，左派思想開始肆虐，有人寫信給美國第一任女性最高大法官歐康納（Sandra Day O'Connor，1930 年 -），問她最高法院是否宣告美國是一個「基督教國家」，歐康納以上述的「三一裁決」作為回答。這種回答在當時就引發各家報紙媒體大肆攻擊。如今，當我們說「美國是一個基督教國家」時，更是被人在社會上視為「政治不正確」、在教會中視為「宗教不正確」的言論，認為這樣說是對別人的冒犯，甚至是宗教歧視。很多基督徒也認為這個說法是不正確的，他們認為，主張基督教社會、政府或者國家，總有在地上人為地建立天國的含義。問題在於，西方基督教文明的偉大之處，就是在歷史過程中建立了一個又一個的基督教國家，若是沒有這樣的建立國家和文明的力量，基督教就不可能存在到今天。

　　當然，最重要的問題還是定義問題：何謂基督教國家？正如美國最高法院大法官布魯爾（David Josiah Brewer，1837-1910 年）所指明的那樣：「我們以各種方式劃分國家。有時根據其政府的形式，有的國家是王國，有的國家是帝國，有的國家是共和國。有時根據民族劃分，因此英國是盎格魯·撒克遜民族的國家，法國則是高盧人的國

22　See David Josiah Brewer, *The United States: A Christian Nation* (Philadelphia: The John C. Winston Company, 1905). My copy is published by PRB Publishing 2016, foreword and afterword by Martin Mawyer.

家，德國是條頓民族的國家，而俄羅斯則是斯拉夫人的國家。有時根據宗教劃分，有的國家是穆斯林國家，有的國家是異教國家，有的國家是基督教國家。這個共和國（美國）則是列在世界上眾多基督教國家的範圍內。」[23]

作為一個基督教國家，不是說基督教就是美國聯邦政府確立的國立宗教，享有來自聯邦政府稅收方面的支持，甚至排斥其他宗教，壓制宗教與言論自由，而是指基督教在律法、權利和事實上是主導性的力量。赫智明確指出：「事實上，世上的每個國家都必須有，也一直有某種類型的宗教。」[24] 從聖經啟示的角度來說，世上所有的國家都當成為基督教國家，赫智強調：「基督是各國共同的君王，他的聖經就是各國共同的法典。」[25] 著名清教徒經學家馬太·亨利解釋《馬太福音》「使萬民作我的門徒」時強調，基督徒當「竭盡全力使列國成為基督教的國家」（do your utmost to make the nations Christian nations）！[26]

在歷史上，哈佛、耶魯等常春藤大學一開始就是具有傳統傳承的清教與新教教育機構，是捍衛基督教國家和文明的學術基地，可惜後來被顛覆為傳播社會主義思想、抵擋基督教甚至散佈仇視美國的思想的大本營。保守主義思想家小威廉·巴克利在一九五一年的時候就發表《耶魯的上帝與人》一書，明確指出在耶魯大學中存在的「一種

23 David Josiah Brewer, *The United States: A Christian Nation*, p. 8.

24 A. A. Hodge, *Popular Lectures on Theological Themes*, p. 275.

25 A. A. Hodge, *Popular Lectures on Theological Themes*, p. 277.

26 *Matthew Henry's Commentary* (Peabody, Massachusetts: Hendrickson Publishers, 2011), Vol. 5 p. 362.

極端不負責任的教育傾向，這種傾向處於『學術自由』保護性標籤的庇佑之下，已經造成了我們這個時代裡最不協調的聲音：從信仰基督教的個人主義者那裡得到道德與財政支持的教育機構，卻致力於誘導這些資助者的孩子們成為持有無神論觀點的社會主義者。」[27] 巴克利之所以發出這樣的遺憾甚至譴責，是因為他知道耶魯大學的基督教背景，深信耶魯大學應當捍衛基督教文明。可惜在無神論、敵基督的社會主義思想的洗腦下，很多基督徒也在不知不覺之間認同了仇敵的看法，直接否定美國建國立國的根基，開始走向世俗化、多元化與相對化的道路。

美國基督徒必須清醒過來，自覺地捍衛基督教在美國的地位，回到清教徒和保守主義的正傳，繼續發揮基督教真理在美國社會中本有、當有的中流砥柱式的影響。否則，美國就會被共產主義、社會主義、伊斯蘭教等異質思想徹底顛覆，美國就會面目全非，不再是原初意義上的「上帝之下統一的國家」（One nation under God）。以基督教立國立憲，捍衛正義與自由，這種傳統直接來自英國的傳統，正如邱吉爾所強調的那樣：「美國憲法重申了幾百年來英語國家人民好不容易確立的原則，它將英國長期存在的正義與自由觀念奉為真理，這些觀念從此被當作是大西洋彼岸的美國的象徵。」[28]

一七七六年十月，麻塞諸塞州的康科特鎮如此界定憲法：正確的憲法概念意指一整套原則體系，其主旨在於保障臣民擁有並享有他們

---

27 小威廉、法蘭克・巴克利，《耶魯的上帝與人》，林毅譯（南昌：江西人民出版社，2015 年），61 頁。

28 溫斯頓・邱吉爾，《英語民族史・革命時代》，張慶熠、張穎、王國平譯（北京：新華出版社，2017 年），169 頁。

的權利和權益，防止任何統治機構的侵蝕，甚至包括最高立法機構的侵蝕。憲法本身所強調的就是「一系列甚至能夠制約國家最高權力（包括立法及行政）的根本原則」。[29] 由人民制定的憲法，才有真正的國家和文明，否則不過是各種形式的野蠻的匪幫，他們所崇尚的就是：「拳頭大的是老大哥」、「槍桿子裡面出政權」！正如歷史學家伍德在考察美國締造時所強調的那樣：「事實早已證明，政治體唯獨建立在憲法上，憲法是『人民的契約或協議，人民借助憲法……而聯合成為一個新的、獨特的國家。』」[30] 沒有契約，人類就無法從自然狀態進入文明狀態。只有通過和平立憲，人民才能夠擺脫弱肉強食的混亂狀態，真正進入守約守法、彼此相愛的文明社會。

此處筆者特別根據清教徒聖約神學，整理了美國憲政立國二十五大原則，目的在於闡明美國立國的根基，也希望中國、臺灣、香港等地的基督徒及熱愛自由的人們，在目前所面對的大變局中有所借鑒。目前中國仍然面對革命與立憲建國的問題，正如中國憲政學者高全喜所分析的那樣，美國所走的是革命、立憲、建國的道路，跟共產革命南轅北轍，中國應當拋棄過去一百多年來以蘇俄為師的道路，轉而以美國為師：「從憲法學的角度來說，評價一種立憲政治，關鍵有兩點，一個叫動力因，一個叫形式因，亞里斯多德曾經有哲學邏輯上的四因說，其中最主要的是歸結於形式因和動力因。從這個意義上看，革命黨人是動力因，某種意義上說，中國的變革沒有一定的革命性，或沒有一種革命精神，是不行的。但是，僅僅只是革命的激情，革命

---

29 伍德，《美利堅合眾國的締造：1776-1787》，251 頁。
30 伍德，《美利堅合眾國的締造：1776-1787》，269-270 頁。

的動員，革命的活動，也是無效的，甚至可能是災難性的，革命需要一定的規範性作指導，這個規範就是形式因，士紳立憲派就起了形式因的規範性作用。通過規範性的立憲建國，就能夠約束住這個動力因的極端發狂。所以，在中國的現代變革中，即便是今天的變革中，既需要一定的革命精神，也需要憲法的規範性形式，兩者的有效結合，才能促成一個富有建設性的政治結果。」[31] 這種「建國」既包括從無到有的建造，也包括對現有的國家的改革。

　　此處二十五大原則體現了美國建國的「核心價值觀」。一七七六年七月四日大陸會議通過了由湯瑪斯·傑弗遜執筆起草的《獨立宣言》，宣告了美國的誕生。一七七六年至一七七七年間由第二屆大陸會議提出並著手起草了《邦聯條例》（*Articles of Confederation*），全稱為《邦聯和永久聯合條例》（*Articles of Confederation and Perpetual Union*），是美利堅合眾國十三個創始州共同承認並遵守的第一部憲法或憲制性文件，此條例於一七七七年投入使用，直到一七八一年才被邦聯的十三個構成州正式批准。憲法賦予大陸會議領導美國獨立戰爭、與歐洲進行外交、解決領土糾紛以及與印第安人關係的權利。但在鬆散式的邦聯體制下，公共秩序很難得到保障。所以，當時的聯邦主義者認為，信任缺失、權威瓦解、債臺高築、行為墮落、民風日下，都對接為「社會缺乏秩序這一問題」。[32] 最終一七八七年召集美國制憲會議，制定了《美利堅合眾國憲法》，一七八九年通過，取

31　高全喜，「制憲立國：作為現代立國者的張謇」，《東方歷史評論》，https://www.sohu.com/a/147413049_120776，2017 年 6 月 9 日。
32　伍德，《美利堅合眾國的締造，1776-1787》，437 頁。

代了《邦聯條例》，美國成為第一個現代意義上的大規模的共和國，成為全世界憲政民主與個人自由的「燈塔之國」。美國人通過憲法建構的「聯邦政府」（federal government）就是亞里斯多德所崇尚的理想整體，即「立憲政體」（constitutional government）。[33] 對於美國而言，這種「聯邦政府」的建立直接來自清教徒的「聖約神學」（federal theology），英文中的 federal 來自拉丁文的 foedus，意思就是「聖約」（covenant）。[34]

對於美國來說，立憲等於是第二次建國或第二次革命。托克維爾對美國憲法極其所建立的聯邦深情地評論說：「如果我們仔細研究世界上最完美的聯邦制憲法——美國憲法，會對這個憲法的條款數量和要求被統治者必須具有一定的識別能力感到驚訝，聯邦政府幾乎完全建立在法律的假設之上。因此聯邦可以說是一個理想中的國家，只存在於人的腦海裡，它的版圖和範圍也是完全憑心去體會。」[35] 一六三〇年清教徒溫斯洛普在從英國前往美洲的阿貝拉號上佈道說：「我們就如一座高地上的城，萬眾矚目。倘使在這偉業中我們欺騙上帝，迫使祂撤回援助，我們將成為世界上的笑柄，供人人傳講；我們將授敵人以口實，使上帝之道和追隨上帝的眾人蒙辱，我們將使上帝虔敬的僕人感到羞恥，而他們為我們的祈禱將變為對我們的詛咒，直至我們

---

33 喬治·薩拜因，《政治學說史：城邦與世界社會》，鄧正來譯，第四版（上海：上海人民出版社，2015 年），195 頁。

34 Daniel J. Elazarand John Kincaid, ed., *The Covenant COnnnection: Fron Federal Theology to Modern Federalism* (Lanham, Maryland: Lexington Books, 2000), p. 9.

35 托克維爾，《論美國的民主》，上卷第一部分第八章，115 頁。

在將要去的地方慢慢消亡。」[36]

　　美國的憲政民主制度是否具有普世性？托克維爾當初就說：「聯邦與各州的主權是互相交錯的，要想一眼分清其界限是不可能的。在這樣的政府中，所有的事情需要經過反覆的協商和一些比較複雜的程序，因為只有長期以來習慣於自治或者政治知識普及的社會下層的民族，才是最適合採取這種制度的人群。」[37] 換言之，美國的憲政民主制度當然有普世性，但這種普世性的基礎是民情秩序。不以上帝所啟示的律法為高級法，沒有基督教所培育的個人美德，沒有基督徒所薰陶的社區民情，美國的憲政民主是不可複製的。一旦離開基督教所奠定的民情民德，僅僅照搬美國的憲政民主不過是東施效顰，結果往往是帶來更大的混亂。毫無疑問，從這些原則來看，我們可以說，美國的建立代表著歷代先聖先賢對「理想國」的追求，當然更代表著基督徒對上帝的國度和公義的追求。當然，美國不是十全十美的「理想國」，也不是完美的「基督教國家」，因為這樣的國家在歷史進程中根本就不存在。但毫無疑問，有史以來，美國的建立最大程度地體現了人類的「理想國」，也最大程度地展現了「基督教國家」的活力與文明。

　　總之，我們在此處所提倡和捍衛的並不是任何人的主義或意識形態，而是以舊新約聖經為正典的上帝的啟示以及以《五月花號公約》、《獨立宣言》和《美國憲法》為代表的美國保守主義所捍衛的憲政民主的傳統。正是在這種啟示和傳統之中，「有序的自由」（ordered

---

36　見錢滿素，《自由的刻度》（北京：東方出版社，2016 年），26 頁。
37　托克維爾，《論美國的民主》上卷第一部分第八章，115 頁。

liberty）得到了最大程度的保障。這種自由當然是個人的自由，但個人的自由在公共或政治領域中得到了最大程度的保障。對於美國憲法解讀的最大的迷思就是認為美國憲法第一修正案規定了「政教分離」的原則，很多人認為這是把基督教排除在公共或政治領域之外，這是完全錯誤的解讀。當初那些起草美國憲法和修正案的人，絕不是想把基督教與政治完全分離，而是明確限制聯邦政府的權力，確保聯邦政府在宗教事務上不得高於各州和個人的權利。對此我們將詳盡闡述。

對於美國憲法性文件的理解，不僅要細緻到具體的條款，更要明白其中所貫徹的基本原則。最重要的是，必須在具體條款和基本原則之上牢牢抓住美國憲法的精神，即以清教徒神學為根基的基督教國家和文明，尤其是對於上帝的主權和律法的強調。一旦放棄基督教的信仰和傳統，任憑仇敵以世俗化、多元化和相對化的名義加以顛覆，這種毫無原則和底線的寬容必然走上自殺之路，最終美國人就會落入伊斯蘭教以及其他異質宗教或意識形態的轄制之下，從稀里糊塗的寬容者成為喪失基本尊嚴和權利、不得不祈求別人寬容的人，而美國教會也會淪落為中國式的「地下教會」。

總之，在目前的文化爭戰中，最受攻擊的就是「基督教國家」這一觀念，因為仇敵要把基督教徹底趕出公共與文化領域，然後以他們所信仰的東西取而代之！正如斯皮爾所言：「基督教國家是上帝的國度在時間中彰顯，它必須與黑暗國度爭戰。」[38] 在這場空前慘烈的極限戰、超限戰中，唯願上帝憐憫祝福我們，使我們甘心樂意地為真理爭戰。

---

38 Spier, *An Introduction to Christian Philosophy*, p. 221.

第一部
根基性原則：上帝主權

以耶和華為神的，那國是有福的！

他所揀選為自己產業的，那民是有福的！

（詩 33：12）

　　政治哲學首先要考察的是權力的問題。熱愛權力是自然的，是上帝賜給人的本有的治理全地的傾向。湯瑪斯・戈登強調：「權力是每一個人支配自己行為的權力，是他享受自己勞動、藝術以及勤勉勞作成果的權利。」[1] 此處我們思考一切權力或權利的本源問題，就是主權的問題。美國史權威伍德強調，在美國獨立過程中，主權學說是「整個革命時期最為重要的抽象政治概念」。[2] 唯獨上帝享有自有永有、至高無上的主權，但上帝確實也把治理全地的治權授予了人，使每個人都有上帝授予的不可剝奪的生命、自由和追求幸福的權利，而家庭、

1　引自戈登・S・伍德，《美利堅合眾國的締造：1776-1787》，朱妍蘭譯（南京：譯林出版社，2016 年），22 頁。

2　伍德，《美利堅合眾國的締造：1776-1787》，320 頁。

教會和國家也有上帝賜給的相對性、治理性的主權，這種主權都是從上帝的絕對性的主權衍生出來的相對性的主權。

在聖約第一大要素中，首先強調的是到底何謂世界與權力的本源，誰是終極性的權威，世上的一切權力或權利到底由誰而來，這種關於本源的問題乃是首要性的問題。對於基督徒而言，唯獨上帝是萬有的本源，唯獨上帝是最高的權威。對於權力本源的界定直接決定了國家的性質，即國體的問題。基督教國家首先強調的就是對於上帝的信靠，這種信靠及其宣告決定了國家政權的性質：「我們信靠上帝」（In God We Trust）。這一美國正式的座右銘直接宣告的就是上帝的主權，從而也界定了美國在其本質上是「神權制」（theocracy）的基督教國家。當然，我們所說的「神權制」國家既不是教會直接掌權的國家，也不是神職人員掌權的國家，而是指在國家權力的來源和維繫方面明確承認上帝的主權，個人、家庭、教會、國家都在上帝的主權之下享有上帝賜給的相應的權力，彼此之間應當互相尊重，各就各位，各盡其職。[3]

談及美國立國，首先是宗教立國，即基督教立國，特別是以基督教新教中的清教徒神學立國，這就是神學家和政治哲學家尼布林所強調的「基督教憲政論」（Christian constitutionalism），這種憲政的核心就是高舉上帝的主權和啟示。[4] 一六二〇年《五月花號公約》是美國最

3　See Arnold A. van Ruler, *Calvinist Trinitarianism and Theocentric Politics: Essay toward a Public Theology*, trans. John Bolt (Lewiston: The Edwin Mellen Press, 1989).

4　H. Richard Niebuhr, *The Kingdom of God in America* (Hanover, NH: University Press of New England, 1988), pp. 59-75.

早的建國性文件，其中強調的就是以「為上帝的榮耀，推動基督教信仰」（for the Glory of God, and Advancement of the Christian Faith）為導向的天國超驗秩序。人無信不立，民無信不立，國無信不立，憲政民主更是基督教文明的直接產物。不管是個人，還是民族與國家，都需要一定的宗教信仰。宗教信仰不僅解決人內在的關於人生本源和意義的問題，也直接為律法的設立、制度的建構和文明的塑造提供神聖性、合法性與方向性。更重要的是，宗教信仰直接塑造公民的美德，從而塑造社會的民情，最終決定國家的政體和文明的程度。這是托克維爾在其名著《論美國的民主》中一再強調的美國民主原則的精義。

從歷史角度來考察，毫無疑問，美國是以基督教清教徒思想建國的國家，加爾文就是美國建國的精神之父，其憲政、法治、共和、民主的原則不是美國人憑空設想的，而是直接來自存在已久的歐洲基督教文明。這種文明在清教徒聖約神學中達到了爐火純青的地步，直接帶動了歐洲和美國從注重身分到注重契約的追求平等的文明走向。眾所周知，假如沒有基督教信仰，就不可能出現今日歐美的基督教文明；假如沒有伊斯蘭教信仰，當然也不會有沙烏地阿拉伯、伊朗、阿富汗諸國的伊斯蘭文化；假如沒有共產主義信仰，就不會有俄羅斯、中共、柬埔寨、古巴等類的共產主義與社會主義國家。人若否定基督教信仰與基督教國家和文明的直接關係，不是出自赤裸裸的歪曲歷史的欺騙，就是出於不知不覺被人洗腦後的思維紊亂。

因此，對於美國立憲而言，必須明確的就是美國立憲是以清教徒神學為代表的基督教憲政民主。不管是一六二〇年簽署《五月花號公約》朝聖者們，還是在一六三〇年橫跨大西洋的阿貝拉號上發表《基督仁愛之典範》的約翰・溫斯洛普等人，在神學歸屬上，他們都是來

自英國的清教徒。[5] 有可靠的資料表明，在美國革命時期的三百萬美國人中，大約三分之二的殖民地人口受過加爾文學派的教育。[6] 因此我們完全可以說，加爾文就是美國建國的精神之父。連路德宗信徒也不得不承認：「對早期美國人產生最深刻、最廣泛、最重大影響的是加爾文主義，而非路德的理論，也非其他任何神學思想。」[7]

以基督教信仰立國，其核心的精神就是信靠上帝，以上帝為萬有的創造者和立法者。對於這種以上帝為中心、以上帝設立的聖約為憲政框架、以上帝所啟示的律法為標準的天國超驗秩序的強調，乃是聖經啟示和西方文明的根本。美國是以基督教信仰立國的國家，敬畏上帝乃是基督教信仰的核心原則，「我們信靠上帝」（In God We Trust），這是美國法定的座右銘。一個沒有信仰的民族是不可能存在的，一個不敬畏上帝的民族只能走向無恥和混亂，最終的結局就是滅亡。所有的民族都有自己的信仰，而民族的信仰就是民族的精神和靈魂之所在。美國的清教徒信仰在教義上強調上帝的主權，在生活上強調對上帝的敬畏，在道德上強調上帝的律法，在工作上強調上帝的天職和個人的責任，這種信仰直接奠定了美國立國的根基。不管美國接下來怎樣建造，真正熱愛美國的人必須不斷捍衛、修復這一立國的根基。否則，不管美國基督教文明的大廈何其輝煌，一旦被仇敵撼動根基，就會搖搖欲墜。

5　錢滿素主編，《自由的刻度》（北京：東方出版社，2016 年），16-30 頁。

6　Loraine Boettner, *The Reformed Doctrine of Predestination* (Philadelphia: Presbyterian and Reformed, 1972), p. 382.

7　約翰·艾茲摩爾，《美國憲法的基督教背景：開國先父的信仰和選擇》，李婉玲等譯（北京：中央編譯出版社，2011 年），5 頁。

　　信靠上帝，卻不想建立以信靠上帝為本、以上帝所啟示的律法為高級法的國家和文明，這是極其荒謬的。把國家和文明排斥在上帝之外，乃是赤裸裸的對於上帝的褻瀆和背叛。一個國家不信靠上帝，那麼這個國家的主權和律法的終極權威只能來自人。不管這人是來自君主制中的一個人，還是貴族制中的少數人，或是民主制中的多數人，這樣的國家在本質上必然走向各種形式的「人治」，這樣的「人治」在本質上也只能是不同程度的專制。二十世紀德國、蘇聯、中國等地出現的極權主義政權，不過是借助高科技把「人治」推演到了登峰造極的地步。真正的不受任何宗教信仰和個人影響的純粹的「法治」，是無法建立的。亞里斯多德對「法治」的經典是：「法治應包括兩重意義：已成立的法律獲得普遍的服從，而大家所服從的法律又應該本身是制定得良好的法律。」[8] 但問題在於如何衡量法律是「良好」的？這就需要比人定法更高級的上帝的律法，來判斷人的立法。因此，在立法的終極本源上強調上帝的主權，從而明確合乎聖經的「神權制」（theocracy）；在立法的終極標準上強調上帝的律法，這就是合乎聖經的「神法論」（theonomy），正如美國改革宗護教學家範泰爾所指明的那樣：「我們希望闡明的是，基督教倫理學和非基督教倫理學之間的真正差異要比通常所想像的還要深刻……或者是神法論（theonomy），或者是自法論（autonomy），兩者必居其一。試圖逃離上帝，逃到宇宙中去尋找永恆法，不過是自欺欺人而已。」[9]

8　亞里斯多德，《政治學》，吳壽彭譯（北京：商務，2014 年），202 頁。

9　Cornelius Van Til, *Christian Theistic Ethics* (Phillipsburg: Presbyterian and Reformed Publishing Co., 1980), p. 134.

　　美國的憲政民主始終是以「神權神法」為前提的，任何政權在本質上都是「神權神法」性質的，絕對的世俗化並不存在，「各人哀求自己的神」。對於基督徒而言，一旦否定上帝的主權，我們就會對各種罪人的權力頂禮膜拜，尤其是非常容易成為國家專權的犧牲品。一旦否定上帝的約法，我們就喪失來自上帝啟示的具有絕對性、普世性、超越性和不變性的判斷善惡的價值標準，我們只能以各種形式的罪人制定的「惡法」互相殘害。不管罪人怎樣否定上帝的主權和約法，上帝仍然掌權，仍然按照祂的約法審判世界，信靠祂的人是有福的！

原則一

宗教立國

原則：離開基督教信仰，自由人的政府將無法維持長久。

1、此處我們所談及的並不是泛泛而論的「宗教立國」，而是以基督教立國，在美國尤其是以清教徒神學立國。[1] 美國以基督教立國，這是不爭的事實。任何一個國家的穩定和繁榮都需要一個主流性、主導性的宗教，而美國立國並興盛所依賴的宗教不是社會主義，不是伊斯蘭教，不是印度教，不是多元宗教，更不是世俗化或世俗主義，而是來自聖經啟示和歐洲正傳的基督教。當然，美國立國過程中也有啟蒙運動與自然神論的影響，但這並非美國立國的主流性、決定性的影響。

2、對於美國而言，宗教立國是以基督教新教中的清教徒神學建立憲政民主國家。按照桑多茲的考察，「美國是一個以教會為其靈魂的國家」（America is a nation with the soul of a church.）。[2] 進一步言

1　約翰·艾茲摩爾，《美國憲法的基督教背景：開國先父的信仰和選擇》，13-25 頁。

2　Ellis Sandoz, *Give Me Liberty: Studies in Constitutionalism and Philosophy* (South Bend, Indiana: St. Augustine Press, 2013), p. 9.

之，這種基督教乃是以清教徒神學為核心的基督教。托克維爾強調，當初的清教徒「將一種稱之為民主的、共和的基督教之外，再沒辦法用其他詞彙來稱呼的基督教，帶進了新大陸。這一點，當然對在政治活動中確立共和和民主制度有很大的幫助。在此，一開始政治和宗教便協調一致，而且之後從沒有中斷過這種關係。」[3] 托克維爾雖然身為天主教教徒，但他自己坦率承認：「天主教就像一個專制君主國。」[4] 因此，奠定美國憲政的並非是天主教。這種「民主的、共和的基督教」，當然不是今天泛泛而論的在神學上被斬首、在政治上喪失基督教國家和文明之理想的福音派基督教[5]，而是改革宗傳統，尤其是清教徒神學。在柏克看來，基督教是西方文明的源泉，如果人們拋棄了基督教，就必然會用有害的迷信取代它。[6] 美國的共和主義，在本質上屬於「某種較為寬鬆的、世俗化的清教主義」。[7] 正是這樣的宗教，「使英裔美國人的社會得以建立」。[8] 一旦完全偏離清教徒所提倡的睿智、冷靜、勤勞和節儉的生活，走向奢侈、鋪張和浪費，就會摧毀共和國得以建立的美德的根基。不管是希臘還是羅馬的歷史，都一再表明：「一旦道德淪喪，一個民族絕無可能繼續保持自由。」[9]

3　托克維爾，《論美國的民主》，上卷第二部分第九章，202 頁

4　托克維爾，《論美國的民主》，上卷第二部分第九章，202 頁。

5　See Mark A. Noll, *The Scandal of the Evangelical Mind* (Grand Rapids: Eerdmans, 1994).

6　Edmund Burke, *Select Works of Edmund Burke*, Vol. II, *Reflections on the Revolution in France* (Indianapolis: Liberty Fund, 1999), p. 186.

7　伍德，《美利堅合眾國的締造：1776-1787》，386 頁。

8　托克維爾，《論美國的民主》，下卷第一部分第一章，313 頁。

9　伍德，《美利堅合眾國的締造：1776-1787》，391 頁。

3、因此，不管是當初美國的締造者們，還是今日的中國基督徒，所要建立或捍衛的絕不是隨便一個品牌的國家和文明，而是基督教國家與文明。無須諱言，任何人都有自己的宗教或信仰。宗教是指根基性的信仰體系，包括人的本源、人與宇宙的關係以及人與同胞的關係。宗教並非一定是有神論的，正如印度的佛教是無神論宗教一樣。在這個意義上，馬克思主義也是一種宗教，馬克思主義者所強調並宣誓為之奮鬥終生的就是「共產主義信仰」，即「共產教」、「拜物教」（materialism）。就其理論上的虛幻性和實踐上的殺戮性來看，共產主義可被稱為從二十世紀延續到今天的世上最大的邪教。

4、關鍵不是宗教立國，關鍵是以什麼樣的宗教立國。托克維爾談及基督教在美國發揮的決定性影響時強調：「專制制度能不要宗教信仰而進行統治，但自由的國家卻不能這樣。在他們所讚揚的共和制度下，宗教，比在他們所批判的君主制度下更為必要，而在民主共和制度下，比在任何其他制度下更為必要。當政治紐帶鬆弛但道德紐帶並未得到加強時，社會怎麼能避免崩潰呢？假如一個自主的民族不服從上帝，它能做出什麼呢？」[10] 因此，要真正建立憲政、共和、民主的國家，必須有與之相契合的宗教信仰來支撐。亨廷頓強調：「人類幾千年的歷史證明，宗教不是一個『小差異』，而可能是人與人之間存在的最根本的差異。」[11] 中國人強調「道不同不相為謀」，可以說，宗教信仰的差異乃是人與人之間、國家與國家之間分水嶺式的差異。而且，在廣義的基督教的內部，以基督新教（宗教改革以後的「更正

---

10 托克維爾，《論美國的民主》，上卷第二部分第九章，206 頁。
11 亨廷頓，《文明的衝突》，229 頁。

教」）立國的國家與以羅馬天主教或東正教立國的國家，其締造的政治經濟和文化亦截然不同。唯有新教國家（英語國家）發展成如今最為繁榮富足、民主自由的國家。

5、脫離了基督教信仰，自由就成為放縱私欲的自殺，制度就成為奴役人民的牢籠，科學就帶來整個人類的毀滅，文化就走向弱肉強食的野蠻。內莫在其研究中指出，按照奧古斯丁在《上帝之城》中所揭示的思路，不公義的國家就是「巨大的匪幫」。[12] 內莫解釋說：「對真上帝的瞭解和敬拜，對人形成真正的民主和真正的共和國來說，必不可少。……隨著人們信仰真正的上帝，且恩典促人去愛，人們才能踐行真正的正義，才會有真正的『共和國』。除了基督徒，不可能有真正的國家，沒有教會，國家便不可能存在。」[13] 羅馬帝國本身千年以來一直是燒殺搶掠，羅馬陷落本身雖然頗為遺憾，但在歷史上毫無深刻的重要性。如今中國大陸的「紅色中國」，幾千年來已經習慣了欺壓百姓、勝王敗寇的惡習，所謂的朝代更替無非是「城頭變換大王旗」、「你方唱罷我登場」，沒有任何實質性的進步意義！對於深陷於獨裁暴政、連基本的宗教信仰自由都無法享有的中國基督徒而言，仍然面對以基督教建立國家和文明的重任。在一個以共產主義、馬列主義、無神論和唯物主義意識形態立國的國家之內，基督徒的宗教信仰自由和其他政治權利永遠無法得到保障。

6、宗教塑造民眾的道德，道德決定民眾的素質，民眾的素質決

---

12 Augustine, *The City of God*, ed. and trans. T. W. Dyson (Cambridge: Cambridge University Press, 1998), Book 4.4. p.147.

13 菲力浦・內莫，《教會法與神聖帝國的興衰——中世紀政治思想史講稿》，張竝譯（上海：華東師範大學出版社，2011 年），128-129 頁。

定政治的狀態。美國第一任總統華盛頓在其告別演說中特別談及宗教和道德的重要性，明確地說：「在導致政治昌盛的各種意向和習慣中，宗教和道德是必不可少的支柱。那種想竭力破壞人類幸福的偉大支柱——人類與公民職責的最堅強支柱——的人，卻妄想別人讚他愛國，必然是枉費心機。純粹的政治家應當同虔誠的人一樣，尊重並珍惜宗教和道德。它們與個人的和公眾的幸福之間的關係，即便寫一本書也述說不完。我們只須簡單地問一句，如果在法院藉以調查事件的誓言中，宗教責任感不再存在，那麼哪裡談得上財產、名譽和生命的安全呢？我們還應當告誡自己，不要耽於幻想，認為道德可以不靠宗教維持。儘管高尚的教育對於特殊結構的心靈可能有所影響，但根據理智和經驗，不容許我們期望在排除宗教原則的情況下，國民道德仍能普遍存在。」離棄基督教的道德原則，國民道德就喪失了基本的標準和底線。

　　7、沒有主導性的宗教，不僅不能建立憲政民主的制度，就是維持一個民族和文化的存續也是不可能的。當代美國著名保守主義思想家理察·霍夫施塔特指出：「作為一個國家，我們的命運依賴於一種而不是多種意識形態。」[14] 使美國成為美國的意識形態顯然不是世俗化的自由主義，更不是無神論的社會主義，而是以基督教為根基的保守主義。托克維爾總結說：「在美國，啟發民智的正是宗教，而將人導向自由的則是遵守上帝的誡命。」[15] 他的結論是，美國人的制度之

---

14 Richard Hofstadter, quoted in Hans Kohn, *American Nationalism: An Interpretive Essay* (New York: Macmillan, 1957), p. 13.

15 托克維爾，《論美國的民主》，上卷第一部分第二章，29 頁。

所以能夠建立並持續，「其中的一個主要原因就是宗教……美國人用行動證明：他們認為要讓民主制度具有德化的性質必須依靠宗教。美國人對於這個問題的看法，正是所有民主國家都應該理解的真理。」[16] 美國憲法學家 W・克里昂・斯考森特別指出：「二十世紀的美國人通常認識不到這一極端的重要性，即國父們一開始就非常關注宗教在建構獨一無二的文明過程中所扮演的那種角色，他們希望這時一種作為現代自由人出現的文明。許多美國人也不能認識到，國父們感覺到的宗教角色就像在他們生活的那個時代一樣，在我們生活的這個時代也是同樣重要的。」[17] 這裡所說的宗教，無疑就是特指基督教，尤其是宗教改革之後形成的基督新教。

8、要確保美國的「合眾為一」，最大的威脅就是種族的、地方的、民族的、經濟的和文化的多樣性造成的分裂美國的威脅。如果美國國家領導人數典忘祖，背叛美國的基督教傳統，放鬆對移民的審查，使得無數共產黨員和伊斯蘭教徒移民美國，美國在人口構成上必然迅速轉向社會主義國家或伊斯蘭教國家，從對基督教文明的認同轉向對非基督教文明的認同。毫無疑問，這樣的美國領導人背叛了美國建國的理想，他們對非法移民和外來思想的放縱只能毀壞美國建國的根基，使得美國成為「精神分裂的無所適從的國家」！因此，亨廷頓分析說，這些貌似公平的多元主義文化論者，「他們並非要美國認同另一種文明，而是要建立一個擁有眾多文明的國家，即一個不屬於任

---

16 托克維爾，《論美國的民主》，下卷第二部分第十五章，416 頁。

17 W・克里昂・斯考森：《飛躍五千年》，毛喻原譯（北京：群言出版社，2015 年版，67 頁）。

何文明的、缺少一個文化核心的國家。歷史表明，如此構成的國家不可能作為一個具有內聚力的社會而長期存在。一個多文明的美國將不再是美利堅合眾國，而是聯合國。」[18] 毫無疑問，亨廷頓所強調和捍衛的乃是美國的基督教文明，這種文明乃是美國的「文化核心」。

9、教會雖然不能作為宗教組織直接參政，但必須被視為是第一大重要的公共性的組織。教會不屬於任何黨派，不屬於任何民族，而是把各個黨派和民族都凝聚在一起的黏合劑。托克維爾強調，不管美國基督教有多少宗派，都是信奉上帝教導的同樣的道德律，基督徒的道德標準在各個地方都是一致的，這是確保美國社會與文化的統一性的關鍵。當然，在反律主義的毒酵的影響下，目前很多美國教會不再明確地教導上帝所啟示的以十誡為綜述的道德律，這也是美國社會出現很多怪現象的原因。美國教會必須深刻悔改，重新回到宗教改革的正傳，重新回到清教徒對於上帝的律法的強調。清教徒強調，基督徒人生的首要目的是榮耀上帝，而榮耀上帝的標準就是整個聖經，尤其是上帝所啟示的以十誡為綜述的道德律，乃是基督徒順服上帝、造福他人的標準。[19]

10、美國基督教神職人員不在政府部門擔任公職，不參加黨派性的政治，但他們確實通過傳講上帝的真道為社會提供道德上的穩定性，從而使得國家能夠保持長期的興盛。神職人員主要發揮一種教化性、道德性的力量。要捍衛美國的自由和安全，神職人員必須堅定不移地堅持聖經明確啟示、歷代大公教會保守的宗教原則和道德價值。

18　亨廷頓，《文明的衝突》，281-282 頁。
19　王志勇，《清教徒之約》（上海：三聯，2012 年）。

真正的神職人員不要過多地陷入到當下的黨派政治中去，要知道作為上帝的使者比社會任何政黨和意見領袖都更加尊貴。神職人員千萬不可輕看教牧的職分，千萬不可忽視為教會和社會守望祈禱。在美國歷史的許多關鍵時刻，如珍珠港遇襲、如九一一恐怖襲擊，美國的牧師們都挺身而出，為國家的走向和政治領袖的政策守望禱告，並呼籲會友們共赴國難。

11、美國憲法第一條修正案規定：「國會不得制定有關下列事項的法律：確立國教或禁止信仰自由。」聯邦政府不得設立任何宗教或宗派為國教，人人都享有宗教自由，每個宗教或教派都在法律上得到平等的保護。這一修正案是對聯邦政府中立法部門的限制，但這並不意味著美國各州不能設立國教，實際上美國立國之初，若干州是有自己的國教或準國教的。在美國憲法被採納的時候，至少有七個州（共和國）正式確立了享有國教地位的宗教或宗派，它們包括（克魯斯：《制訂第一修正案宗教條款的歷史意義與司法解釋，一九六二年》）——康乃狄克（公理教會）、德拉瓦（基督教信仰）、馬里蘭（基督教信仰）、麻塞諸塞（公理教會）、新罕布夏（新教信仰）、紐澤西（新教信仰）、南卡羅來納（新教信仰）等。在此種情況下，立憲者們認為，如果聯邦政府試圖去確定或廢除某一基督教教派的國家地位，而另一些教派已經為某些州所接受的話，其結果必然是災難性的，將會釀成國內的宗教衝突，發生如同歐洲舊大陸的那種慘烈的宗教戰爭。所以，立憲者們通過了這條關於宗教信仰自由的修正案。[20] 同時，美國憲法也絕對預設美利堅合眾國是以基督教為依託的，儘管

---

20 W·克里昂·斯考森：《飛躍五千年》，77 頁。

不是明確地以基督教的某個宗派為美國統一性的宗教信仰，但以基督教立國是美國締造者們的共識。

12、宗教和現實利益分不開，但宗教不可依附於任何現世利益集團，應當保持自己崇高的獨立性。托克維爾強調：「宗教一旦依附於現世利益，幾乎又會和世上的一切權力一樣脆弱無力。只有宗教能夠永垂不朽，然而與那些短命的權力結盟，就是把自己拴在這個權力的命運上，並且經常是伴隨著昔日支持這些權利的激情的消失而滅亡的。所以，宗教同各種政治權力結盟時，只會讓自己擔起沉重的盟約義務。不需要依靠政治權力的幫助，宗教就能生存，而假如給與政治權力以幫助，就會使自己滅亡。」[21]

13、最需要謹慎的就是「政教的密切結合」。法國大革命將天主教會當作重點打擊對象，就是因為長期以來教會與王權同流合污、腐敗墮落。托克維爾就歐洲基督教的衰微分析說：「歐洲的不信教人士，不是把基督徒當作宗教敵人加以攻擊，而主要是把他們當作政治敵人。他們之所以仇恨宗教信仰，不是把它視為一種錯誤信仰，多半是把它視為一個政黨的意見。他們排斥教士，不是因為教士是上帝的代表，而是因為教士是政府的朋友。在歐洲，基督教曾准許人們把它與俗世政權緊密結合起來。今天，那些與基督教結合的政權已經衰落，而基督教本身則彷彿被埋在那些政權的廢墟堆裡。它雖然還活著，卻被死去的政權壓在底下，只要清除壓著它的瓦礫，它就會立刻站起來。」[22] 因此，基督教教會和教士應當竭力保守自己的獨立性和

---

21 托克維爾，《論美國的民主》，上卷第二部分第九章，209 頁。
22 托克維爾，《論美國的民主》，上卷第二部分第九章，211 頁，

超越性，不可輕易與任何政權、政黨、政綱密切結合。

14、基督教的活力不在於得到國家的支持，特別是國家稅收的輔助，而是在於自身的純正有力。在美國，正是因為基督教沒有直接得到國家的財政支持，而是直接參與宗教市場上的競爭，才變得始終具有創新與應變的能力。中世紀後期天主教的衰敗，很大原因就是天主教一統天下，缺乏有力的競爭者。但在美國卻從來不缺乏競爭。如同其生機勃勃的自由市場經濟一樣，美國是現代國家中少有的形成了具有競爭性的宗教市場的國家。基督教，特別是新教的諸多教派，在城市和鄉村展開公平競爭，在主日講道、詩班音樂、教堂建築、兒童主日學、社區服務等各個方面，竭力精益求精。正在在這種激勵競爭的環境和機制下，教會的活力才被不斷激發出來。

15、基督教的地位和功用不是來自國家所授予的特權，而是基督教自身的力量，特別是基督教內部本身不斷的悔改和更新。基督教本身作為一個信仰群體，在人數和勢力上大有影響，能夠塑造精英人才，能夠團結勞苦大眾，這才是最根本性的硬體。如果基督徒忽略了本身的發展，一味地追求外在的政治權力，反倒是本末倒置了。托克維爾強調：「雖然法律允許美國人自行決定一切，宗教卻阻止他們想入非非，禁止他們任意妄為。在美國，宗教始終不直接參加社會的管理，卻被看作政治設施中的最主要的一部分，由於雖然它沒有向美國人提倡愛好自由，卻讓美國人能夠輕鬆地享用自由。」[23] 值得注意的是，托克維爾在此強調，基督教在美國本身就是「政治設施中最主要

---

23 托克維爾，《論美國的民主》，上卷第二部分第九章，205 頁。

的部分」（the foremost of the political institutions of that country）。[24] 那些把宗教和政治截然二分的人，既不懂得何謂宗教，也不明白何謂政治。真正的「政教分離」只是國家和教會在組織和功能上的劃分，絕不是把宗教和政治截然分開，更不是把基督教趕出公共領域，甚至不允許基督徒參政。身為國家的公民，基督徒積極參政是理所當然的；身為上帝的子民，基督徒參政當然要有基督的立場和追求。排斥基督徒參政，不僅僅是政治上的歧視，更是直接違背上帝賜給基督徒的權利和責任。

16、真正的宗教信仰自由來自上帝的賜予。上帝不喜歡各種形式的宗教狂熱，特別是要把其他宗教信徒都以暴力手段滅掉的惡行。很多宗教狂人往往覺得只有自己是「麥子」，別人都是「稗子」，並且他們想把所遇到的「稗子」都滅掉，但上帝的旨意是：「容這兩樣一齊長，等著收割。」因此，我們要有寬容忍耐之心，基督徒所崇尚的公民政府乃是法治政府，正如美國的忠誠誓言所宣告的那樣，美國是「在上帝之下統一的國家」（one nation under God）、「人人共享自由和公義」（with liberty and justice for all），當然也包括人人享有宗教信仰上的自由。但是，那些濫用個人自由、不信仰任何宗教的人，自身也喪失了被信任的任何基礎。托克維爾列舉了這樣一個例子：有一個證人被傳到法庭作證，此人在法庭上宣佈不相信上帝的存在，也不相信靈魂的不滅性。主持審判的庭長說：「由於證人在作證前已失去了法庭對他的信任，所以拒絕此人宣誓作證。」[25] 那些不信至高上帝和絕

24　Alexis de Tocqueville, *Democracy in America*, vol. 1, p. 362.
25　托克維爾，《論美國的民主》，上卷第二部分第九章，205 頁。

對真理的人，怎能期望得到別人的信任呢？

17、特別是在世界範圍內，我們必須承認多元宗教與文化的存在的現實性。正如亨廷頓所強調的那樣：「全球單一文化論者想把世界變成像美國一樣。美國國內的多元文化論者則想把美國變成像世界一樣。一個多元文化的美國是不可能的，因為非西方的美國便不成其為美國。多元文化的世界則是不可避免的，因為建立全球帝國是不可能的。維護美國和希望，就需要重建西方認同；維護世界安全，則需要接受全球的文化多元性。」[26] 接受全球文化的多元性，絕不意味著放棄美國的基督教信仰和文明的根基地位，也就是學者沈陽所說的「多元之上的一元」。保守主義與自由主義的主要區別之一在於，前者強調基督教對於自由和秩序的根本重要性，而後者則恰恰相反，他們往往走向世俗化，把基督教當作攻擊和毀滅的對象。

18、決定政治的重要因素是民情，決定民情的重要因素是宗教。一旦宗教被破壞，民情就會走向萎靡不振，而政治就會走向專制獨裁。托克維爾敏銳地指出：「當宗教在一個國家被破壞的時候，那些智力高的人將變得遲疑，不知所措，而其餘的人多半會處於麻木不仁的狀態。對於同自己和同胞最有利害關係的事物，每個人僅能習以為常地抱有混亂的和變化不定的概念。他們不是把自己的正確觀點放棄，就是保衛不住它。於是，他們由於無力解決人生提出的一些重大問題，便陷入絕望狀態，以至於自暴自棄，索性不去想它們。這樣的狀態只能令人的精神萎靡不振，意志的彈力鬆弛，培養出準備接受奴役的公民。一個民族淪落到這種狀態後，不僅會任憑別人奪走自己的

---

26 亨廷頓，《文明的衝突》，293 頁。

自由，而且往往會自願獻出自由。」[27]

19、基督教向人呈現的終極性權威，就是上帝本身。因此，美國國家的座右銘就是：「我們信靠上帝」（In God We Trust）。近年來，一些左派人士企圖將這一句話從美元上剔除，也有一些政客和國會議員提出取消擔任公職時面對聖經宣誓的程序，他們認為這是對他們的政治自由的侵犯。然而，他們不知道，美國之所以強大，其終極力量是乃至上帝。若不信靠上帝，美國的衰敗和滅亡指日可待。就好像抽調地基，空中樓閣不可能存在下來一樣。以基督教立國的國家，可以保障非基督徒的信仰自由；反之，以納粹主義、共產主義、伊斯蘭教立國的國家，不僅不會保障公民的宗教信仰自由，還會剝奪公民的其他基本人權。毫無疑問，宗教不可能是完全獨立於政治自由之外，最起碼宗教信仰自由本身就是國家當尊重和保護的最重要的基本人權之一。一旦我們不關心政治，一旦我們不珍惜基督教國家提供的宗教信仰自由的保障，就會落在納粹主義、共產主義、伊斯蘭教恐怖主義的轄制之下，我們身為基督徒就不可能享受宗教信仰自由，這是幾個世紀的歷史鐵證所證明的。

20、一旦人們放棄基督教信仰，一旦不信基督教的人口增加，美國就會陷入巨大的危險和混亂之中。美國的國父們一直強調，在共和政體之下，只有品德高尚的人才能成為自由人。在美國制憲會議上，立憲者們激烈討論的不是那些具體的事項，而是人民是否具備了「充分的道德與良知」來管理自己。自治政府通常被認為是「共和政體」，腐朽與自私的人民絕不會使共和政體的原則得以成功地實施，這時公

---

27 托克維爾，《論美國的民主》，下卷第一部分第五章，325 頁。

認的事實。正如富蘭克林所說：「只有善良的人才有自由的能力。當各州變得腐敗與墮落時，它們對主人才有更多的需求。」華盛頓後來將憲法稱為「人權的守護神」，但他指出：「只要在人心中擁有基本道德，它才能存活下來」。政治學家亨廷頓在《誰是美國人》一書中追問說，一旦基督徒在美國成為少數，基督教被邊緣化，美國的公民德性將難以保障，隨即出現的就是憲法和憲制的重大危機。

21、美國在全世界捍衛自由，推動憲政民主制度，這種世界性的地位和功用是重要的。但是，有識之士一定要認識到，自由、憲政與民主並非人人都贊同的「普世價值」，而是完全建立在聖經啟示和基督教文明的根基上。一旦美國國內基督教喪失優勢地位，美國所謂的自由與民主制度也會隨時受到異己勢力的顛覆，正如希特勒納粹主義顛覆德國的民主制度一樣。因此，托克維爾在談及民主的缺陷時強調，美國的立法者的成功之處就是「以宗教道德的不變對抗政界的經常變動」。[28] 倘若美國人背棄基督教的正傳以及正統基督教所培養的誠實與勇敢的道德精神，儘管美國的法律制度表面上不變，也會走向混亂和貧窮，這就是人所擔心的美國的「拉美化」和「非洲化」：成為委內瑞拉或南非那樣的國家。美國的很多大城市已經出現了這樣的危機——「黑名貴」運動的打砸搶，讓法治蕩然無存。二〇一九年，芝加哥人選舉了激進左派洛里·萊特福特（Lori Lightfoot）為市長，如今他們自食其果，生活在內戰一般的地獄裡。父親節的那個週末，六十五人遭槍擊，十人死亡。一位住在洪堡公園的婦女告訴美國廣播公司的僱員：「我很害怕。我得離開芝加哥。就這麼定了，我走了。」

---

28 托克維爾，《論美國的民主》，上卷第二部分第九章，218頁。

在加州，民主黨州長加文・紐森（Gavin Newsom）的左派移民政策和高稅收政策，正在將這個黃金之州變成南美洲的委內瑞拉。對非法移民的鼓勵（連說非法移民這個詞都成了政治不正確，只能說無證移民），造成越來越多的新的非法移民與難民搶美國公民和合法移民的飯碗。左派開門揖盜、取消邊境，放任敗德之人肆意繁殖擠占資源，毒品合法氾濫，犯罪率急速升高。中產階級和大企業紛紛逃離加州，加州損失了數十萬的人口，二〇二一年，加州因為人口減少而喪失了一個國會議席，這是其建州以來首次出現的情況。

　　22、民主社會最大的危險是什麼？托克維爾指出：「當一個人用這種誠實且合法的辦法過分地追求幸福時，最終會有讓自己非凡的才華失去用武之地的危險；而假如他僅僅忙於改善自己身邊的一切，最終又會降低自己的人格。這才是危險的所在，並且將再無其他的危險。」[29] 如何面對這種危險？解決之道就是：「處於民主國家的立法者及所有有德有識之士，應當毫不鬆懈地努力提高人們的靈魂，並將之引向天堂。所有關心民主社會未來之人，都應該團結在一起，攜手努力，使民主社會能夠洋溢著永恆的愛好、崇高的情感和對非物質享樂的熱愛。」[30] 只有繼續保持我們對於上帝和真理的熱愛，只有繼續甘心樂意地為上帝和真理獻上我們的汗水、眼淚和熱血，我們才能擺脫民主社會中非常容易出現的「平庸之惡」。這種「平庸之人」使得人喪失最基本的良心和責任意識，把責任完全推給政黨、國家和制

29　托克維爾，《論美國的民主》，下卷第二部分第十五章，417 頁。
30　托克維爾，《論美國的民主》，下卷第二部分第十五章，417 頁。

度。[31] 薛華強調：「受過宗教改革洗禮的國家，個人自由亦非萬能靈藥。當基督教信仰基礎被人淡忘時，不論哪一個政黨當選，結果仍然是一樣。當原則沒有了，餘下的只有務求達到目的，不擇手段的權術。」[32]

23、美國民主的大敵是什麼？就是那些想方設法甚至不擇手段地攻擊和推翻基督教的各種異教和意識形態，尤其是以唯物主義為根基的社會主義，更是以「社會福利」、「社會公義」的名義成為美國許多極左人士的金招牌，他們以此顛覆基督教信仰所提倡的法律面前人人平等、不勞動者不得食等基本價值，完全離棄上帝所啟示的道德法則，把同性戀、吸毒等罪惡美化為個人的自由和權利。[33] 托克維爾明確指出：「我在很多方面都反對唯物主義。……在所有國家，唯物主義都是人的精神的危險病症。但唯物主義在民主國家尤為可怕，因為它會同在民主國家中的人心常有的那種邪惡巧妙結合。」[34] 人心中常有的污穢就是嫉妒、懶惰、貪婪，這些罪欲在民主國家中更容易氾濫。只有基督教的教化，才能馴服人們心中的這些唯利是圖、無法無

---

31 漢娜·阿倫特，《艾希曼在耶路撒冷：一份關於平庸的惡的報告》，安尼譯（南京：譯林出版社，2017 年）；傑羅姆·科恩編，《反抗「平庸之惡」》，陳聯營譯（上海：上海人民出版社，2014 年）。

32 薛華，《前車可鑒》：西方思想文化的興衰》，梁祖永等譯（北京：華夏出版社，2008 年），212 頁。

33 See Cheryl K. Chumley, *Socialist Don't Sleep: Christians Must Rise or American Will Fall* (West Palm Beach, FL: Humanix Books, 2021); Scott David Allen, *Why Social Justice Is Not Biblical Justice* (Grand Rapids: Credo House Publishers, 2020); Michael Novak and Paul Adams with Elizabeth Shaw, *Social Justice Isn't What You Think It Is* (New York: Encounter Books, 2015).

34 托克維爾，《論美國的民主》，下卷第二部分第十五章，417 頁。

天的怪獸。唯物主義強調物質決定一切，否定上帝和靈魂的存在，最終導致的就是赤裸裸的物欲放縱和權力鬥爭，即使選舉也會肆無忌憚、毫不羞恥地弄虛作假，使得民主社會隨時走向崩潰。基督徒必須堅決反對社會主義，堅決反對共產主義，堅決反對唯物主義，因為這些意識形態乃是魔鬼用於屠殺人的靈魂和身體的武器！但是，我們還有比共產主義或社會主義更危險的敵人！泰勒強調：「今天對於自由民主的最大威脅不是來自共產主義，儘管共產主義的威脅非常巨大甚至致命。比共產主義更危險的就是再在偉大的英語民主國家中，把民主與其在耶穌基督裡的福音中的根本完全斬斷。」[35]

24、美國與西方文明的復興必須重新回到基督教信仰，尤其是回到清教徒敬畏上帝、守約守法的精神。維沃在《思想的後果》一書的最後認為「不訴諸宗教是行不通的」：「我認為對於一種『孤立、貧困、污穢、野蠻和匱乏』的生活來說，宗教信仰可以為它帶來最強大的維繫力量。所有的例子都表明，信仰缺失將導致某種形式的怨念（bitterness）。……這種怨念就在於不相信地獄的存在；因為（根據不可辯駁的神學三段論推理）如果沒有地獄，就沒有正義。而怨念總會推動自我毀滅。當一個人看到這個世界的回報不足以彌補這個世界的痛苦的時候，並且當它拒不承認存在其他回報的可能性的時候，這種簡單的計算就能讓他產生終結一切的念頭。問題就是如何讓人不再這麼絕望地感到賞罰不公。今天的人們究竟是想繼續生活下去，還

---

35 E. L. Hebden Taylor, *The Christian Philosophy of Law, Politics and the State: A Study of the Political and Legal Thought of Herman Dooyeweerd of the Free University of Amsterdam, Holland as the Basis for Christian Action in the English-Speaking World* (Nutley, New Jersey: The Craig Press, 1969), p. 610.

是想毀滅世界？有時這種怨念是如此之深，以至於它讓人們產生了選擇後者的想法。」[36] 米德在總結英美社會崛起時強調：「當我們必須尋求對英語世界支配地位的解釋時，應該要歸因於其動態宗教，而不是世俗化。一個開明的現代化並沒有戰勝存在於英語世界中根深蒂固的傳統宗教。相反，在英語國家人們的宗教生活中，動態宗教滲透進靜態宗教並成為其補充物。金髮姑娘之所以能夠在黑暗恐怖的叢林中成功穿越西進，是因為如同她之前的東方三博士一樣，有一顆星為她照亮了道路。」[37] 然而，美國的仇敵也是那些明確地反對基督教特別是清教徒神學的人，美國二十世紀六〇年代興起的激進左翼人士後來反思說：「當時流行的『文化革命』所鼓吹的，就是要把人們從傳統思想的牢籠中解放出來。這是社會的園藝學家，他們要『綠化』美國，讓後工業時代的人們衝出清教徒主義的束縛。這是心存報復觀點的天使，要摧毀美國這個『罪惡的帝國』，解放全世界的囚徒。」[38] 因此，很多人否認美國的基督教傳統，更是否認清教徒神學對於美國建國的奠基性、決定性的影響，他們的目的就是要排除基督教在公共領域中的影響，直到最終把美國變成一個徹底去基督教化、世俗化、多元化的國家，從而使得美國文化喪失自己原有的以基督教為本的靈魂，最終徹底被異教異質的文化滲透和顛覆。

---

36 理查・M・維沃，《思想的後果》，王珀譯（南昌：江西人民出版社，2015年），190 頁。

37 米德，《上帝與黃金：英國、美國與現代世界的形成》，264 頁。

38 彼得・科利爾、大衛・霍洛維茨，《破壞性的一代——對六十年代的再思考》（北京：文津出版社，2004 年），4 頁。

原則二
信靠上帝

原則：上帝是萬有的創造者，人人都當信靠祂，向祂負責。

　　1、我們首先強調的文明建國的第一大原則是宗教立國，這一原則的精義就是信靠上帝，即此處的第二大原則。一個不相信上帝的人，仍然可以在公眾面前暫時具有一定的公共性美德和善行，但最終而言是沒有任何敬畏意識和道德底線的。連上帝都不相信、都不敬畏的人，必然會蔑視人間的一切權威和制度。

　　2、上帝是萬有的根基，他不僅是自然界萬物的創造者，也是受造界一切法則的設立者。不僅是在自然界世界中，還是在道德世界中，上帝都設定了一定的法則，這些法則所顯明的是上帝所創造的「規範秩序」（normative order）。那些不承認造物主及其法則的人，就生活在自己的幻想之中。他們不僅不能夠真正認識世界和自己，還會狂妄地根據自己的幻想來改變世界，破壞上帝已經設立的神聖秩序，然後根據他們終極的理念創立新的秩序，結果往往是傷天害理、禍國殃民，正如二十世紀共產主義者和社會主義者所做的那樣。

　　3、只有當我們對於上帝堅信不疑時，才能對於自己、他人和世界有清楚的定位和觀念，才能堅定不移地投入積極的行動，不至於在

諸般的懷疑中虛耗自己的時間和生命。托克維爾強調：「不論人認為他的任何行動有什麼特殊性，幾乎都源於他所持的對上帝、對他與人類的關係、對自己靈魂的本性、對自己的同類應負的義務非常一般的觀念。誰都必須讓這種一般觀念成為其餘所有事物所產生的共同源泉。所以，人渴望對上帝、對自己的靈魂、對造物主和自己同類應負的各種一般義務，形成一種堅定不移的觀念，因為假如對這些基本問題抱有懷疑的態度，便將使自己的行動混亂和無力，或者說是任其聽從偶然因素的支配。」[1] 沒有堅定不移的信仰，人就會陷入懷疑主義和虛無主義的泥潭，或者放縱自己，無法無天；或者人云亦云，隨波逐流，不可能活出豐富、亮麗的人生，更不可能以強有力的方式勝過邪惡。

4、人通過理性之光就可以認識到上帝的存在，上帝的道德律也刻在人性之中，並且人人也都知道上帝的審判的不可避免性，「天網恢恢，疏而不漏」；「不是不報，時候未到」，這是人們的常識。這些真理來自上帝的普遍啟示，都是不證自明的。但是，罪人靠自己的理性並不能夠真正認識上帝救贖罪人的旨意，更不會靠自己接受耶穌基督的救贖，唯獨通過聖靈的光照才能真正認識上帝和自己。基督教不僅強調普遍恩典性質的恩賜和普遍啟示性質的亮光，積極地學習和領受人類歷史上一切先進的東西，並且能夠因為上帝的特殊恩典而得蒙救贖，因為上帝的特殊啟示而得蒙光照，按照上帝的旨意和標準分別善惡、通達時務，建立更高級的文明。這就是改革宗神學所強調的「文化使命」（the cultural mandate）。

1　托克維爾，《論美國的民主》，下卷第一部分第二章，324 頁。

5、美國的建國之父們不僅承認「自然法」或「本性法」（natural law）的存在和效用，並且強調上帝所明確啟示的「神啟法」（God's revealed law）的重要性。他們一致認為，終極而言，任何公義的社會都當根據上帝所明確啟示的律法為最高標準。在一七六〇年至一八〇五年之間，二千二百二十種具有明顯政治內容的書籍、小冊子、報刊文章和專著中，最常引用的文獻來源是聖經，占所有引用文獻的百分之三十四。其中第五卷書《申命記》對聖經律法著墨最多，因此被視為「高級法」而頻繁引用。[2] 布萊克斯通在其《英格蘭律法釋義》中明確強調，上帝的律法就是上帝所明確啟示的本性法，人間制定的律法不可違背上帝的律法，唯獨上帝的律法具有不可侵犯、不能更改的神聖性（the sanctity of the law）：「人所制定的一切律法都當以本性法和神啟法為依據；這就是說，任何人制定的律法都不當違背本性法與神啟法。」[3] 至於後來一些世俗化的學者，他們以所謂的「自然法」來排除上帝的律法，最終導致的就是「自然法」學說的滅亡，因為除了動物性的自我保護、弱肉強食的本能之外，罪人很難在彼此之間就「自然法」的具體內容達成共識。

6、上帝不僅創造世界，設立律法，還繼續用祂大能的膀臂掌管世界，使萬事互相效力，讓愛上帝的人得益處。面對國家大事，當信靠上帝的護理，呼求上帝的介入和幫助。沒有上帝的接入，人類歷史就會陷入令人絕望的以暴易暴、以惡勝惡的惡性循環之中。當然，首先我們自己要竭力按照上帝的律法去行。

2　艾茲摩爾，《美國憲法的基督教背景》，37頁。
3　William Blackstone, *Commentaries on the Laws of England*, Book I, p. 42.

7、美國的座右銘就是「我們信靠上帝」（In God We Trust）。任何正式的嚴肅的宣誓都當奉上帝的名進行，這是聖經中明確吩咐的。美國人法定的「忠誠誓言」（Pledge of Allegiance）中明確宣佈：美利堅合眾國「上帝之下的統一國家」（One nation under God）：「我宣誓：忠誠於美利堅合眾國國旗和它所代表的共和國——上帝之下統一的國家，不可分割，人人享有自由和公正」（I pledge allegiance to the Flag of the United States of America, and to the Republic for which it stands, one Nation under God, indivisible, with liberty and justice for all.）。這種宣誓來自西歐的封建制，這種封建制所注重的是人與人之間通過這種立約的儀式而形成的彼此相連、互相忠誠的契約關係，這種契約關係在本質上是一種君主與附庸之間彼此承擔互相保護責任的「法律性的聯合」（the legal union）。[4]

8、信靠上帝，必須落實在遵守上帝的約法上。有人害怕神權制（theocracy），認為必然是教會專權。其實，真正的神權制必然是「神法制」（theonomy），即真正的「法治」——在上帝的約法面前人人平等，彼此相愛，互相成全。因此，我們在根基性原則部分提到的第二大原則信靠上帝方面，直接把「信靠上帝」與「守約守法」聯繫在一起，否則我們對於上帝的信靠難免流於空泛、抽象，最後成為毫無實際內容的宗教口號。因此，當我們談及宗教立國的原則時，絕不是簡單地認為僅僅依靠宗教和教育來抑制人的欲望、維持充滿活力的共和主義社會，這種想法是愚蠢至極的。在任何社會的治理中，制度和律

4　內莫，《教會法與神聖帝國的興衰》，180-223 頁。See F. L. Ganshof, *Feudalism* (New York: Harper Torchbooks, 1964), pp. 26-50.

法都是不可缺少的，因此我們必須認識到：「任何一個政府一旦發生秩序紊亂，必然存在某種制度的缺陷。」[5] 當然，更深刻的是，聖經中本身就有制度性的設計，上帝不僅拯救以色列人出埃及，並且賜給他們律法，從而在制度和律法方面確保他們的自由。摩西及其繼承者在迦南地建立的國家，跟周邊的國家實行的是完全不同的政治、經濟、文化和宗教制度。他們的領袖通過選舉產生，而周邊的國家都是世襲制、獨裁制的王國。上帝所喜悅的絕不是一人獨裁的皇權專制，而是以「選舉」為軸心的共和制。今日眾多基督徒忽略甚至否定上帝的律法，當然就在政治和法律方面無法明白上帝的旨意，只能隨波逐流。

9、我們信靠上帝，這就意味著必須旗幟鮮明地反對各種形式的以皇權專制為特徵的暴政。熱愛權力是自然的，人追求更多更大的權力的野心永遠不會得到滿足。所以，我們不僅要學習以權力抵擋權力，以野心抗衡野心，更要學習以超越性、出世性的宗教追求來提升人的思想境界，使得他們的意識和注意力不要僅僅停留在今生的成就和享受上。要對抗人間的一切專制和暴政，最重要的是強調上帝的主權和約法。當我們強調上帝的主權的時候，就為世上一切的權力增加了超越性、絕對性的限制。當我們強調上帝的約法的時候，就為改良世上一切的律法提供了更高的尺度。何謂暴政？伍德認為，「暴政就是一人或少數人違背多數人的意願和利益對其實行統治。」[6] 這種暴政是上帝所恨惡的，因此聖經中反覆強調上帝的律法，因為上帝的律法讓我們愛人如己，甚至甘心樂意地服事他人，效法耶穌基督為罪人

5　伍德，《美利堅合眾國的締造：1776-1787》，396 頁。
6　伍德，《美利堅合眾國的締造：1776-1787》，24 頁。

犧牲的精神。基督徒有責任抵擋各種形式的暴政，正如富蘭克林所特別強調的那樣：「抵擋暴君就是順服上帝」（Rebellion to tyrants is to obedience to God.）。對於個人而言，正當防衛、以暴制暴是上帝賜給的不可剝奪的基本人權；對於教會、民族或國家而言，始終有權利以各種公民不服從的模式抵擋侵犯人權的暴政，在力量和形勢相宜的時候也有權利通過暴力革命的方式重建國家政權。這種理論乃是基督教歷史和神學上早已明確的正義戰爭的傳統。[7]

10、正如二〇二〇年美國總統大選所表明的那樣，大選中出現大規模的選舉舞弊現象，就當訴諸法庭，根據律法進行審判；一旦法庭審判不公，還有國會予以制衡；美國總統也有權力運用一切合法的手段來戰勝仇敵的顛覆和內部的背叛；當各級、各層政府都罔顧人民的權利和呼聲的時候，人民就有權利訴諸武器，發動革命，推翻踐踏自己基本權益的政府，重新組建新的政府。當然，不管是訴諸法律，還是訴諸武器，關鍵還是要依靠上帝！但依靠上帝，絕不意味著我們放棄我們個人性的責任和行動，而是在我們忠於責任、訴諸行動的時候也要繼續信靠上帝。托克維爾雖然對於民主推崇備至，但他在《論美國的民主》一書中隨時流露出來的，乃是民主政府隨時蛻變為專制政府的危險：「我認為在身分平等的國家裡，比在其他國家更容易建立絕對專制的政府；而且覺得一旦在這樣的國家裡建立起這樣的政府，那它不僅會欺壓人民，還會剝奪人類的一些主要屬性。所以，我覺得

---

7   See Paul Ramsey, *The Just War: Force and Political Responsibility* (New York: Charles Scriber's Sons, 1968).

專制在民主時代是最可怕的。」[8]

　　11、不管是要糾正個人的暴政、少數人的暴政、多數人的暴政，還是法律的暴政，我們最後只能訴諸上帝，訴諸上帝的主權和律法，訴諸個人對於上帝的敬畏由此而來的自治。我們既要強調信靠上帝的主權與護理，也要強調個人的責任和參與。正如麥迪森所分析的那樣，當政府的權力達到一定的能量和自主度的時候，他的趨勢就是進一步地放縱自流，直至濫用自由引發突然向過分的權力轉變。放縱導致的不是無政府狀態，而是一種新型的民眾專制。[9] 因此，面對民主政府向中央集權的發展的趨勢，托克維爾最終強調的還是道德方面個人的自治和擔當：「很難想像完全喪失自治習慣的人，能夠選擇好將要治理他們的人，也不應該認為處於奴隸狀態的人民又有一天會選出一個自由的、精明能幹的政府。」[10] 如果我們任憑國家通過「福利政策」製造大批的自己不工作、依靠國家養活的人，這些現代化的「國家奴隸」就會徹底顛覆美國的憲政民主制度。

　　12、教會要時刻警醒謹守，忠於上帝賜給自己的教化萬民的職分。同時，每個人都有責任在關鍵時候挺身而出、見義勇為，正如托克維爾所提醒的那樣：「特別是在所處的民主時代，人類的自由和光榮的真正友人們，應當不斷地挺身而出，想方設法防止國家權利為全面推行其計畫而隨意犧牲某個人的利益。在這個時代，任何一個默默無聞的公民都有被壓迫的危險，任何微不足道的個人權利都可能被專

8　托克維爾，《論美國的民主》，下卷第四部分第七章，545 頁。

9　伍德，《美利堅合眾國的締造：1776-1787》，381-382 頁。

10　托克維爾，《論美國的民主》，下卷第四部分第六章，544 頁。

橫的當局奪去。」[11] 當民主國家的公民喪失了基本的美德，不願意為
自由和真理而戰、只想享受美國的自由和福利的時候，他們在心理上
已經開始淪為專制和暴政的奴隸。

---

11 托克維爾，《論美國的民主》，下卷第四部分，第七章，548頁。

第二部
人道性原則：人權神聖

人算甚麼，你竟顧念他！世人算甚麼，你竟眷顧他！
你叫他比天使微小一點，並賜他榮耀尊貴為冠冕。

（詩 8：4-5）

  聖約第二大要素就是領受聖約的人。上帝與人立約，這本身就凸顯人的尊貴。我們反對以人為中心的人本主義，但贊同注重教育、強調修養的人文主義，也贊同尊重人格、捍衛人權的人道主義。上帝不僅按照自己的形象造人，賜給人治理全地的權柄，並且特別與人立約。這說明上帝本身也尊重人的自由，讓人根據自己的自由來作出抉擇，承擔責任。因此，上帝賜給人的律法乃是確保人的自由的律法。上帝賜給人的福音更是讓人在基督裡得自由的佳音。

  因此，在此處特別強調人權，尤其是自由權，這種權利乃是「自然權利」，當然也是「神授權利」。諾克強調，《獨立宣言》確立的兩條基本原則就是「自然權利的原則和人民主權的原則」。[1]《獨立宣言》

---

1 艾爾伯特・傑伊・諾克，《我們的敵人：國家》，彭芬譯（南昌：江西人民出版社，2015 年），45 頁。

的構想就是在「人民權利」的基礎上建構新的獨立的政治體系。[2] 這種
人權體現在以下七大原則之中，因為這七大原則直接涉及到基督教人
道主義的基本原則，所以我們稱之為人道性原則。違背這些原則就是
反人道、反人性、反人類的，當然也是反上帝、敵基督、無道德的。
當然，不管我們如何強調「人權神聖」，人權本身不是絕對的，只有
上帝的主權是絕對的，人權總是處於上帝的主權和約法之下，總是伴
隨著一定的法律責任。因此，泰勒強調：「沒有絕對性的主體的權利
（absolute subjective rights），因為任何主體性的權利都與一定的法律
責任聯繫在一起。」這種人權的絕對化在布萊克斯通那裡已經開始，
在其著名的《英國法釋義》中，他宣稱，人的安全是第一位的，個人
的自由是第二位的，而財產權則是第三種「每個英國人都生來具有的
絕對權利（absolute right, inherent in every Englishman）」。[3] 針對這種
人權的絕對化、偶像化，赫智斷然指出：「在上帝的國度中，絕不允
許這種殘暴的人權論，這種人權論目前正把所有政治社會都反轉到瘋
狂的混亂之中。與此相反，這種崇高的責任論則使得所有人的心靈和
生活都向耶穌基督的寶座保持美麗的和諧，也使基督國度中的所有子
民都歸向幸福。」[4] 基督教所提倡的是神法、責任與美德倫理，即以上
帝的律法為標準，人人都當承擔自己當承擔的愛主愛人的責任，在履

---

2 諾克，《我們的敵人：國家》，78 頁。

3 William Blackstone, *Commentaries on the Laws of England*, Vol. I, chap. 1, p. 135.

4 A. A. Hodge, *Popular Lectures on Theological Themes* (Philadelphia: Presbyterian Board of Publication, 1887), p. 295.

行職責、攻克己身的過程中培養真正的美德。[5]

　　在七大人道性原則中，首先是人人平等的原則。英國法律家梅因強調：「所有進步的社會運動，到此處為止，是一個『從身分到契約』的運動。」[6] 落後與野蠻的社會注重的是人的身分和地位，先進和文明的國家強調守約守法的責任和忠誠。

　　正是在清教徒聖約神學中，因為對於上帝的主權和約法的強調，才延伸出來在上帝面前人人平等，在律法面前人人平等的身分平等觀。當然，清教徒所強調的身分平等絕不是中國歷代革命所強調的「打土豪，分田地」式的財富平等觀，也不是法國大革命所強調的抽象平等論，更不是社會主義者所提供的經濟平等論，他們所起強調的是每個人在上帝的約法之下，在權利與尊嚴上的的身分平等。因此，我們必須明確，基督教與美國所強調的「平等」絕不是「經濟平等」，而是政治地位與社會身分的平等，尤其體現在個人權利與政治自由的保障上。哈耶克在其《通向奴役的道路》這本經典之作中所證明的是「經濟平等」與「政治自由」不能並立，一旦試圖利用革命暴力或國家法律的手段強制推動「經濟平等」，人民已經喪失了最基本的「政

5　See John Murray, *Principles of Conduct: Aspects of Biblical Ethics* (Grand Rapids: Eerdmans, 1957); Lewis B. Smedes, *Mere Morality: What God Expects From Ordinary People* (Grand Rapids: Eerdmans, 1983); Donald G. Bloesch, *Freedom for Obedience: Evangelical Ethics in Contemporary Time* (San Francisco: Harper & Row, 1987); Alasdair Maclntyre, *After Virtue*, third edition (Notre Dame, Indiana: The University of Notre Dame Press, 2008).

6　梅因，《古代法》，沈景一譯（北京：商務印書館，1959 年），97 頁。

治自由」的保障——財產權。[7] 二十世紀蘇聯、赤色中國和柬埔寨所實行的國家計劃經濟造成了上億人的非正常死亡，他們所追求的目標就是人民在經濟上的平等，最終造成的卻是普遍性的貧窮、饑饉和死亡，這種平等成為貧窮、奴役和死亡上的平等。毫無疑問，真正的平等只能是在神權制和神法論中上帝與律法面前的平等：在上帝的主權之下人人平等，任何個人和組織都不得凌駕於他人之上，聲稱自己具有至高無上的主權；在上帝的律法面前，人人平等，任何個人和組織制定的法律對人的良心都不具有絕對性的權威，都當按照上帝的律法予以評判和改良。這種平等是上帝本來就賜給我們的，只是因著人的犯罪和墮落才出現了人欺壓人的現象。

　　第二大原則就是明確承認人性敗壞。在清教徒神學中，特別強調「人性的全然敗壞」（total depravity），則會以教義直接影響了當初美國締造者們的人性觀和政治觀。[8] 當然，這種敗壞不僅指向範圍上，人的理性、情感和意志都受到了原罪和本罪的敗壞；更是指向程度上，人的靈魂已經徹底遭受罪的污染和顛覆，不能通過自身的努力和覺醒歸向上帝，需要上帝特別的救贖性的恩典。因此，沒有任何人能夠自己拯救自己，也沒有任何人能夠拯救別人，人間的一切作為和制度都不能拯救任何人，我們不要期望任何人、組織或制度能夠成為我們的救贖主，一勞永逸地為我們解決人性的問題。人的理性雖然能夠認識上帝的存在、律法和賞罰，但人在情感上仍然自私自利、傷天害理，

7　弗裡德里希・海耶克，《通向奴役之路》，滕維藻、朱宗風譯（香港：商務印書館，2019 年）。

8　艾茲摩爾，《美國憲法的基督教背景》，6-7 頁。

在意志上更是愚頑不化、自高自大，不肯歸向上帝，歸向上帝賜給的獨一的救主耶穌基督。唯獨上帝能夠拯救罪人，唯獨耶穌基督是上帝和罪人之間獨一的中保，也唯獨耶穌基督是人類唯一的救世主。即使那些得蒙上帝揀選、已經歸信耶穌基督的人，生命中仍然有著殘餘的敗壞，今生今世不能達到完全的地步。因此，不管是通常的罪人，還是已經歸信上帝和主耶穌基督的聖徒，不僅需要坦誠地承認自己的敗壞和無能，也需要謙卑地領受上帝的律法的約束和指導，自覺地盡自己當盡的本分。因此，不管是個人、家庭、教會還是國家，都必須謙卑在上帝面前，自覺地實行法治，以上帝的約法為標準來規範自己的生活。這種對於「法律之下的自由」（freedom under law）的強調乃是英美保守主義的共同特徵。[9] 同時，正是因為承認人無法改變人心，只有上帝才能改變人心，宗教自由和寬容才在美國逐漸確立起來。毫無疑問，如果我們不承認唯獨耶穌基督是個人和世界的救主，就會有形形色色的宗教與政治狂人聲稱自己是人民和國家離開就不行的「救世主」，更會有各種形式的野心家打著「自由」、「平等」、「博愛」、「福利」的幌子來蠱惑人心，使得我們放棄對於上帝的信靠和對於律法的遵守，不知不覺就被他們「以人民的名義」而洗腦、奴役。

　　第三大原則就是人權原則。當初美國的開創者們不僅在《獨立宣言》中明確宣告上帝賜給人不證自明、不可剝奪的生命、自由與追求幸福的權利，更是在通過美國憲法的同時發佈《權利法案》，這些憲

9　Michael Alison and David L. Edwards, eds. *Christianity & Conservatism: Are Christianity and Conservatism Compatible?* (London: Hodder & Stoughton, 1990), pp. 20-25.

法修正案列舉了憲法正文中沒有明確表明的自由和權利，如宗教自由、言論自由、新聞自由、集會自由、保留和攜帶武器的權利，不受無理搜查和扣押的權利，個人財物搜查和扣押必須有合理頒發的搜查令和扣押狀的權利，只有大陪審團才能對任何人發出死刑或其他「不名譽罪行」的起訴書，保證由公正陪審團予以迅速而公開的審判，禁止雙重審判等。此外，《權利法案》還規定憲法中未明確授予聯邦政府、也未禁止各州行使的權力，保留給各州或人民行使，直接杜絕了聯邦政府無限擴大權力的可能性。因此，我們可以說，美國憲法把全人類帶入了「人權時代」，個人的權利和尊嚴開始得到前所未有的重視。人類幾千年的歷史從「君權神授」開始走向「人權神授」，從此以後的時代和政治就是「人權政治」的時代，這可以說是宗教改革的巔峰，人類終於廢除了上帝所不喜悅的君主制，直接以上帝為自己的君王！當然，更重要的是我們要明白，對於人權的界定和保障始終是以敬畏上帝、守約守法為前提的。一旦人們不再敬畏耶和華上帝、離開上帝的律法的明確界定，罪人就會把同性戀之類的傷風敗俗、敗壞逆性之舉視為理所當然的「人權」，並且瘋狂地推動別人來承認。毫無疑問，我們越是高舉上帝的主權和律法，就越是能夠保障個體的人權。一旦我們背叛上帝，偏離上帝的律法，不僅得不到上帝的祝福，就是對於人權的基本界定也無法達成基本的共識，這樣到忍無可忍的時候就只能訴諸暴力了。

第四、第五、第六，分別是生命神聖、個人自由與追求幸福的權利（即私有財產權）。這種追求幸福的權利尤其體現在對個人私有財產的保障上。最終這些基本人權的保障都落實在審慎判斷這一原則上。審慎是個人的美德，是實踐性的智慧，當然也是政治性的美德，

指向人對善惡和時機的判斷。敬畏上帝，遵行上帝的約法，乃是大智慧，因為上帝的律法本身所顯明的就是上帝的大智慧。上帝賜給我們律法的目的是讓我們治理全地，建造文明，尤其是保障人的基本人權。當然，即使對於上帝的律法，我們也不能盲目遵從，必須按照正意來解釋，按處境來應用，這絕非易事。審慎原則要求每個人都要有自己的獨立性、批判性的思維，能夠根據上帝的律法對於當前的局勢作出明智的判斷，不受任何宗教正確或政治正確的欺騙。

審慎判斷是一種實踐性的智慧，使人深知那些不敬畏上帝的人在本質上就是無法無天的惡人，根本不值得信賴；深知唯獨上帝的律法才是判斷善惡的終極性、超越性的標注，是衡量世上人所制定的一切法律是否具有合法性的高級法。這是每個基督徒在聖靈光照下都當具有的真智慧，當然也是大智慧！美國神學家和政治哲學家尼布林在其著名的〈安寧的祈求中〉中強調：「仁慈的上帝，賜予我們安寧之心，接受我們不能改變的一切；賜予我們勇敢之心，改變我們所能改變的一切；賜予我們智慧之心，使我們明瞭變與不變之別。」[10]

毫無疑問，不管是政治家，還是民眾，首先需要的就是祈求上帝賜給我們智慧之心，也就是審慎判斷的能力。沒有上帝的律法，我們就沒有不變的判斷善惡的標準；沒有不變的判斷善惡的標準，只能滋生各種形式的唯利是圖的機會主義者！

即使身為基督徒，一旦忽略上帝的律法，缺乏公義的道理和分辨

---

10 這一祈求智慧和安寧的禱文〈the Serenity Prayer〉來自美國改革宗神學家尼布林（Reinhold Niebuhr，1892-1972 年）。原文如下：God, grant me the serenity to accept the things I cannot change, courage to change the things I can, and wisdom to know the difference.

好歹的能力，我們就是永遠長不大的「巨嬰」，只能坐等別人提供各種樣式的毒奶！

原則三

人人平等

原則：所有人都是上帝按照祂自己的形象造的，
上帝面前人人平等。

1、當談及制度性原則時，我們首先強調的就是上帝創造人，在上帝面前人人平等的原則。平等所強調的就是這種個人性的人格尊嚴和身分平等，正如托克維爾所總結的那樣：「身分平等是能夠顯示出民主時代的占有支配地位的獨特事實。在民主時代，鼓舞人們前進的主要是激情，是對於這種平等的熱愛。」[1] 因此，人人平等不僅僅是權利的問題，而且直接關涉到人類心靈深處的最大的渴慕，就是渴望得到他人的接受和尊重，這種接受和尊重當然集中體現在公共領域中。阿倫特指出：「平等僅僅存在於這樣一個特定的政治領域之中，在那裡，人們作為公民而不是私人與他人相遇。」[2]

2、《獨立宣言》明確宣佈：「我們認為下述真理是不言而喻的：人人受造平等，造物主賦予他們若干不可讓與的權利，其中包括生存

1　托克維爾，《論美國的民主》，下卷第二部分第一章，380 頁。
2　阿倫特，《論革命》，19 頁。

權、自由權和追求幸福的權利」（We hold these truths to be self-evident, that all men are created equal, that they are endowed by their Creator with certain unalienable rights, that they are among these are life, liberty and the pursuit of happiness.）。這種人人平等的原則被稱為「共和主義思想的核心原則」，是共和主義真正的「生命與靈魂」。[3] 內莫分析說：「在上帝面前，自然等級均被粉碎。人本性各不相同，他們卻因其本體論上的無意義而在上帝面前平等。結果，一人天生臣服於另一人的說法就變得毫無價值。這個極其嚴肅的原則顛覆了異教之城內確立起來的所有人類權力。肯定會有某部分人的權力比另一些人大，但這些行使的權力只是事奉。」[4]

3、托克維爾在考察美國的民主時，首先強調人人平等的原則。他在緒論部分一開始明確強調：「我在合眾國逗留期間見到過很多新鮮的事物，要說最引起我注意的，那就是身分平等莫屬了。……隨著我對美國社會研究的進一步深入，我越來越認為身分平等是一件根本大事，好像所有的個別事物都是由它產生的，所以我將它作為我的整個考察的中心。」[5] 一七七六年，一位維吉尼亞人寫道，正是基於這一身分平等原則，「才能激發和維持社會成員的美德，才能將社會成員與共和國及其他公民同胞聯繫在一起，使心靈和情感相互交融。」[6] 一切非法的革命所尋求的都是自己的特權，在中國歷代王朝的革命中，那些所謂的革命領袖的唯一目的就是「皇帝輪流做，今天到我家」，

3　伍德，《美利堅合眾國的締造：1776-1787》，69 頁。
4　內莫，《教會法與神聖帝國的興衰》，129 頁。
5　托克維爾，《論美國的民主》，緒論，2 頁。
6　伍德，《美利堅合眾國的締造，1776-1787》，71 頁。

這成為中國文化的潛意識！真正的革命就是追求每個人在上帝和律法面前的平等，掃除人間蔑視上帝的主權、踐踏個人的人權的一切暴政，而各種暴政的集中體現就是身分性的特權：在君主制蛻變成的獨裁制中是一人獨尊，在貴族制蛻變成的寡頭制中是少數人享有特權，在民主制蛻變成的暴民統治中是多數人壓制少數人。

　　4、平等絕不是相同，再也沒有把平等視為相同更愚蠢和危險的了！人生來各不相同，上帝也賜給各人不同的天賦和特長。平等也不是同等，不是人在家庭、教育、環境、工作等各個方面都享有同等的條件或待遇。人人平等特指三個方面：在上帝面前人人平等（equality before God）——上帝使每個人都有祂的形象，祂並不偏待人；律法面前人人平等（equality before the law）——每個人都當受到同樣的律法的審判，不能因為階級或等級的不同就適用不同的律法；權利保護方面人人平等（equality of rights）——人人都享有上帝賜給的生命、自由和追求幸福的權利。因此，這種平等在此三個方面所強調的都是身分上的平等。十七世紀英國內戰時期的「平等派」（the Leveler）所追求的代議制民主強調的就是這樣的平等，他們的基本主張是：「保持沉默與合法代表的權利；自由思想和自由辯論的權利；法律面前人人平等的權利和貿易自由的權利；投票的權利以及面對暴政進行革命的權利。」[7]

　　5、在上帝面前的平等是終極性的，而在社會中的平等體現於律法地位和權利保護兩大方面。與此相反，盧梭與法國大革命所提倡的

7　約翰・鄧恩編，《民主的立場》，林猛等譯（長春：吉林人民出版社，1999年），84-85頁。

「平等」指向所有人生來都具有同等的能力，在社會上發揮同等的影響，在財產、工資或醫療上都當享受同等的待遇。這種沒有任何疆界的抽象的平等主義在本質上是虛幻的，真正實行起來則是殘酷的。正如在蘇聯、中國一度盛行的共產主義實踐一樣，他們強調人人平等，穿同樣的衣服，吃同樣的飯，住同樣的房子，最終都同樣成為國家的奴隸。因此，平等絕不是排除個人的自由，由國家來「均貧富」式的平等。我們所強調的平等只能是特定意義上的平等，這種平等絕不消除個人的自由和彼此之間合理的差異，反倒是平等地保護每個人的生命、自由與追求幸福的權利。柏克強調：「那些試圖消除差異的人，永遠都無法實現平等。在由形形色色不同階層的公民組成的所有社會中，有些階層必然居於最上層。因此，那些平等主義者，只是改變和扭曲了事物天然的秩序。他們讓社會這棟大廈不堪重負，因為大廈的結構要想穩定，就需建在地面上，他們卻將其建在空中。」[8]

6、國家只能為人提供「平等的司法」（equal justice），確保人人都有追求幸福的權利，人人都在法律上受到平等的對待和保護。因此，波普爾強調：「道地的平等主義要求國家的公民應當受到公正無偏見的待遇。這就要求出身、家庭關係或者財富絕不能影響那些對公民執法的人。換句話說，它不承認任何的『自然』特權，儘管某些特權可能會被公民授予他們所信任的人。」[9]但國家本身並不能為人提供幸福，否則國家就走向計劃經濟、全能政府，國家就開始扮演上

8　柏克，《法國大革命反思錄》，83 頁。

9　卡爾·波普爾，《開放社會及其敵人》，陸衡等譯（北京：中國社會科學出版社，2016 年），第一卷，197 頁。

帝的角色，從子宮管到墳墓，使人走上通向奴役的道路。正如維沃所警告的那樣：我們不能把「追求幸福的權利」解讀為「享有幸福的權利」。[10] 我們必須認識到，社會應當盡量地為個人提供平等的機會，但不是平等的結果；社會為個人提供平等的自由，但不是平等的能力；社會保障人平等的權利，但不是平等的財產；社會為人提供平等的保護，但不是平等的地位；當然，社會也當盡量為人提供平等的教育機會，但不是平等的分數。只要個人自由還存在，很多的不平等就會存在；一旦我們放棄了個人的自由，所謂的平等只能是在奴役和死亡上的平等。馬克思主義者要求在物質擁有上的平等——「平等的物品」（equal things），最後造成的就是空前未有的貧窮、災難和殺戮。國家應當致力於「平等地保護每個人的權利」（equal protection of rights），絕不是「平等地分配財富」（equal distribution of things）。

　　7、「外來者」要成為「內部人」總要經歷一定的相對痛苦的過程，「跨越文化的障礙」（crossing the culture gap）從來不是一件容易的事情。外來的合法移民來到美國也需要一個融入的過程，他們要學習英文，接受教育，取得經濟上的獨立，總是需要一定的努力和忍耐的。當初來到美國的清教徒們不是以「難民」的心態出現的，他們之所以來到美國是要建立敬畏上帝的基督徒生命共同體。因此，他們的心態不是「受害人」心態，而是「創建者」、「締造者」（founders）。那些只想在美國享受自由和福利的人，從來沒有在精神上真正進入美國，從來沒有在精神意義上成為真正的美國公民，他們是美國和文明「內部的野蠻人」和「寄生者」，他們並不認同美國的價值，隨時都

10　維沃，《思想的後果》，117頁。

會顛覆美國的文明。特別是那些不敬畏上帝的人，具有堅固的伊斯蘭教信仰或共產主義無神論信仰的人，他們在成為美國公民時宣誓承認美國為「上帝之下統一的國家」（One nation under God），心裡卻不相信上帝，他們一開始就已經犯下了無恥的欺詐之罪。這些滲透到美國內部的人，時刻準備利用美國的民主制度來顛覆美國基督教文明，這是美國基督徒公民必須警醒謹守的。

8、正是因為強調真正意義上的人人平等，美國社會始終崇尚的是人對人的尊重。我們絕不能因為性別、種族、地位、宗教信仰的不同而欺壓、歧視別人。無論高矮胖瘦、男女老少、種族膚色、貧窮貴賤一律平等。人人都有上帝的形象，人人都當在地位和權利上受到律法平等的保護。更重要的是，基督教信仰教導我們，人人都是罪人，人人都違背了上帝的律法，招惹上帝的震怒。但是，上帝仍然對我們恆久忍耐，沒有按照我們的過犯來對待我們，更沒有隨時把我們滅殺，而是以無限的慈愛引領我們認罪悔改，上帝的大愛實在是長闊高深！只有當我們深切地體會上帝在耶穌基督裡向罪人顯明的大愛時，我們才能認識和珍惜自身在上帝面前的榮耀和尊貴，並且存謙卑、敬畏之心，來承認和尊重他人也同樣具有的來自上帝的榮耀和尊貴。因此，真正的人權來自上帝的賦予，對人權的真正的尊重和保障最終也只能來自對於上帝的敬畏和感恩之心。

9、在美國制度中，總統最多擔任兩屆。這種徹底貫穿職務輪換的原則和作法，目的就在於消除世襲貴族制的危險，騰出地方給其他同樣優秀甚至更優秀的人。[11] 既然以總統為代表的政務官很快到期下

---

11 伍德，《美利堅合眾國的締造：1776-1787》，85 頁。

臺，他們就無法建構龐大的利益集團，並且他們在任上也不敢肆意作惡，害怕影響到所在政黨的選情，同時也擔心自己很快下臺就會受到後來者的追討。正如伍德所強調的那樣：「平等成為制憲主義者在意識形態方面最有力的武器，它不僅可以用來反對未來的社會精英階層，而且可以用來反對任何有別於人民平等權利的特權。」[12] 強調平等原則，就意味著不認可給任何團體特殊利益。正如美國革命時期政治家威廉‧芬尼利（William Findley，1741-1821 年）所強調的那樣：「平等的自由和平等的特權是自由政府的光輝成就，它們在事實上是可以相互轉換的同義語：任何一方離開對方都不可能存在。人民主權的政府（即真正的共和政府）將這種平等提供給自己的公民；正因為如此，它比君主制和貴族制更卓越；它的優越性就在於此。如果在國家範圍內不平等地或偏頗地分配公共利益，就會造成在利益、影響力及權利上的差異，就會導致貴族制，這是所有政府類別中最壞的一種。」[13] 因此，當我們首先強調平等原則的時候，絕不是說在價值認同上認為平等高於自由，而是說這種平等本身就是自由的保障和體現。

10、這種人人平等的概念乃是基督教對人類文明的突出貢獻。正如托克維爾所總結的那樣：「只有在耶穌基督降世之後，他才教導人們說：所有人生來都是一樣的，都是平等的。」[14] 耶穌基督不是僅僅前來拯救精英和貴族，而是向所有的人宣告赦罪的信息。每一個人，

---

12 伍德，《美利堅合眾國的締造：1776-1787》，371 頁。
13 伍德，《美利堅合眾國的締造：1776-1787》，371 頁。
14 托克維爾，《論美國的民主》，下卷第一部分第三章，張楊譯（長沙：湖南文藝出版社，2011 年），319-320 頁。

不管他在世上的身分和地位如何，都能同樣成為上帝的兒女，這種平等觀是不得了的革命。更寶貴的是，因為對教育的重視和經濟的發達，幾乎所有美國人都能夠享受過去只有貴族和特權階層才能享受的閒暇和思考，這是全世界幾乎所有人都嚮往美國的直接動因。基督教在美國的發展達到相當高的水準，其在思想和制度上的體現就是廢除君主制和貴族制，建立了真正意義上的最大規模的共和制，使得古往今來崇尚人類平等的理想，得到了現世所能得到的最大程度的實現。

11、當然，此處所強調的平等並不是無條件的徹底平等，當初美國的締造者們所擔心的就是把平等變成「扼制勤奮、毫無是非標準的平等」，他們因而堅持確保一定程度的不平等及自然差異得到承認。那些才智超群、為國家作出傑出貢獻的人物必然在人民中贏得信賴、崇敬和尊重。正如羅伯特‧莫里斯所強調的那樣：「一個擁有知識、判斷力、資訊、正直品格和廣泛關係的人，絕不可能與那些既無聲譽又無人品的人同日而語。」一個「環境令其善於思考且資訊豐富」的自然貴族比一個「足不出戶、孤陋寡聞」的人更好地代表人民，伍德稱「這一點是定義聯邦主義哲學的決定性因素」。[15] 因此，身分的平等並不排除自然貴族的存在，那些有恩賜和勤奮的人仍然會在大眾之中脫穎而出。那些能勞動卻不勞動，試圖依賴國家發放的福利而生活的人，就是放棄了自己的尊嚴和責任，若不悔改，只能世世代代成為國家圈養的奴隸。

12、我們必須認識到，正如當初約翰‧亞當斯所認識到的那樣，沒有任何一個社會，包括美利堅社會，能夠實現完全的平等主義。不

---

15 伍德，《美利堅合眾國的締造：1776-1787》，455-456 頁。

管我們如何界定，平等始終是一個不斷追求的理想。更準確地說，「美利堅人既是平等的，同時又是不平等的。他們都認為自然造就了他們權利上的平等；或者說，自然賦予他們共同且平等地追求自由、財產和安全的權利，追求正義、政府、法律、宗教和自主的權利。他們都認為自然造就了他們在權力、能力和才能上初始的不平等。他們團結一致，爭取並維護自然賦予他們的平等；團結一致，增進自然或許有意造成的不平等給他們帶來的好處。」[16] 亞當斯在一七九八年寫給維吉尼亞哈里斯鎮居民的信中稱：「我相信貴族與民眾的區分是討厭的和有害的，然而通過政治的巧妙辦法使之消除是永遠不可能的，只要還有一些人高而一些人矮，一些人聰明而一些人愚蠢，一些人有美德而一些人更邪惡，一些人富有而一些人更貧窮。不平等來自不可更改的自然屬性，而且人類的智慧除了通過平等的平衡機制和平等的法律來調和這些不同派別，就沒有別的辦法了。」[17] 因此，關鍵不是追求絕對的平等，而是要通過一定的合理的制度在平等與不平等之間掌握平衡。

13、民主的首要原則是平等，當然在民主制度下的平等是自由人的平等，而自由人的自由始終是建立在法治的基礎上。其實，在一定程度上可以說，身分上的平等是不可避免的，我們不是平等地成為國家的主人，就是平等地成為專制者的奴隸！百餘年前托克維爾就情不自禁地發出這樣的慨嘆：「不是走向專制者的暴政，就是走向民主的

---

16 伍德，《美利堅合眾國的締造：1776-1787》，558 頁。

17 John Adams, *To The Inhabitants of Harrison County*, Virginia, August, 13th, 1798, *Works of John Adams*, Vol. 9, pp. 215-216.

自由。」[18] 因此，托克維爾明確地發出挑戰：「我承認，民主的意向是常變的，它的法制還不完備，它的執行者還不精幹。然而，假如在獨夫的壓迫和民主的統治之間確實沒有中間道路可走，與其自暴自棄地屈從於前者，不如傾向於後者，並且，如果我們必然最後變得完全平等，那麼，讓自由把我們拉平比讓一個暴君把我們拉平要更好。」[19] 與自由相比，民主國家所保障的身分平等是更加重要的。

14、不管民主制度本身存在什麼危險，我們還是要主張民主，推動民主制度的落實。而民主的最重要的標誌就是一人一票的普選——不論高低貴賤，每個人在普選中投出的那一票都是同等分量的。托克維爾反覆表明他寫《論美國的民主》一書的根本目的，就是鼓勵全世界的人追求真正的民主：「我的目的是以美國為例說明：法制，特別是民情，能讓一個民主的國家保持自由。」[20] 沒有民主，剩下的只能是各種形式的暴政。即使我們現在仍然處於專制的統治之下，開明之人也要自覺主動地塑造民情，推動民主制度的建立。

15、非常重要的是，如果沒有宗教的約束和引導，平等原則只能使人們走向放縱和平庸。維沃警告說：「一個用來摧毀社會的罪最險惡的觀念就是意義不明的平等主義（an undefined equalitarianism）。」[21] 法國大革命給人帶來的最危險的觀念之一就是平等主義：「人類關係意味著秩序，所以平等是一個製造混亂的概念。平等是一種無預先規劃的秩序；儘管事物自古至今早已獲得了一定的規劃秩序，平等卻要

---

18 托克維爾，《論美國的民主》，上卷第二部分第九章，221 頁。
19 托克維爾，《論美國的民主》，上卷第二部分第九章，221 頁。
20 托克維爾，《論美國的民主》，上卷第二部分第九章，221 頁。
21 維沃，《思想的後果》，42 頁。

對事物進行一種沒意義、沒好處的系統化干涉。所有的社會都應當實現在法律面前人人平等，但是在年幼者和年長者之間、不同性別之間是可以存在不平等的，甚至在朋友之間也不可能實現平等。規則就是，每個人都應當在自己有力量的時候有所作為；讓所有人都扮演同樣的角色，會造成混淆和疏離，這一點已經被越來越多的例子證實了。這個帶來混亂的異端邪說不僅會破壞那些最自然的社會群落，它還是製造惡意嫉妒的根源。現代世界的開端，源於『人人平等』這個假設，它一旦發現這是不現實的，卻又意識到它再也無法回到手足情誼的羈絆之中了，這是何等的沮喪啊！」[22]

16、我們所追求的平等應當集中在身分的平等上。歐美保守主義強調秩序、公義和自由，以法國大革命為代表的自由主義強調自由、平等和博愛。到底自由原則和平等原則誰居於優先地位？這是一個非常複雜的問題，需要多方面的思考和界定。從上帝創造世界的角度言之，上帝首先創造的是一個人，即亞當，那時夏娃還沒有出現。因此，起初人的本性是自由的，可以自由地選擇為善，即遵守上帝的律法；也可自由地選擇為惡，即違背上帝的律法。在夏娃出現之後，人與人之間就出現了身分與關係上的平等問題。因此，自由是人性的本質；沒有自由，人就喪失了活力。平等是人與人之間關係的根本；沒有平等，人就喪失了尊嚴。當然，我們此處所說的自由強調的不是個人在其本質上的屬性，而是強調政治的自由，包括信仰、言論和結社的自由。平等所強調的則是平等地享受上帝賜給我們的自由，尤其是上面所說的政治的自由。因此，我們可以說，自由乃是我們首先要捍

22　維沃，《思想的後果》，43 頁。

衛的，在實現自由的各種制度性的保障中，身分平等乃是首要性的。

17、當然，平等始終有其自身的相對性，所以我們需要在自由中追求平等，在平等中保持自由。托克維爾感嘆說：「人可以獲得使他完全滿意的一定自由，從而無憂無慮地享受自身的獨立自主。但是，使自己感到滿足的平等則是人絕不會獲得的。無論一個民族如何努力，都不可能在其內部建立起完全平等的條件。如果有一天這種絕對而完全的平等局面真的出現了，那麼智力的不平等仍將存在，因為這種不平等是上帝直接賜予的，人間的任何法律總是對它無可奈何。」[23]維沃贊同法律面前人人平等，這種平等所強調的是政治地位和權利的平等。目前各種左翼的激進平等主義的問題在於：「他們不僅主張政治平等，還要求實現經濟民主，經濟民主是那些鼓吹平等者所追求的實質理想目標。除了專制統治之外，沒有什麼政治制度可以強制實行這樣一個不現實的計畫，這就解釋了為何那些旨在追求這個計畫的現代政府，最終卻淪為了在各種偽裝之下的專制政府。」[24] 如果我們對於民主不加以嚴格的限定，不僅政府會走向專制，每個人都會隨時成為暴君。在不敬畏上帝、不以上帝的律法為最高標準的社會中，所謂的平等就是人人平等地放縱自己、傷害別人。

18、平等原則是民主社會的首要原則，但這個原則在現實政治中卻有著巨大的危險。托克維爾分析說：「平等可導致兩種傾向：一種是令人們逕自獨立，並且可能令人們馬上陷入無政府狀態，另一種是令人們順著一條漫長的、隱而不顯的，但確實存在的道路走向被奴役

---

23 托克維爾，《論美國的民主》，下卷第二部分第十三章，411 頁。
24 維沃，《思想的後果》，46 頁。

的狀態。」[25] 在這種狀態下，「民主國家關於政府的觀點自然有利於中央集權」：「政府被所有的人想像成為一種獨一無二的、奉天承運的、具有創造力的權力。」[26] 在民主國家中一種非常危險的傾向和困境就是：「雖然民主國家的人民往往憎恨中央集權的專制，然而他們對於這個政權本身一直是愛護的。」[27] 那些別有用心的政客們更是容易打著「平等」的旗號向選民許諾物質與福利上平等的待遇，逐漸瓦解公民以自由和自治為本的道德素質，使得國家權力不斷膨脹，這樣民主政府也逐漸蛻變為包攬一切的中央集權甚至極權政府。因此，托克維爾警戒說：「第一個且唯一的令民主社會的政治權力集中的必要條件，便是它喜愛平等並讓人相信他是出自真心。所以，原先非常複雜的專制之術，如今已經簡化成一項單一的原則了。」[28] 平等原則最後演化為唯一的專制原則，追求經濟平等的國家最後一定會成為專制政府，這是令我們不得不深思的。

19、自由和平等的價值，往往很難分清主次。德魯克一方面指明：「相信人皆自由及平等，是歐洲思想的精粹。……隨著基督教興盛，自由與平等成了歐洲的兩大基本概念；它們就是歐洲的代名詞。兩千年來，歐洲所有制度和信條都源自基督教秩序，且都以自由平等為目標，也以『最後一定會實現自由平等』的承諾作為存在的正當理由。因此，歐洲歷史其實就是一部人類將自由平等的概念，投射到社

---

25 托克維爾，《論美國的民主》，下卷第四部分第一章，523 頁。
26 托克維爾，《論美國的民主》，下卷第四部分第二章，524 頁。
27 托克維爾，《論美國的民主》，下卷第四部分第三章，528 頁。
28 托克維爾，《論美國的民主》，下卷第四部分第四章，532 頁。

會存在現實的歷史。」[29] 同時，德魯克也深刻地指出：「如果放棄自由就可以重建世界的理性秩序，大眾已經做好了放棄的準備；如果自由和平等不相容，他們會捨棄自由；如果自由和安全無法共存，他們會選擇安全。」[30] 正如當初以色列人面對曠野生活的艱難、征服迦南的挑戰，他們更願意選擇回到埃及繼續受奴役。自由是沉重的，必須有堅強的人格和信心才能支撐，而普羅大眾往往喜愛安全更甚於自由。

20、總之，我們強調平等原則的重要性，必須明確平等原則的特定內涵和局限——平等只是在上帝和律法面前的地位和尊嚴，完全的社會與經濟平等是不存在的。如果盲目地把平等擴大化，最後造成的是人為的抹平，使得個人毫無自由和個性，整個社會都喪失自由和創造力，這是二十世紀共產主義實踐在蘇聯、中國、柬埔寨等地給我們帶來的極其慘烈的教訓。

---

29 彼得・德魯克，《經濟人的末日：極權主義的起源》，洪世民、趙志恆譯（上海：譯文出版社，2015 年），25 頁。
30 德魯克，《經濟人的末日》，39 頁。

原則四

人性敗壞

原則：憲法應該在框架上保護人民免受統治者人性弱點的影響。

1、制度本身有其重要性，憲法就是關乎制度設計的。好的制度針對人性的軟弱與邪惡，既要顧及政府的執政能力和效率，從而確保公共利益和安全，又要在最大程度上確保個人的自由和發展。如果政府的執政能力和效力太低，個人的自由和發展就無法得到保障；如果政府得到的授權太大，政府本身就會侵奪個人的自由，使得個人成為政府的奴隸，無法自由地發揮和實現個人的潛能。無論制度如何優秀，只要人性的弱點還在，就永遠是危機四伏。宗教之所以重要，是因為宗教始終強調我們應當注意人性的問題。基督教對於人性之敗壞的強調使得優秀的制度成為必要，基督教對於上帝的主權和救贖的強調使得優秀的制度能夠不斷得到更新和保護。人性的敗壞需要通過信仰上帝和遵行上帝的律法來得到抑制，一旦偏離上帝及其律法，人性的敗壞就會無限地放縱，敗壞一切既存的制度。

2、雖然改革宗神學始終強調犯罪後人性的敗壞，甚至強調人在「整體上的敗壞」（total depravity），但我們必須承認這種「敗壞」是範圍上的，不是本質上的。這就是說，即使是極其敗壞的罪人，仍然

具有上帝的形象，仍然是人，人仍具有最基本的人性，仍然有上帝的律法刻在人性深處，因此我們仍然能夠在一定程度上制定好的法律，實行法治，確保一定的秩序。尼布林有句名言，對人性的認識上比較深刻、平衡：「人追求公義的能力使得民主制成為可能；但人不義的傾向更使得民主制成為必要」（Man's capacity for injustice makes democracy possible; but man's inclination to injustice makes democracy necessary.）。[1] 如果一味地強調人性的敗壞，認為這種敗壞已經使得人不再是人，已經淪落到一般動物的層面，最終導致的只能是在理論上對人性的貶低和踐踏，為各種形式的暴力暴政提供藉口。雖然我們特別強調上帝所啟示的律法的重要性，但也必須知道，教會歷史上始終承認「自然法」的功用。自然法源自上帝的普遍啟示和恩典，使不信上帝的人也能保持基本的秩序，甚至能夠在道德和科學上有所提升。[2]

　　3、人人都是罪人，人人都有原罪，因此不管政治領袖如何德高望重，都不配得到人民完全的信任。實際上，越是得到人民愛戴的領袖就越是危險，因為他們會濫用人民的愛戴，走向個人獨裁的道路。憲法的目的是建立憲政，憲政的本質就是「限政」，即明確限制國家領導人的權力。憲法的設計就像是一個籠子，我們不僅要把權力關進籠子裡，更要把執掌權力的人關進籠子裡，使他們時刻接受律法的約束和人民的監督。他們可以自由地按照律法盡他們自己當盡的本分，

1　Reinhold Niebuhr, *The Children of Light and the Children of Darkness: A Vindication of Democracy and A Critique of Its Traditional Defense* (Chicago & London: The University of Chicago Press, 2001), xxxii.

2　See Stephen J. Grabill, *Rediscovering the Natural Law in Reformed Theological Ethics* (Grand Rapids: Eerdmans, 2006).

然而一旦作奸犯科，就會隨時受到律法的追討和公義的審判。法治的終極性依據就是上帝本身，上帝本身就是法治的上帝，祂不僅賜下聖約和律法，自己也是「守約施慈愛」的上帝。因此，基督教文化始終高舉上帝的主權和約法，確保任何個人和組織都不可自高自大。不管我們如何高舉上帝的主權和約法，上帝的主權和約法沒有增加，最終得益的不過是我們自己，因為只有當我們如此強調上帝的主權和約法的時候，人間一切的權力和法律才會受到根本性的限制。

　　4、上帝設立了三大聖約性的組織，首先是家庭，其次是教會，第三是國家。這三大組織本身都是好的，都是上帝賜給人的制度性、組織性、群體性的蒙恩之道。人生下來就需要家庭愛心的養育、教會真理的教導和國家安全的保護。但是，任何權力都會被罪人濫用，正如阿克頓勳爵所強調的那樣：「權力易於腐敗，絕對權力導致絕對腐敗（Power tends to corrupt and absolute power corrupts absolutely.）。偉大的人物幾乎都是壞人，甚至當他們施加普通影響而不是行使權威時也是如此，而當你以自己的行為增強上述趨勢或由權威導致的腐敗真的出現時，情形更是如此。」[3] 國家往往意味著暴力和強迫，就像烈火一樣，是危險的僕人，可怕的主人，必須予以防範。國家主義者崇拜國家，乃是極其可憎的偶像崇拜，最大的專制就是國家專制主義。不管是希特勒帶領的國家社會主義德國、史達林帶領的共產主義蘇聯，還是毛澤東及其徒子徒孫所吹噓的中國特色的社會主義，都給國家披

3　阿克頓，《自由與權力》，侯健、範亞峰譯（南京：譯林，2011 年），294頁。此處把「權力導致腐敗」之翻譯修訂為「權力易於腐敗」，因為腐敗本身不是權力導致的，但掌管權力的人確實容易走向腐敗。

上神聖的光環，使得國家成為他們頂禮膜拜的金牛犢。然後，他們陰險地躲藏在國家的面紗背後，幹盡各種傷天害理的罪惡勾當，然後由國家為他們承擔責任！這樣的國家當然已經淪落為奧古斯丁所譴責的「匪幫」：「取消了公義的王國除了是一個強盜團夥，還能是什麼呢？所謂的匪幫，不就是一個小小的王國嗎？」[4]

5、人人都想擴大自己的權力，都有自私自利的傾向，當然也傾向於利用權力滿足自己的私欲，這是墮落後人心中被罪污染導致的幽暗之處。制度設計是否成功，關鍵在於能否有限地限制人性對於權力的貪婪，越是高位大權，越是具有誘惑性，越是應當予以明確的限制。尤其是人事任命權，歷代以來專制制度最陰險、最有力的武器是「任命官員的權力」。伍德認為：「在政治仍然極為個人化的年代裡，政治職務和報酬是提供社會地位和財產安全的主要資源，因此，無論怎樣強調任命權及提拔權的重要性都不過分。」正是因為掌權者擁有這種授予榮譽和利益的特權，使得人們對他們卑躬屈膝、阿諛奉承甚至大肆行賄。因此，「暴君無需控制每一個人；他們只需腐敗一小撮人，然後由這些人『懾服其他的人』」。在美國各州的憲法設計中，多數州都將人事任命權交付給立法機構，由其單獨行使或與州長共同行使。[5] 在聯邦政府層面，美國總統對於各個行政部門政務官、對最高法院大法官的任命，也需要得到參議院的多數票的認可。這種制度性的對於任命官員的限制，使得官員任命更加公開化、程序化和透明

4　奧古斯丁，《上帝之城》，4 卷 4 章，王曉朝譯（北京：人民出版社，2006年），上卷，144 頁。

5　伍德，《美利堅合眾國的締造：1776-1787》，140-146 頁。

化，最大程度地杜絕各種權力尋租、權錢交易的醜惡現象。

6、要控制權力和私欲的膨脹，必須設計「憲法鎖鏈」（constitu-tional chains）。這樣，既要讓國家能夠控制全國的局勢——具有強大的行政能力，確保社會和經濟秩序不受國內外仇敵的顛覆；同時也讓國家本身受到控制——就是讓那些掌握國家大權的人受到憲法的約束。要限制權力的濫用，關鍵是限制國家對財產權的侵犯，那些別有用心的野心家總是想借助國家權力來沒收別人的財產來達成自己的私欲，尤其是通過高額稅收的方式。因此，憲政國家必須明確私有財產的神聖不可侵犯性，必須明確非經合法選舉的民意代表的同意，不得徵收任何稅賦，否則人民的財產和安全就會出於隨時被侵犯甚至剝奪的危險處境。一旦財產權得不到基本的保障，公民就會人人自危，將大部分時間和精力投入到消極性的自我保護上。在這種朝不保夕的情況下，個人也無法真正發揮創造力，只能是強者爭權奪利，不擇手段；弱者苟延殘喘，仰人鼻息。

7、上帝賜給我們律法，不是為了僅僅保障多數人的統治、少數人的權利，更要使每個人的基本人權都得到保障，最終整個共同體能夠走向和平與興盛。很多野心家都是打著幫助「窮人」的旗號蠱惑人心，奪取權力，用國家權力來幫助窮人，這種「劫富濟貧」式的做法到處盛行。但是，一旦富人的權利得不到保障，窮人的權利更不會得到保障。那些仇恨富人的人，更不會看得起窮人。更重要的是，窮人不能因為貧窮就理所當然地配得別人的同情和幫助，富人不能因為富足就必然比窮人更邪惡可恨，我們不能因為財富的多寡而決定誰可愛誰可恨。富人執政是好的，因為富人有管理財富的經驗；一旦窮人執政，並且靠執政而成為富人，這樣的政權必定是邪惡的政權。上帝要

求人行公義，尤其是確保司法公義，就是要使窮人和富人的權益都能得到平等的保障。

8、人性是軟弱的，在民主國家中，人性更是顯得空前軟弱。托克維爾深刻地解析說：「到那時將出現無數相似而平等的人，每天為追逐心中小小的庸俗享樂而奔波。」[6]「每個人在平等時代都是孤立無援的。他們不僅沒有可以求助的朋友，也沒有真正同情他們的階級作後盾。所以他們容易被人置之不理，無緣無故地受到輕視。」[7]

9、在這人人都極其孤立的情況下，民主國家人民的感情和思想傾向於引導他們走向中央集權。因此，托克維爾分析說：「在平等時代，沒人有援助他人的義務，也沒人有要求他人支援的權利，因此每個人既是獨立的又是軟弱無助的。這兩種既不可分而又不可混為一談的情況，令民主國家的公民形成了非常矛盾的性格。他們的獨立性，令他們在跟自己平等的人交往時充滿自信心和自豪感；而他們的軟弱無力，又有時令他們感到需要他人的幫助，然而大家都是軟弱和冷漠的，所以也不能指望任何人給與他們援助。迫於此種困境，他們的視線自然轉向那個唯一可以超然屹立在這種普遍感到無能為力的情形下的偉大存在。他們的需要，特別是他們的欲望，不斷地將他們導向這個偉大存在；最終，他們將這個存在看作補救個人弱點的唯一的和必要的靠山。」[8] 因此，越是在民主政府中，我們越是要小心政府走向專制。

6　托克維爾，《論美國的民主》，下卷第四部分第六章，542 頁。

7　托克維爾，《論美國的民主》，下卷第四部分第七章，546 頁。

8　托克維爾，《論美國的民主》，下卷第四部分第三章，526-527 頁。

10、民主政府中的專制傾向，就是國家專制主義的傾向，即野心家利用國家攫取越來越多的權力，使得本來屬於個人、家庭、教會或社會的職責越來越多地集中到國家手中，當然最終還是集中到那一小撮掌握國家權力的人手中。在當前的時代，在很多國家中，不僅教育和慈善事業被國家壟斷，教會也成為國家控制的宗教工具，這就使得國家逐漸走向集權主義甚至極權主義。

11、在這種情況下，「當代公民只有一個手段可以保護自身不受迫害，就是向全國呼籲，如果國人充耳不聞，就向全人類呼籲。報刊是他們進行呼籲的唯一手段。因此，自由出版在民主國家比在其他國家更加珍貴。」[9] 因此，新聞監督在民主國家成為立法、司法、執法三大權力之外的「第四大權力」。但是，非常令人感到可惜的是，「新聞」本身也往往不再是竭力追求客觀報導的「新聞」，而是在社會主義國家成為專制政府的「喉舌」、在資本主義國家成為利益集團的「工具」。

12、更可怕的是，外部的極權國家與內部資本寡頭互相勾結破壞美國的民主共和制度，正如二〇二〇年美國大選「偷竊選票」這種醜陋現象所表明的那樣，中國共產黨極權政府與美國互聯網及主流媒體寡頭暗中勾連，使用所謂的傳統媒體和社交媒體，製造拜登當選的假像，試圖讓美國和全世界人民接受昏聵無比的拜登就是二〇二〇年美國合法當選的總統，這是熱愛真理和正義的美國人民和世界上一切崇尚憲政民主的人民都憎惡的！推特、谷歌之類的網路媒體巨頭，直接進行新聞審查，壟斷事實與真相，使得美國人民充分認識到「數位

9　托克維爾，《論美國的民主》，下卷第四部分第七章，546-547 頁。

獨裁主義」危害。在高科技數位年代下，民主處於艱難時期。尤其是極權國家，更是不擇手段，無所不用其極，向當今世界上最大的民主國家美國發動了大規模的「超限戰」。中國在全球輸出其審查和監控模式，以控制境內和境外的資訊。他們不僅大量製造假新聞，極權政府更是利用假新聞為藉口打壓持不同政見者，特別是那些尖銳地批評政府獨裁和腐敗的人。早在一九四八年的時候，美南保守主義者維沃就警告說：「報刊為民眾提供的是感官上的刺激，它不關係認識和理解，只熱衷於製造轟動。我們由此可以看到，感官刺激代替反思，就是對哲學與文明的一次最大翻盤，是一場由技術所掀起的大謀反。機器是不會尊重人類情操的，淫穢氾濫的現象總是緊隨著技術進步的腳步，這並不是偶然。」[10] 針對這種現象，一方面基督徒不應放棄媒體領域，應當繼續善用各種先進技術為真理和真相發聲；另一方面，基督徒要培養自己獨立判斷的能力，不能被各種敵基督的媒體牽著鼻子走。

---

10 維沃，《思想的後果》，30 頁。

原則五

保障人權

原則：造物主授予每個人不可剝奪的基本權利。

　　1、在明確信靠上帝、遵守約法兩大總體性、主導性原則之後，我們首先強調的後繼性、應用性原則就是保障人權。上帝的主權和約法都是為了使人得到發展和成全。我們越是高舉上帝的主權和約法，人的權利和尊嚴越是得到真正的保障。相反，越是高舉個人的權利和尊嚴，否定上帝的主權和約法，這種個人的權利和尊嚴反倒喪失了神聖的根基和保障，最後剩下的就是動物世界弱肉強食的法則。

　　2、生命、自由、追求幸福的權利，乃是上帝賜給每個人的不可剝奪的基本人權。不管是家庭、教會還是國家，都是按照上帝的聖約、通過自願立約的方式而組成的生命共同體，都當以保護和促進每個人的基本權利為目的。這些基本人權所保障的乃是人性的基本尊嚴。正如薛華所強調的那樣：「沒有個人尊嚴作基礎，獨裁專橫的手段便代之而起。為達到獨裁的目的，就不擇手段，人最後總是要徹底依照自己的觀念和世界觀來行事的，如果我們忽略了這點，不但會失去兩個眼睛，連自己的腦袋也會丟掉。」[1]

1　薛華，《前車可鑒》，181 頁。

3、人人都是上帝手中的作品，是上帝親自做成的，為要彰顯上帝的榮耀。凡是惡意毀損人的生命、健康和財富的，都是冒犯上帝之人，都當受到法律的懲處；即使他們逃脫了人間法律的懲罰，也必會受到上帝可怕的報應。天網恢恢，疏而不漏，上帝的審判為人間的公義提供了最終的保障。

4、另外，上帝賜給人的不可剝奪的權利還包括：自治權、隱私權、攜帶槍支權、財產權、自我抉擇的權利、正當程序的權利、良心自由的權利、自由戀愛的權利、自由生育的權利、結社與集會的權利、遊行示威的權利、言論自由與出版自由的權利、享受自己的勞動成果的權利、探索自然資源的權利、自由立約的權利等。這些權利都是從生命、自由和追求幸福的權利的延伸和落實。

5、其中，財產權是至關重要的，追求幸福的權利就是財產權，即可以自由地使用自己的身體、靈魂在內的各種恩賜與物質，去追求自己所崇尚的幸福的權利。人若沒有財產權，就對自己身體和靈魂在內的一切都喪失了最基本的權利，只能成為別人隨意消滅、利用和奴役的對象。所有的野心家都打著「消滅私有制」的幌子來成就自己野蠻的私欲，馬克思就是這種赤裸裸的野心家。因此，馬克思在其臭名昭著的《共產黨宣言》中宣佈：「共產黨人可以把自己的理論概括為一句話：消滅私有制。」既然共產黨人如此赤裸裸地要以暴力手段摧毀人類文明的根基，一切有識之士都當自覺地反對共產主義，自覺地抵制、消除共產黨人的顛覆與破壞。

6、當然，最根本的權利是生命權，其他一切權利都是圍繞著生命權的保護、實現和尊嚴而展開的。極權主義總是以「最大多數人最大幸福」的名義來侵犯其餘的「一小撮人」，通過各種形式的運動把

他們置於死地。至於誰是「最大多數」，何為「最大幸福」，則完全
由他們自己說了算。在憲政國家則強調「多數人的統治」和「少數人
的權利」並重，少數人應當服從多數人投票作出的選擇，多數人應當
尊重少數人不贊同的權利。美國締造時期就已經認識到：「所有的政
治社會都存在著兩個相互競爭的派別——多數派，他們關注的是自
由，也有能力做到；和少數派，他們所關注的是壓迫，但他們永遠不
可能成功，除非他們蒙蔽了對手。」[2]「既防止派系鬥爭對公共福利和
個人權利的危害，同時又保持並維護人民主權政府的形式及實質」，
麥迪森指出，是「共和主義迫切需要的大智慧。」[3] 因此，在憲政國家
永遠不會有任何個人或政黨一統天下、定於一尊。這種在上帝的主權
和約法之一元性的統治之下的多元化的發展，尤其是多黨政治，乃是
合乎聖經的多元主義的體現。

　　7、生命、自由和財產權被稱為三大基本權利，人類的一切立
法、司法和行政的目的都是為了保護這三大權利。當然，這三大權利
的具體界定都當以聖經中所啟示的律法為標準，否則我們就會把墮
胎、同性戀等類的上帝所憎惡的惡行視為個人的自由和權利。一旦偏
離上帝的律法，所謂的自由主義就會成為脫韁的野馬，任其馳騁，最
後總會把人拖到死亡的深淵之中。要使人權得到基本的保障，就必須
回到基督教立國的基本原則。毫無疑問，以馬克思為代表的無神論已
經給當今社會帶來了巨大的危害和混亂。以伊斯蘭教名義進行的宗教

2　伍德，《美利堅合眾國的締造：1776-1787》，462 頁。
3　伍德，《美利堅合眾國的締造：1776-1787》，462 頁。參考《聯邦黨人文
　　集》，第 10 篇，57-64 頁。

恐怖主義也在當今世界各地不斷製造屠殺和戰爭，我們必須回到美國立國的根本，回到歐美保守主義的根基，就是基督教。

8、歐美保守主義所捍衛的不是抽象意義的憲政、法治、民主與自由，而是在歷史過程中形成的「基督教文明」及其基本原則，這種文明是在吸收了希伯來宗教精神、希臘哲學原理、羅馬共和傳統與西歐基督教王國的傳承的基礎上逐漸發展出來的。所以，柯克明確界定說：「美國文明並不是靠其自身而獨立存在的：它是我們有時稱之為『西方文明』或『基督教文明』的文化的一個重要連結，在某些方面，這一文化比西歐文化或基督教歷史更為久遠。」[4]

9、人權首先是個人性的。亨廷頓指出：「多元文化主義者還通過以集體權利代替個人權利來對美國信條的中心內容提出挑戰，而集體權利在很大程度上是根據種族、民族、性別偏好來界定的。」[5] 我們首先強調個人權利，不強調群體權利，但這並不排除我們強調公共利益，甚至在關鍵時候甘心樂意地為公共利益而犧牲個人利益甚至生命。一旦共和主義喪失了這種崇高的貴族品格和犧牲精神，共和主義就剩下了一紙空文、一軀空殼，隨時都會化為烏有。因此，伍德強調：「為了整體的更大的利益而犧牲個人利益，這是共和主義的精髓，也是美利堅人所連結的他們革命的理想目標。」[6]

10、公民持槍權非常重要。美國權利法案第一條規定的是自由，第二條規定的就是人民持槍權！憲法第二條修正案就是為了捍衛憲法

4　Kirk, *The American Cause*, p. 9.

5　亨廷頓，《文明的衝突》，282 頁。

6　伍德，《美利堅合眾國的締造：1776-1787》，52-53 頁。

第一條修正案所列明的自由的！很多人主張禁槍，人為是槍支殺人。事實上真正殺人的不是槍支，而是人！常識告訴我們，不管律法怎樣嚴格限定槍支的持有，那些犯罪分了總是能夠搞到槍支，最後受到限制的都是不犯罪的人民；不管員警多麼廉潔高效，犯罪發生的時候員警總不在場，最終能夠馬上有效地保護自己的還是公民自己。更重要的是，公民持槍讓弱者不再畏懼，讓強者不再囂張，讓權力不再傲慢，讓惡人懼怕作惡，讓善人能夠自保，讓所有人因為互怕而變得彬彬有禮和文明。

11、托克維爾強調，任何一個偉大的民族都有權利觀念。公民重視的是以公義的律法為依據的權利，土匪強調的是以暴力的強迫為後盾的權力。他明確強調：「正是權利觀念，使人們能夠確定什麼是跋扈和暴政的。一個權利觀念明確的人可以獨立地表現自己的意志而絕不傲慢，正直地表示服從而絕不卑躬屈膝。相反，一個屈服於暴力的人，常常自侮和自卑。但是，當讓他服從於和他同等的人的指揮時，他卻表現得好像自己高於那個指揮者似的。」[7]那些靠強制結合的國家，不僅在本質上是以國家形式出現的匪幫，其成員之間也必然是野蠻的土匪性的關係。

12、要保障人權，托克維爾在《論美國的民主》最後部分強調兩大方面，首先是對於立法者而言，他們要明確自己首要的職責就是：「規定給社會權力一個廣泛、明確、固定的界限，讓個人享有一定的權力並保證其不受阻礙地行使這項權力，保留個人少量的影響力、獨立性和獨創精神，使個人跟社會平起平坐並且在社會面前支持個

7　托克維爾，《論美國的民主》，上卷第二部分第五章，166 頁。

人。」[8] 對於當今的統治者而言，托克維爾警告他們不要只是想著帶領人民去幹偉大的事業：「我希望他們多下點功夫考慮一下怎麼去造就偉大的人物，少重視工作而多重視工作的人，永遠要記住，當一個國家每一個公民都很軟弱的時候，這個國家不會長久強大下去，而且絕找不到能使由一群懦弱萎靡的公民組成的國家，變為精力充沛的國家的社會和政治組織形式。」[9] 獨裁者霸占、控制國家的一切資源，他們為了自己的面子——骨子裡是要欺蒙民眾——總是想方設法興建宏大的工程，發動所謂的「一帶一路」之類的空前絕後的專案，目的無非是滿足他們自己變態的法西斯的審美欲求，把人民、軍隊、經濟等都視為他們耀武揚威、塗脂抹粉的工具，更是在這個過程中大肆撈錢、中飽私囊，把自己從國內搜刮的民脂民膏趁機運作到海外安全之地，狡兔三窟，為自己和後代預備後路。真正的崇高的政治家絕不會醉心於這些勞民傷財的面子工程，而是自覺、謙卑地成為上帝和人民的僕人，致力於通過培養公民的美德而鞏固愛主愛人、守約守法的文明。

8　托克維爾，《論美國的民主》，下卷第四部分第七章，548 頁。
9　托克維爾，《論美國的民主》，下卷第四部分第七章，549 頁。

原則六

生命神聖

原則：生命來自上帝的創造和賜予，
**　　　我們必須承認生命本身的神聖性。**

　　1、保障人權是總原則。在這一總原則之下，我們首先強調的就是保障個人的生命權。既然生命來自上帝的創造和賜予，那麼任何人都不得以任何非法的方式殘害、剝奪人的生命。此處我們強調個人的生命的尊嚴與不可侵犯性（the dignity and inviolability of human life）。

　　2、上帝在創世之前就認識我們每一個人，所有人生命的存在都有上帝的目的，所有人的生命都是神聖的，都當得到平等的尊重和養育。我們絕不可以隨意殺害嬰孩的生命，包括未出生的母親腹中的嬰兒。因此，基督徒和保守主義者始終反對所謂的「墮胎自由」，對於極權國家以「計劃生育」為名施行的絕育、墮胎等措施更是深惡痛絕。

　　3、上帝是萬有的創造者，物質宇宙並不是自動形成的，而是來自上帝的創造。上帝創造了白晝黑夜、日月星辰、花草樹木、飛鳥走獸。最終，上帝按照祂自己的形象造人，使得人與其他受造之物截然不同。上帝賜給人靈魂，使人具有理性、情感和意志，使人能夠自由

地認識上帝和世界，自由地彼此相愛，自由地作出抉擇。所有人，不管種族、性別、年齡、貧富、身心狀況、出生與未出生、受教育與未受教育，都有上帝的形象，在上帝眼中都是同樣尊貴的。

4、人絕不僅僅是物質性、身體性的存在，而是有靈魂的受造物。因此，人的生命超越物質的組成、化學的過程、神經的功能和動物的本能。人首先不是屬於自己，也不是屬於家庭、教會或國家，而是屬於上帝的。同時，人從其受造開始，就有上帝的律法刻在他的心中，人絕不是獨立性的存在，人的靈魂也絕不是洛克所說的可以隨意塗寫的白板。每個人的生命都是來自上帝的獨特的創造，都有著來自上帝的不可剝奪的尊嚴和意義，當然也有著不可迴避的道德責任。

5、對於那些信靠救主耶穌基督的人而言，人的生命更是有著偉大的意義。人的生命之所以是神聖的，是因為終極而言這生命是屬於上帝的。上帝造人是為了反映祂的榮耀。從創造的角度而言，所有人的生命都是屬於上帝的；從救贖的角度而言，那些認信耶穌基督是主的人的生命更是屬於上帝的。因此，不管是強迫墮胎、安樂死，還是自殺，都違背生命的神聖性。

6、基督徒不僅強調所有人的生命本身的神聖性，更是強調每個人都有「獨特的神聖的人格」（the unique and sacred personhood of every human）。包括在母腹中尚未出生的孩子，他們也具有這樣的人格。為了避孕或幹細胞研究而故意毀壞人的胚胎，不管是通過手術而墮胎，還是使用藥物或器具來終止未出生的生命的孕育，都是不道德的。強迫墮胎更是直接侵犯人的尊嚴，是用暴力殺死正在孕育的生命。按需墮胎（Abortion-on-demand）的性質也是如此，都是殺死具有上帝的形象的人。只有為了拯救母親和未出生的嬰孩的生命，墮胎

才是可以考慮的選項。

7、既然人的生命是神聖的，是屬於上帝的。安樂死、自殺等人為的對生命的終止都是不合乎聖經的。安樂死是指殺死那些得了不可治癒的絕症或受到不可治癒的傷害的人。「安樂死」來源於希臘文（Euthanasia），意思是無痛苦的、幸福的死亡，特指為結束患者的痛苦而採取致死的措施。當然，對於已經開始死亡的病人，不再採取人工的方法延長其死亡過程，這不屬於嚴格意義上的安樂死。安樂死指向故意、主動地結束自己或別人的生命，而後者則是不再用人工方法延長他人已經開始的死亡過程。唯獨上帝對於人的生命具有主權。對於相信上帝和主耶穌基督死裡復活的人而言，我們願意把自己的生命的結束完全交託給上帝所定的時間和方式，並且以喜樂之心面對身體的死亡，深信身體的死亡並不是生命的終結。

8、上帝吩咐我們關愛他人，盡量分擔、減輕、消除別人的痛苦。醫生的責任就是救死扶傷。基督徒也可為他人的醫治向上帝禱告。但是，我們必須承認，人的生命不僅是身體或物質性的，更有靈魂的方面。上帝有時也會使用痛苦使我們最終在靈命上得益處，使祂自己的聖名得到榮耀。因此，即使在痛苦之中，即使我們的疾病沒有得到醫治，即使我們面對死亡，我們也當更加深入地反思生命的含義，歸榮耀給上帝。

9、人的生命具有神聖性。但是，我們所強調的並不是抽象的生命權，因為生命的本質不是停留在生物或物質的層面，當然也不僅僅局限在屬靈的層面，而是體現在生命的各個方面，特別是自由上，尤其是人的政治自由。政治自由也稱為公共自由，就是將每一個人的自由集合為集體性的政府權力，就是人們自由的制度化。因此，公共自

由或政治自由就等同於「民族或人民自己的政府」。[1]這種政治自由體現在宗教自由、言論自由、結社自由上。一旦喪失這樣的政治自由，我們的良心就會受到打壓和摧殘，就無法活出上帝賜給我們的榮耀和尊貴來。

　　10、中國人習慣於把自由局限在個人心靈的層面，目前很多基要派的基督徒也是如此，他們認為只要我們的靈魂得救、感覺良好就算是得救了。這絕不是聖經中的啟示，這乃是來自魔鬼的毒酵，目的是要麻醉我們的神經，殘害我們的身體，毀滅我們的家庭，好讓這個世界徹底淪落在罪惡和絕望之中。心靈的自由不是像大海的孤島那樣，心靈的自由與其他的自由是息息相關的，比如言論自由、新聞出版自由。不說出來的真理還是真理嗎？不能公開表達的信仰還能說是有信仰自由嗎？上帝當初拯救以色列人，絕沒有任憑他們繼續在法老的專橫統治下自我感覺良好，而是帶領他們出埃及，經曠野，要在迦南地建立自由的共和國。在新約時代同樣如此。我們必須明白，任何社會進步和革命所要爭取的都是政治自由，因為人類心靈的自由是不受任何外在的條件局限的。但是，沒有政治自由，我們所謂的心靈的自由就會流於空泛，甚至是自我安慰、自欺欺人，只強調所謂的心靈自由的基督教，最終就會成為麻醉人民的精神鴉片。更重要的是，當聖經中宣告以色列人得自由時，他們所得到的自由絕不是抽象的心靈的自由，而是擺脫埃及法老所代表的暴政，直接生活在上帝所啟示的使人自由的律法之下。因此，我們接下來所要闡明的是個人自由，就是這種上帝及其約法之下的政治自由。這種自由在本質上始終是個人的自

1　伍德，《美利堅合眾國的締造：1776-1787》，26頁。

由，但在其實現上得到了制度性的保障，能夠隨時體現在政治或公共
領域中。

原則七

個人自由

原則：上帝賜給每個人意志的自由；家庭、教會和國家等社會組織都當尊重和保護個人的自由。

1、每個人都是獨一無二的不可取代的存在，每個人都有上帝賜給的不可剝奪的自由。個人不僅是生物性、物質性的存在，也不僅僅是社會性、政治性的存有，更是宗教性的存有。唯獨個人具有「上帝的形象」（imago Dei），唯獨個人能夠經歷永生和上帝，唯獨個人具有意志的自由。因此，不管是家庭、教會還是國家，都當以促進個人生命的尊嚴和幸福為目的。這就是基督教神學和政治學中所強調的「靈命上的個體主義」（spiritual individualism）。[1] 托克維爾指出：「美國人既認為自由是獲得幸福的最佳工具，又認為它是獲得幸福的最大保障。」[2] 德魯克強調：「綜觀歐洲史，自由歸根結底都是個人的權利。選擇善惡的自由、道德觀念的自由、宗教信仰的自由、政治自由，以及經濟自由──它們除了作為對抗多數及組織社會的個人自由

---

1 Sandoz, *Give Me Liberty*, p. 8.
2 托克維爾，《論美國的民主》，下卷第二部分第十四章，415 頁。

外，別無意義。」[3]

2、沒有自由的生命，就喪失了上帝賜給人的榮耀和尊貴。尼布林強調：「人在其社會組織中要求自由，因為他在『本質上』是自由的，這就是說，他對自然的過程和局限具有一定的超越性。這種自由使他能夠創造歷史，構建各種形式的覆蓋各種領域的社群組織。但他也需要社群，因為他在本質上也是社會性的，他僅僅靠自己是無法成全自己的生命的。只有在與同類建立互相負責的關係中，他才能真正實現自己。」[4] 迪肯森（John Dickson，1732-1808 年）強調：「自由就是社會的太陽，權利乃是太陽發出的光線」（Liberty is the sun of society. Rights are the beams.）。[5] 但是，必須警醒的是，自由本身並不是首要性的價值。在法國大革命中，羅伯斯庇爾對吉倫特派大清洗，羅蘭夫人在一七九三年十一月八日被雅各賓派送上斷頭臺。臨刑前，她在斷頭臺上向著革命廣場（la Place de la Revolution）上的自由雕像鞠躬並留下了一句讓後人所廣為傳誦的名言：「自由，多少罪惡，假汝之名以行！」因此，不管是在聖經中，還是在基督教神學和歐美保守主義中，首先強調的並不是個人的自由，而是上帝的主權和約法。只有在上帝的主權和約法的約束下，個人的自由才會成為真正的「有序的自由」（ordered liberty）。

3、柏克在《論與美洲的和解》中，強調英國人和美洲人共同具

3　彼得‧德魯克，《經濟人的末日》，洪世民、趙志恆譯（上海：譯文出版社，2015 年），40 頁。

4　Reinhold Niebuhr, *The Children of Light and the Children of Darkness* (Chicago and London: The University of Chicago Press, 2011), pp. 3-4.

5　Quoted from Sandoz, *A Government of Laws*, p. 164.

有的原則和性情就是熱愛自由：「在美洲人的性格中，對自由的熱愛是壓倒一切的特徵，它是美洲人之整體性格的標誌和有別於其他人的要素；熱愛每每多疑，故稱殖民地的人，一旦看到有人企圖——哪怕是最小的企圖——靠武力奪走、或暗度陳倉地偷走、在他們看來是生命唯一價值的好處，他們會起疑心、會騷動、會暴怒的。自由的精神在英國殖民地中，比在地球上的任何其他民族那裡，或許都強大而猛烈。」柏克認為，美洲人具有這種「心靈的脾性和這一自由精神的趨向」的原因在於「殖民地的人民是英國人的後裔」，「他們不僅深愛自由，更以英國的觀念，英國的原則深愛著自由。」[6] 因此，美國憲法的目的是確保個人的自由。

4、自由主義的問題就是片面地高舉個人的自由，最後把這種自由變成了不要任何宗教信仰和道德法則的放縱。保守主義首先強調的是秩序和公義，只有在一定的「規範秩序」（normative order）之下，才能明確何謂公義，何謂罪惡，而真正的自由就是去做合乎規範秩序的公義之事。孟德斯鳩對自由的經典定義就是：「政治自由絕不意味著可以隨心所欲。在一個國家裡，即在一個有法可依的社會裡，自由僅僅是做他應該想要做的事和不被強迫做他不應該想要去做的事。我們應該牢記，什麼是不受約束，什麼是自由。自由是做法律所許可的一切事情的權利；倘若一個公民可以做法律所禁止的事情，那就沒有自由可言了，因為，其他人同樣也有這個權力。」[7]

6　柏克，「論與美洲和解的演講」，見柏克《美洲三書》，繆哲譯（北京：商務印書館，2003），88-89 頁。

7　孟德斯鳩，《論法的精神》，（北京：商務印書館，2015 年），11 章 3 節，184 頁。

5、人的生命不僅在於肉體和欲望，這是人與動物都共有的。人的生命之獨特性就在於人受造有上帝的形象，上帝把寶貴的自由賜給了人，並且連上帝本身也尊重人的自由。英美憲政的精神就是公民是自由人，政府的統治必須得到被統治者的同意。當然，這樣的同意絕不是來自槍桿子的逼迫和筆桿子的洗腦，而是自由人作出的自由選擇，並且這種選擇一定是經過自由選舉的形式達成的。按照桑多茲所言，在上帝及其約法之下，高舉個人的自由，就是豎立起「人性高貴的旌旗」（the banner of human nobility）。[8] 真正的高貴絕不是升官發財之後的耀武揚威，而是在上帝的主權和約法之下的謙卑的心態與勇於承擔責任的精神。

6、那些執掌權力的人始終不變的傾向就是運用各種計謀限制人民的權利，剝奪人民的自由，真正的自由絕不是廉價的（Freedom is never free）。托克維爾提醒說：「一個只要求他們的政府維持秩序的民族，他們的內心深處已經成為奴隸，即業已成為自己財富的奴隸，而在不久之後將要統治他們的人就可能出現了。這樣的民主除了要提防個人專制外，也應提防黨派專制。」[9] 享有自由的公民必須時刻在其意識上保持警醒，深知獲得自由是艱難的，而捍衛自由則是更加艱難。真正的自由需要強悍的公民，需要隨時做好準備，通過選票甚至革命的形式改變政府、推翻政權。懦弱自私的民族是不配得享受自由的，即使他們因為外國的幫助和環境的改變一時獲得了政治上的自

8　Ellis Sandoz, *Give Me Liberty: Studies in Constitutionalism and Philosophy* (South Bend, Indiana: St. Augustine Press, 2013), ix.

9　托克維爾，《論美國的民主》，下卷第二部分第十四章，414 頁。

由，他們也會隨時因為自身的無知、懦弱和自私而喪失已經得到的自由。

7、自由始終是個人的自由。這種自由首先指向個人的意志自由，即選擇的自由。一旦否定個人的意志自由，就把人降低到工具和動物的層面，工具只能被動地被人使用，動物只能根據本能行動。人之所以為人，不僅是因為人有理性，更在於人的意志的自由性，這種自由性就是人的主體性。即使刀壓在脖子上，面對仇敵死亡的威脅，我們仍然可以堅持自己良心的抉擇，對敵人說：「不！」當然，長期而言，這種主體性不僅需要深刻的內在的意識，也需要習慣性的薰陶和制度性的保障。我們必須在日常生活中時時意識到個人自由的寶貴，也要在婚姻、教會和國家制度中明確地保護個人的自由。一七五一年，賓夕法尼亞議會為記念五十年前發佈的《權利憲章》而鑄造了一口自由鐘。占議會七成以上議席的貴格會的議員們從《聖經·利未記》中選擇了一句話來作為自由鐘上的銘文，即「第五十年你們要當作聖年，在遍地給一切的居民宣告自由」。這裡的自由特指該殖民地的創立者威廉·佩恩所說的「良知的自由」。威廉·佩恩來美國前出版了六十多本書和宣傳冊子，他所說的良知的自由是道德上的絕對律令。他用警句對此作出了概括：良知是上帝賦予人的，它的力量來自於它的權柄。被剝奪良知自由的人就是缺失了最大自由的奴隸。這個世上沒有任何理由應為一個人的良知而去迫害他。

8、在傳統的西方神學和政治學中，心靈的秩序和自由始終是第一位的。桑多茲談及自由時強調：「政體的形式有賴於個體之人的心靈，其秩序和無序直接影響到公民的靈魂，組成了社會的靈魂，政體

的靈魂有賴於人的靈魂的秩序（the constitution of the man）。」[10] 真正的政治永遠是靈魂的政治，靈魂的政治永遠是秩序的政治，而秩序的政治最終永遠聚焦在靈魂的秩序上，靈魂的秩序又聚焦在每個人與上帝、世界的關係上，每個人都是介於上帝與世界之間的間極性的存在。因此，那些開創美國的偉人們都是靈魂的巨人，都具有高貴的品格，這種靈魂的高貴性就在於他們自覺地謙卑地降服在上帝及其約法之下，同時勇敢地承擔起自己在世界中的責任來。對靈魂及其秩序的忽視，只能反映我們自身在靈魂和秩序上的失喪和蒼白。那些藐視上帝的人，那些否認上帝的律法的人，那些不關注自己的靈魂的人，不管他們以什麼身分出現，不管他們提出多麼亮麗的主張，在本質上都不過是毛澤東式的「和尚打傘，無法無天」的狂徒而已。

在立法的目的上，法律應當確保個人的自由，而不是橫加控制。美國憲法第一條修正案宣告宗教自由、言論自由、結社自由和請願自由，第二條修正案強調持槍自由。魯斯德尼分析說：「原因很簡單。不管通過什麼法律，那些不法之徒總是很容易規避。每一個限制性的律例，不管是限制新聞媒體，還是限制公民持槍，最後限制的都是那些真正遵守法律的人，而不是那些不法之徒。」[11]

9、中國人習慣了「父母官」，我們幾千年流行的政治文化始終是「巨嬰國」的文化。我們必須在政治領域中破除這種政府的父權論，正如美國最高法院大法官布魯爾所強調的那樣：「對我來說，

---

10 Sandoz, *Give Me Liberty*, p. 6.

11 R. J. Rushdoony, *Our Threatened Freedom: A Christian View on the Menace of American Statism* (Vallecito, CA: Ross House Books, 2014), p. 6.

政府的父權論是可惡的。政府的許可權和責任就是要把最大可能的自由歸於個人，並且最大程度地保護個人及其財產。」（The paternal theory of government is to me odious. The utmost possible liberty to the individual, and the fullest possible protection for him and his property, is both the limitation and the duty of government.）他強調美國和舊世界，亦即歐洲各國，之間的差異就是在以往的時間「個人是為國家而活。但此處，國家是為個人而存在」（The individual lived for the nation. But here, the nation exists for the individual.）。他興奮地宣佈：「自由的精神正在震動世界各地的王座和皇朝，民有、民治、民享的政府的建立很快會成為事實。」[12] 美國人民沒有父母官，美國人民本身就是自己的主人，執政官不過是人民選舉的公僕！

　　10、個人自由首先是人身自由。早在一五一五年英國國王與貴族簽署的《自由大憲章》，被視為是確保個人自由的房角石。其中三十九條明確規定：「凡自由民除經其貴族依法判決或遵照國內法律之規定外，不得加以扣留、監禁、沒收其財產，褫奪其法律保護權者加以放逐、傷害、搜索或逮捕。」此處所隱含的是兩大原則，一是「經其貴族」，亦即陪審團原則（the legal judgment of his peers）；二是「遵照國內法律之規定」，亦即正當程序原則（due process of law）。[13]

　　11、陪審團是英美法律中特有的制度，就是隨時請幾位公民，組成陪審團，暫時將參加審判的權力賦予他們。托克維爾認為：「正是民事陪審制度拯救了英國的自由。……陪審制度，尤其是民事陪審制

12　David J. Brewer, *The United States: A Christian Nation*, p. 62.
13　See Ellis Sandoz, *Give Me Liberty,* p. 2.

度，能使公民養成法官的某些思維習慣。而這種思維習慣，恰恰是人民養成的使自己得到自由的習慣。這種制度教導一切階級要尊重判決事實，並且養成權利觀念。如果它沒起到這兩種作用，人們對自由的熱愛便只是一種破壞性的激情。這種制度教導人們要辦事公道。每個人在陪審鄰人時，常常想到有一天也會輪到他由鄰人審判。特別是對民事陪審員來說，這種情況尤為接近現實。幾乎所有人都擔心自己有朝一日會成為刑事訴訟的對象，而且確實人人都有訴訟的可能。陪審制度教導所有人都要對自己的行為負責。這是大男子漢的氣魄，這種氣魄一旦消失，一切政治道德都不復存在。」[14]

12、在美國這樣的社會中，政治不再是統治者和人民之間的鬥爭，也不再是制度化的各階層之間你死我活的鬥爭，而是成為有序的競爭與合作。正如伍德所指出的那樣：「政治鬥爭發生於人民之間，發生在各種不同的團體和個人之間。人民在平等中製造不平等，通過控制政府以擺脫自己從前的社會身分。正是這種政府與社會的脫離才最終使得現代政治的概念成為可能，並為人民內部存在競爭黨派提供了理由。」[15] 在這種情況下，自由更多地體現為個人的或私人的自由。要保護個人權利以防止政府的侵犯，尤其是防止立法機構的侵犯，每個人都當警醒謹守，通過積極參與來捍衛自己的權益，在必要時甚至以公民不服從方式直接表達自己的訴求。

13、無論我們如何強調個人的自由，真正的自由始終是上帝及其約法之下的自由。美國清教徒溫斯洛普強調：「我們不能滿足於我們

---

14 托克維爾，《論美國的民主》，上卷第二部分第八章，191 頁。
15 伍德，《美利堅合眾國的締造：1776-1787》，558 頁。

因獨立而得到的一切。實際上，存在兩種自由。一種是墮落的自由，動物和人都可以享有它，它的本質就是為所欲為。這種自由是一切權威的敵人，一切規章制度它都忍受不了。這種自由如果實行，我們就自行墮落。這種自由也是真理與和平的敵人，上帝也認為應該起來反對它！但是，還有一種是公民或者道德的自由，他的力量在於聯合，而保護這種自由就是政權本身的使命。這種自由對凡是公正的和善良的，都無所畏懼地予以支持。這是神聖的自由，我們應當冒著一切危險去保護它，如果有必要，應該為它獻出自己的生命。」[16] 清教徒把自由分為道德的自由和墮落的自由，道德的自由是敬畏上帝、守約守法的自由，而墮落的自由就是無法無天、隨心所欲的放縱。

　　14、美國人從一建國起，就享有歷史上最充分的宗教信仰自由。美國人如此熱愛自由，美國人的宗教信仰也如此虔誠。托克維爾分析說，英裔美國人文明的真正特點就是這種「自由精神與宗教精神」的結合：「這兩種趨勢看來是互不相容的，但是它們卻不彼此加害，而是攜手前進，表示願意互相支持。公民自由被宗教認為是人的權利的高尚的行使，而政治世界就是創世主為人智開闢的活動園地。在它本身的領域內，宗教是自由和強大的，對為它準備的地位很滿足，並且在知道只有依靠自己的力量而不是依靠壓服人心來進行統治的時候，它的帝國才能建設得更好。宗教被自由看成是戰友和勝利夥伴，看成是自己嬰兒時期的搖籃和後來各項權利的神賜依據。自由把宗教視為民情的保衛者，而民情就是法律的保障和讓自由持久的保證。」[17] 基

---

16 轉引自托克維爾，《論美國的民主》，上卷第一部分第二章，29-30 頁。
17 托克維爾，《論美國的民主》，上卷第一部分第二章，30-31 頁。

督教強調對於上帝的敬畏和順服，這種敬畏和順服尤其體現在對於上帝的律法的遵行上。當我們真正遵行上帝的律法的時候，我們就是真正自由的。

15、自由是上帝賜給人的最寶貴的禮物。要領受這樣的禮物，我們必須有清醒的認識。托克維爾甚至說：「任何才能都無法比保持自由的才能收穫大，但任何事情也不可能比學習運用自由苦。然而專制卻不是這樣的。專制政體往往把自己打扮成忍受苦難的人的救濟者，表現它修正過去的弊端，支持正當的權利，保護被壓迫者和整頓秩序的高尚形象。於是，人民被它製造出來的暫時繁榮所蒙蔽，彷彿睡在夢中，一旦他們醒來，便會感受到痛苦。與專制不同，自由通常誕生於暴風驟雨之中，並在內亂的艱苦中成長起來，也只有在它長大成熟以後，人們才能認識它的好處。」[18] 得到自由不容易，保持自由更不容易，善用自由最不容易。我們需要謙卑在上帝的面前，學習上帝的律法和歷史的教訓，然後才能在錯綜複雜的局勢、艱苦卓絕的戰鬥中捍衛寶貴的自由。

16、要確保個人自由和西方文明的延續，必須在崇高的使命的呼召下加強紀律。基督聖徒必須通過順服上帝的律法而成為真正的戰士，這樣才能不斷勝過仇敵的進攻和顛覆。維沃指出：「西方如果想要生存，也必須有紀律。一個組織的存在不可避免地導致與之相制衡的其他組織的形成。當面臨外來力量威脅的時候，未組織化的人們必須把他們自己擰成一股有組織的力量來抵抗威脅。所以，西方在未來所面臨的一個重大抉擇就是，如何克服公眾的驕縱心態，從而確立一

---

18 托克維爾，《論美國的民主》，上卷第二部分第六章，167-168 頁。

種事關生死存亡的紀律。（美國試圖通過高薪、免費的大學教育以及其他一些福利來吸引人們參軍，這些政策看上去就像用糖果來收買小孩一樣。）」[19]

---

19 維沃，《思想的後果》，128頁。

原則八
財產私有

原則：只有財產權得到保障，生命和自由才能安全。

1、擁有、開發、處置財產的權利是公民不可剝奪的基本人權。沒有財產權，各種形式的搶劫和掠奪就會成為英雄的壯舉。財產權是道德與善行的催化劑，是野蠻與文明的分水嶺。哪裡沒有財產權，那裡就沒有基本的公義。人的財產權越是受到同等的保護，社會的文明程度就越高。對自己的才能和勞動沒有財產權，這樣的人就是不自由的。個人在財產上具有私有權，在經濟上不受國家的指導和控制，乃是上帝賜給每個人的權利。

2、上帝把世界賜給人管理，人有責任也有能力改進世界，使得世界從美好變得更加美好。要「治理這地」，就意味著排他性的控制權，私有財產權是不可避免的必需。洛克強調：「上帝將世界給予人類共有；但是，既然祂將它給予人類是為了他們的利益，為了使他們盡可能從它獲得生活的最大便利，就不能假設上帝的意圖是要使世界永遠歸公共所有而不加以耕耘。祂是把世界給予勤勞和有理性的人們利用的（而勞動使人取得對它的權利），不是給予好事吵鬧和紛爭的

人們從事巧取豪奪的。」[1]桑多茲解釋說：「美國的建國之父們竭力主張的就是：人對全地的治理顯明人的政治性及其呼召，這種治理直接與財產及其神聖性聯繫在一起，個人有攜帶自己的槍支的權利，這是自由人的標記，這一切都限制了政府的管制。」[2]

3、沒有排他性的私有財產權，那些懶惰、貪婪之人就會隨時以非法或合法的手段搶奪別人的勞動成果，也就沒有任何人能夠安心勞動，積累財富。因此，早在幾千年前，亞里斯多德已經敏銳地指出，很多人認為私有財產制導致很多問題，事實並非如此：「實際上，所有這些罪惡都是導源於人類的罪惡本性。即使施行公產制度也無法為之彌補。那些財產尚未區分而且參加共同管理的人們之間，比掌管私產的人們之間的糾紛，實際上只會更多。」[3]「財產如果歸公有，多少原有的利益必將從此被剝奪。看來，在那樣的社會中，生活幾乎是不可能的。」[4]亞里斯多德的結論非常明確，在這種財產公有的社會中，「生活幾乎是不可能的」！維沃強調，財產權乃是一種形而上學性質的權利，與人的本質直接相關：「財產權乃基於先於理性的情感，我們之所以要保留財產權，不僅僅是因為它『可以讓人保持積極向上』（這樣的話它就被劃歸為功利主義了），而是因為一個需要用財產來表達他的存在——他的真實的或個人性的存在。一個人通過在物體上銘刻某種神祕的印記，並將其同化，就與屬於他的東西建立了聯繫，

---

1 洛克，《政府論》，下篇，21-22 頁。
2 Sandoz, *Giving Me Liberty*, p. 14.
3 亞里斯多德，《政治學》，1263b20-24，吳壽彭譯（北京：商務印書館，2014年），56-57 頁。
4 亞里斯多德，《政治學》，1263b28-29，57 頁。

所以強迫兩者分離似乎就是一種實質性傷害。」[5] 財產權不僅能夠保障我們的生存和自由，也表明我們個人的實現和意義。在這種意義上，財產權確實是一種形而上的權利。如果個人的財產權得不到一定的保障，個人的存在就是時時處於受侵犯甚至被消滅的緊張狀態，人就無法積極地發揮自己的創造性，實現個人的幸福，增進社會的公利。

4、個人的財產是個人的生命的延伸，毀壞或沒收個人的財產就是直接攻擊人生命的本質。毫無疑問，有史以來，那些以強制手段沒收別人財產的人，乃是粗暴地踐踏人權。麥迪森強調：「個人與財產兩者作為政府的重要目的，任何一方最可能的要求應當是這樣一種架構，即同時留給另一方以合理的安全。能夠提供這種雙重特性的最明顯的選擇，似乎是限定議會的兩院之一由財產的所有者選舉，因為在民權政府中，財產註定是最缺乏安全的。」[6] 民主制的危險就在於，一旦公民缺乏美德，大多數人就傾向於侵犯甚至剝奪少數人的財產──不勞而獲是人性中最突出的一個「幽暗意識」。洛克甚至認為：「政治社會的首要目的就是保護財產。」[7] 維沃強調：「私有產業是一處避難所，它可以幫我們抵禦那種通過摻假來掠奪財富的惡行。個體在財產上刻下自己的印記，將其同化，靠自己的財產來維持生計，這樣的個體擁有更加真實的價值尺度。這使他對未來的預測具有一定程度的確定性，使他能夠以一種最廣闊的視野來審視自己的人生。我們必須要認清安全與穩定性之間的區別：安全意味著受到保護，強調免於匱

5　維沃，《思想的後果》，137-138 頁。
6　伍德，《美利堅合眾國的締造：1776-1787》，211 頁。
7　洛克，《政府論》，下篇，85 節，52 頁。

乏與恐懼，這是把人降低到無脊椎動物的水準上了，而穩定性不承諾
為人們提供任何東西，它僅僅要求努力和回報之間維持一種恆定關
係。」[8]

5、正如洛克所分析的那樣，雖然大地和低級動物是上帝賜給所
有人的共同禮物，但人能夠通過勞動使得某種具體的土地及其物產成
為個人的東西。正如一棵野外結滿蘋果的蘋果樹，誰摘下一個蘋果，
這個蘋果就成為他的，他就有權食用。如果他要取得所有人的同意，
他肯定會餓死。因此，從普通法或自然法的角度而言，他這種摘蘋果
本身就使得這個蘋果成為他可以隨時使用的蘋果，正如印第安人在野
外打獵，他們獵取到的動物就成為他們所擁有的獵物。[9]其實，財產權
不是「財產的權利」（the right of property），而是「人對財產的權利」
（the right to property）。洛克強調：「開拓或耕種土地是同占有土地結
合在一起的。前者給予後者以產權的根據。所以上帝命令人開拓土
地，從而給人在這範圍內將土地撥歸私用的權力。而人類生活的條件
既需要勞動和從事勞動的資料，就必然導致私人占有。」[10]

6、生命權、自由權和財產權不僅是三大基本人權，在本質上就
是一大權利：讓人有生命權，卻剝奪他的自由權，那麼他的生命就沒
有活著的價值；讓人有自由權，卻剝奪他的財產權，就是使人淪落為
奴隸。那些壓制人民的自由、剝奪人民的私有財產的人，毫無疑問，
不管他們以什麼堂皇冠冕的形式出現，都無非是禍國殃民的暴君酷吏

8　維沃，《思想的後果》，144 頁。

9　洛克，《政府論》，下篇，18-19 頁。

10 洛克，《政府論》，下篇，22 頁。

而已。因此，麥迪森強調說：「在所有那些被共和主義愛國者和立法者視為楷模的政府裡，人的權利都屬於財產權利。」[11] 共和黨總統林肯強調：「財產就是勞動的成果。人人都希望得到財產。在這個世界上，財產是一個積極的善。有些人致富，就表明其他人也能致富，因此應當鼓勵人勤勞創業。無房的人不要推倒別人的房子，要努力為自己建造房子，這樣也就通過實例確證他自己的房子也不會受到侵犯。……我認為，對於所有人而言，最好是讓每個人都自由地儘快取得財產。有些人會發財致富。我不相信用法律來阻止人獲取財富，這樣的法律弊大於利。」[12] 政府的主要目的就是保護人的私有財產，一旦政府不經過人民的同意，運用稅收、沒收的方式侵犯人民的私有財產，這樣的政府已經違背了政府的主要目的和功用。洛克強調：「政治權力就是為了規定和保護財產而制定法律的權利，判處死刑和一切較輕處分的權利，以及使用共同體的力量來執行這些法律和保衛國家不受外來侵害的權利；而這一切都是為了公共福利。」[13]

　　7、要確保個人的自由和幸福，保障私有財產乃是「最重要的基石」（the most important **single** foundation stone）。伍德指出，一旦否定私有財產像上帝的律法一樣具有神聖性，無政府和暴政狀態就開始了。必須保護人的私有財產，否則個人自由就不復存在。即使人民選出的代表機構，也「無權確定個人財產的價值，無權決定他們應在何種條件下（平等的納稅除外）放棄這些財產。否則，就不會存在個

11　伍德，《美利堅合眾國的締造：1776-1787》，379 頁。

12　Quoted in *The Freeman: Ideas on Liberty*, May 1955, p. 7.

13　洛克，《政府論》，下篇，2 頁。

人財產，所有財產都會在事實上屬於共同股分，成為代表機構的財產。」「任何剝奪財產、否定他人權利卻不予相應補償的法律，無論其通過的程序具有何種合法性，都『不可能具有法律效力』」。[14] 英國保守主義政治家柴契爾夫人一針見血地指出：「所謂的社會主義就是流氓花光勤勞者的錢，最後集體分擔痛苦。」「社會主義者不是消除了貧富差距，他們只是寧願讓窮人更窮，也不要富人變富。」二十世紀社會主義在全世界，特別是在蘇聯、中國、柬埔寨和委內瑞拉的實踐，充分證明了這樣的看見。

　　8、政府最邪惡的罪行是劫富濟貧，即通過強制性稅收把財產從一個群體轉移給另外的群體，這是利用法律手段進行的搶劫。這種均貧富是違背憲法的精神的，是利用法律的手段進行公開的搶劫。一旦政府擁有這樣的權利，懶惰和貪婪之人就會放棄正當的勞動，竭力期望通過政府的均貧富獲得自己所需要的一切。正如柏克所強調的那樣，自由絕不是抽象的東西，總是「體現在有形有體的東西上」（inheres in some sensible object）。因此，在歐美保守主義中，自由最集中的體現是對私有財產的保障，這當然和稅收直接相關。專制和極權政府侵犯人民自由的兩大常見手段，就是直接沒收財產以及通過高稅收進行搶劫。因此，美國革命一再強調「沒有代表，不得徵稅」（no taxation without representation）的原則。[15]

---

14 伍德，《美利堅合眾國的締造：1776-1787》，374 頁。

15 Burke, *Speech on Conciliation with America*, March 1175; See Ellis Sandoz, *A Government of Laws: Political Theory, Religion, and the American Founding* (Columbia: University of Missouri Press, 2001), pp. 164-65.

9、歷史一再證明，生產工具的私有化乃是文明發展和物質豐富的必需。迄今為止，一切真正的文明都是以財產私有制為根基的。國家應當選擇由那些有智慧的卓越人士來管理。問題在於如何判斷智慧和卓越呢？美國締造者們不得不同意「把財產作為新共和國最可能用以分辨卓越人士的資源」。絕大多數富人都具有有良好的教育和堅定沉穩的個性。[16] 毫無疑問，讓那些始終貧窮、從未管理過財富的人來管理國家，不僅是愚昧的，也是非常危險的。關愛窮人和鰥寡孤獨不是國家責任，乃是社會責任。人民支持政府，而不是政府支持人民。政府是人民的僕人，而不是人民是政府的僕人。是人民養活了政府，而不是政府要養活人民！一旦政府攫取救濟與慈善之責，政府就會成為人民的救主和恩人。《獨立宣言》在談及個人的基本權利，包括革命的權利之後，特別強調審慎的原則，從而反對各種形式的對自由的濫用，特別是各種形式的烏托邦主義和意識形態的統治。審慎判斷屬於實踐性的智慧，是一種公民必需的美德。

---

16 伍德，《美利堅合眾國的締造：1776-1787》，208頁。

原則九

審慎判斷

**原則：每個公民都當具有獨立判斷的能力，
發動革命時當慎之又慎。**

1、宗教立國、信靠上帝、人人平等、人性敗壞、保障人權等原則，最後都要通過審慎判斷的原則得到實行和保障。美國立法與司法的精神可以用「審慎法理學」（prudent jurisprudence）來界定。[1]

2、雖然人民有革命的權利，但不能隨意發動革命，應當在最大程度上以忍耐、妥協、談判、改良、合作的方式促成社會的有序的變革，這就是歐美保守注意的精粹之所在。雖然我們確信基督教真理，確信基督教國家和文明合乎上帝的旨意，但這並不意味著我們崇尚暴力革命和軍事征服，關鍵還是要以德服人，用文明的力量勝過各種形式的野蠻。

3、《獨立宣言》在闡明人民革命的權利之後馬上強調：「若真要審慎地來說，成立多年的政府是不應當由於無關緊要的和一時的原因

1　See William D. Graves, *Prudent Jurisprudence: The Constitution's Framers & the Supreme Court* (Coulterville, CA: Center for Cultural Leadership, 2019).

而予以更換的。過去的一切經驗都說明，任何苦難，只要尚能忍受，人類還是情願忍受，也不想為申冤而廢除他們久已習慣了的政府形式。然而，當始終追求同一目標的一系列濫用職權和強取豪奪的行為表明政府企圖把人民置於專制暴政之下時，人民就有權也有義務去推翻這樣的政府，並為其未來的安全提供新的保障。」此處特別強調審慎的美德，免得我們輕易發動或參加革命，認為推翻萬惡的舊世界，就能夠建立一個嶄新的世界，從此以後過上幸福的生活，這不過是成年人自欺欺人的童話故事。當然，我們還要把革命區分為政治性革命與社會性革命，前者為「不完全的革命」，所要推翻的是政府或國家的暴政，而後者為「完全的社會革命」，所針對的乃是整個社會和文化。人民擁有反對暴政或權力濫用的革命權利，但並不擁有社會革命的權利。柏克所代表的保守主義所反對的是社會革命：「這是一種快速而暴力的劇變，導致的並不僅僅是對政治家與憲法的吞噬，更是對整個社會的吞噬，它將清除之前存在的一切。對柏克而言，要緊的是社會秩序的維護與改善。在極端必要的情形下，叛亂或是對於保護社會秩序或生活方式中的要緊成分是必要的。不過從來都不存在一種革命權利。權利在很大程度上來自於社會；但是革命卻威脅要摧毀社會本身。」[2]

4、對於政治家，審慎是綜合性的美德。柏克強調：「要成立一個自由的政府，是要將自由的各種相反的因素約束調和到一個統一的作品中，則還需要更多的考慮、更深刻的反思和一個睿智、強大而包

2　傑西・諾曼，《艾德蒙・柏克：現代保守政治教父》，田飛龍譯（北京：北京大學出版社，2015 年），289 頁。

容的頭腦。」[3] 沒有這樣具有美德和智慧的政治家，政治就會陷入各種無恥、骯髒、卑鄙的權術操縱。不管是教會中的政治，還是社會中的政治，我們需要的不是能夠蠱惑人心的「煽動者」（demagogue），他們為了個人的揚名立萬，不惜變造花樣地吸引大眾的眼球，迎合大眾的欲望，在此類「煽動者」慣用的各種形式的激進的煽情表演中，「溫和節制被污衊為懦夫的德行，而妥協則被視為是叛徒的精神。」[4] 真正的政治家必須敢於戰鬥，當然也需要審時度勢，作出必要的妥協。柏克甚至說：「所有的政府理論，實際上人類一切的利益和福祉、一切德行和有先見之明的行動，無不建立在妥協和等價交換的基礎之上。」[5]

　　5、審慎判斷使得我們避免各種形式的狂熱和迷信。基督教國家並不意味著宗教戰爭，並不意味著對其他宗教信仰的不寬容甚至直接的打壓。正如柯克所指出的那樣：「完全寬容不同的意見，同時整個國家持守宗教原則，這種結合在全世界是非常罕見的。大多數國家或者承認——明確或默示——國家宗教，或者徹底廢棄宗教真理。如此保持教會與國家之間的和諧關係是美國社會的突出成就之一，並且在美國沒有任何強大的宗教組織試圖改變這種情況。因此，美國人可以感到自豪的就是，他們不僅是最寬容的人民，並且其寬容絕不意味著犧牲宗教確信。我們是一個在公共行動中持守宗教原則的基督教國

3　柏克，《法國大革命反思錄》，335 頁。

4　柏克，《法國大革命反思錄》，336 頁。

5　引自阿林·弗莫雷斯科，《妥協：政治與哲學的歷史》，啟蒙編譯所譯（上海：上海社會科學出版社，2016 年），2-3 頁。

家，但我們絕不用強迫方式把宗教信念加在任何人身上。」[6] 任何真正的寬容、自由、民主都是有其界限的，真正的自由絕不是任憑人毀滅自由，真正的寬容也絕不寬容那些不能寬容之事，真正的民主也不任憑民主的敵人摧毀民主。[7]

6、中國近百年來的改革之所以不斷反覆，逡巡不前，就是因為教會和社會不斷被此類唯恐天下不亂的激進分子所挾持，不能夠以安靜和忍耐之心長期建造。我們需要的是審慎的美德，正如柏克所強調的那樣：「我並不排斥改變，但即使是變革，也應當是為了傳承。應當是一種巨大的冤屈和不滿引導我進行補救。在我進行變革的過程中，我還應該遵守祖先們的先例。我在對大廈進行修補的時候，會盡量保持這個建築舊有的風格。在我們祖先的多數果斷的行為中，起主導作用的原則是一種政治上的謹慎，一種周詳的審慎、一種道德上而非表面上的謹小慎微。」[8]

7、審慎判斷的原則要求我們不僅要分辨善惡，還要通達時務，根據環境和時機作出一定的抉擇。因此，審慎判斷絕不是宗教、道德和政治上的冷漠，更不是情緒性的狂熱，而是在認識並堅持真理的前提下，根據各方的勢力對比，然後在行動上作出明確的判斷和抉擇。

6　Russell Kirk, *The American Cause*, p. 38.

7　Eric Voegelin, *The New Order and Last Orientation* (Columbia and London: University of Missouri Press, 1999), p. 92.

8　柏克，《法國大革命反思錄》，337 頁。此處中文翻譯為「怯懦」，疑為有誤，應當譯為「一種道德上而非表面上的謹小慎微」（a moral rather than a complexional timidity），參考 Edmund Burke, *Reflections on the Revolution in France*, a critical edition, ed. J. C. D. Clark (Stanford, California: Stanford University Press, 2001), p. 414.

正義戰爭的一個重要的考量就是能夠得勝，不是雙方同歸於盡，更不是為了自己一方的得勝而不擇手段，給他人帶來大規模的毀滅。[9]

---

9   See Paul Ramsey, *The Just War: Force and Political Responsibility* (New York: Charles Scribner's Sons, 1968).

第三部

價值性原則：律法神聖

耶和華因自己公義的緣故，喜歡使律法為大，為尊。

（賽 42：21）

聖約第三大要素就是標準的問題。目前很多基督徒傳福音，卻不講上帝的律法，最終導致的就是反律主義的氾濫。對於基督徒而言，在聖潔與公義的標準上，我們當然是以上帝所特別啟示的律法為最高的標準。在「律法神聖」這一部分，我們闡明七大價值性的原則，這些原則是基督教和歐美保守主義一致認可並捍衛的。

第一大原則就是遵守約法，這就是契約精神與法治原則。我們信靠上帝，必然落實在守約守法上，尤其是在亞當墮落之後，敗壞有罪之人更是需要上帝所特別啟示的約法的約束和引領。凡是不信靠上帝、不遵守約法的執政者，最終常常會成為粗暴地踐踏他人基本人權的獨夫民賊。對於那些對上帝沒有絲毫敬畏之心的人，我們不要期望他們會尊重他人的基本人權；那些對於上帝所特別啟示的約法都不屑一顧的人，我們也不要期望他們會嚴格遵守人所制定的契約與法律。我們高舉上帝的主權，必然自覺自願順服上帝的約法。美國清教徒所

注重的是上帝的律法書，特別是其中的《利未記》與《申命記》，更是為他們提供了個人分別為聖、治理家國天下的指南。毫無疑問，這個原則所明確的就是「神法論」（theonomy），就是以上帝的律法為「高級法」（thje higher law），人所制定的一切律法都不可違背上帝的律法，都當以愛主愛人為宗旨。既然上帝的律法是神聖的，既然上帝本身就是守約守法的上帝，人間的一切治理、管理都當採用法治的方式。

因此，第二大原則是法治政府。不管是個人的自治、還是家庭、教會與國家的治理，都當降服在上帝的主權和約法之下，都當按照上帝所啟示的聖潔、公義、良善的律法行事為人。上帝的律法明確的是每個人都有的愛主愛人的責任，那些反對上帝的律法的人，其實是在逃避個人的責任。因此，我們在此處強調的第三大原則是個人責任。終極而言，真正的自由始終是個人的自由，真正的權利始終是個人的權利，真正的責任也始終是個人的責任，這種責任就是按照上帝的律法愛主愛人的本分。

在上帝的律法中，治理全地的權柄不是賜給某個人或某個精英群體的，而是賜給每個人和所有人的。因此，我們在此處強調的第四大原則是人民主權的原則，絕對性的主權是屬於上帝的，同時上帝也把治理性的主權賜給了每一個人。在自由人所組建的國家中，至高無上的權力始終是屬於人民的，這種人民的主權通過選舉的方式體現出來，最後是以人民的革命權為保障的。

上帝賜給我們律法，對外是為了讓我們完成治理全地的文化使命，對內則是培養我們愛主愛人的美德。另外，要完成治理全地的文化使命，我們不僅需要耶穌基督的救贖、聖靈賜給我們的大能大力，

我們自己也有不可推卸的責任。就個人的責任而言，我們必須攻克己身，加強自己的修養，否則我們每個人隨時都有可能成為暴君酷吏的奴隸，甚至自己也隨時都有可能成為暴君酷吏。中世紀著名神學家索爾茲伯里的約翰（John of Salisbury，1110-1180 年）就已經深刻地指出：「儘管不是人人註定會握有達官貴胄的權柄，但是全然不受暴虐薰染的人卻是鳳毛麟角，或許壓根沒有。在日常用語中，暴君是一個以暴力權勢壓迫全體人民的人；但並非只有面對舉國上下，人才能稱其為暴君，即使在最卑微的處所，人亦能如此。雖不能把自己的權勢加諸全體人民，但每個人會在其權力所及之範圍內作威作福。」[1] 因此，暴政不僅僅指向政黨和國家，有時家庭和教會中也會出現濫用權力達到暴政的現象。不管是在家庭、教會還是在國家中，最終製造暴政的仍然是個人。因此，我們在此處強調的第五大原則是美德政治的原則。不管是家庭、教會還是國家的治理，都當以培養人民的美德為導向。

既然上帝賜給了每個人生命、自由和追求幸福的權力，既然國家應當實行憲政民主制度，既然相對性的主權是屬於全體人民的，人民有權利也有責任以暴力革命的方式推翻竊奪人民權力、拒不悔改交權的專制政府。這就是我們在此處強調的第六大原則，即革命正當的原則。伍德指出：「當統治者違反了他們與人民之間的相互契約時，保護人民自由的最終制裁手段就是人民反抗的權利。」[2] 這種公民不服從

1　John of Salisbury, *Policraticus: Of the Frivolities of Courtiers and the Footprints of Philosophers*, Book vii, Chap. 17, p. 163.

2　伍德，《美利堅合眾國的締造：1776-1787》，24 頁。

甚至以暴力方式推翻殘暴的政府的權利，也是上帝賜給每個人的基本人權的自然延伸。

上帝賜給我們律法，首要的功用並不是懲罰，而是教導性、塑造性的功用。通過律法的研究和宣講，人民就會明白上帝的旨意，也會知道如何按照上帝所啟示的典章制度來治理家庭、教會和國家。律法最主要的功用是教導性的功用，教會最主要的功用就是教導上帝的律法。通過學習和遵行上帝的律法，個人就會養成守約守法的習慣和美德，這就是律法對於個人品格的塑造性的功用。通過塑造公民個人的美德，律法也在塑造整個的民情，從而使得家庭、教會和國家都能實行真正的法治。

當然，律法的這種塑造性的功用，首先是通過律法的教育性的功用而發揮的。此處我們強調第七大原則，即普及教育。我們要通過教育的方式以上帝的律法培養獨立的人格，提高公民的素質，使得每個人都具有最起碼的根據上帝的律法進行判斷的能力，不受魔鬼及其差役的誘惑與蒙蔽，自覺地勝過自身內外的各種形式的邪惡。

原則十

遵守約法

原則：上帝啟示了一部神聖的法典，目的在於保護個體的人權。

　　1、真正的文明必然是敬畏上帝、守約守法的文明。英國法律史學家梅因在其名著《古代法》強調，這種現代化的標記是從「身分社會」到「契約社會」的轉化。[1] 遵守約法，這一原則乃是我們所提倡的文明建國價值原則中首要性的原則。真正的自由就是「生活在自己所制定的法律之下的幸福」。[2] 在民主政府中，律法的全部目的「在於保護人們的權利」，法庭的所有判決都始終應「從公正地對待所有人的角度釋法」。[3]

　　2、上帝的主權和榮耀既不會增加，也不會減少；上帝之所以明確立法，核心是為了確保個人的基本權益，尤其是弱勢群體的權益。因此，我們不能寄希望於各種形式的開明專制中個人的憐憫，要從律法和制度層面確保窮人的權利和機會得到公平的保障。美國革命的偉

1　梅因，《古代法》，沈景一譯（北京：商務印書館，1959 年），97 頁。

2　伍德，《美利堅合眾國的締造：1776-1787》，25 頁。

3　伍德，《美利堅合眾國的締造：1776-1787》，247 頁。

大之處就是從根本上廢除了君主制，因為法律成了君王！布伯分析
說：王權「並非是某種具建設性的召喚。由人來統治其他人，這不單
單是徒勞無益，而且還是某種野蠻殘暴、會使人叛亂的東西。每個人
都應管好自己的事情，如此就能使社團繁榮昌盛，這樣的社團若想長
治久安，根本就不需要有人來統治。除了上帝本人。」[4] 內莫的研究結
論是：「希伯來人自他們的歷史肇始之初，就認為君主制是一種與異
教相關的體制。」[5] 美國開國元勳們直接廢除由來已久的君主制，實在
是更加徹底地回到了上帝的心意，乃是現代憲政民主的開端。但是，
如果我們不願意順服在上帝的主權和約法之下，最終剩下的只能是各
種形式的暴政和專制，其唯一的法則就是弱肉強食、成王敗寇。因
此，上帝的約法作為上帝賜給我們的軛，始終是輕省的。上帝的律法
是聖潔、公義、良善的，一旦我們故意藐視、廢棄上帝的律法，留給
我們的不是完全不受律法約束的大自由，而是有限有罪之人強加給我
們的惡法惡規。

3、雖然上帝賜給每個人的基本人權是不可剝奪、不證自明的，
但必須有律法的明確和保護。沒有上帝明確啟示的律法，就缺乏具有
超越性、普世性和不變性的判斷善惡的標準，只能陷入互相殘殺的血
腥鬥爭之中。可嘆教會內外那些愚頑、狂傲的反律主義者，他們追求
的是毛澤東式的「和尚打傘，無法無天」的專橫。他們否定上帝的律
法，最終導致的就是每個人的基本權利都無法得到基本的保障，只能

4　轉引自菲力浦・內莫，《教會法與神聖帝國的興衰——中世紀政治思想史講
　　稿》，張竝譯（上海：華東師範大學出版社，2011 年），37 頁。
5　內莫，《教會法與神聖帝國的興衰》，37 頁。

淪落在弱肉強食的「叢林法則」之下！上帝的律法向我們顯明了我們當共同遵守的倫理價值。在亞里斯多德政治哲學中，「在任何一個國家中起決定作用的因素，都是公民聯合起來旨在實現的倫理價值；公民在一起生活的道德目的乃是他們共同具有的基本願望，因而可以說是一種『國家的命脈』」。[6] 對於基督徒而言，這個「基本願望」就是先求上帝的國度和公義，而遵守上帝的律法則是上帝的國度和公義的基本要求。

4、唯獨在聖經中才能整全地發現上帝所啟示的律法，上帝的律法乃是「原初的本性法」（the original law of nature），是上帝為了使人得福而賜下的。反律主義者之所以反對上帝的律法，首先是因為他們在其心靈深處並未得蒙聖靈的光照，當然也沒有聖靈把上帝的律法重新刻在他們的心版上，因為他們發自內心地不服上帝的律法。其次，他們本身就是無政府主義者，而無政府主義的主要特徵就是不要任何律法：他們不僅不要上帝的律法，就是人所制定的律法也要完全廢除。

5、十誡乃是上帝賜給全人類的道德律的綜述，其餘的一切誡命都是圍繞十誡展開的，是十誡的具體解釋和應用。但是，我們千萬不可把十誡等同於上帝所啟示的全部律法，也不可把十誡等同於道德律的全部，原因很簡單：十誡是道德律的綜述，不是道德律的全部。

6、在上帝的律法中有明確的刑法。公義必須得到伸張，犯罪之人必須對於他們造成的損害或是恢復原狀，或是進行賠償，並為其罪行接受相應的懲罰。若是犯罪人無力賠償，就當通過勞動進行賠償。

6　薩拜因，《政治學說史：城邦與世界社會》，189頁。

我們不能僅僅把犯罪分子視為需要醫治的病人；即使是病人也不能隨意犯罪，特別是濫殺無辜。其實，從常識的角度來看，沒有律法，就沒有公義可言，因為無法判斷善惡；沒有刑罰，律法就是一紙空文，因為無法賞善罰惡。因此，哪怕是在伊甸園中，哪怕是在人還沒有墮落之前，在上帝的啟示中就有律法和刑罰。在大洪水之後，上帝明確設立了死刑，並且宣告祂要親自追討殺人流血之罪。關於賠償和懲罰，聖經中更是有明確的規定。不僅規定了賠償和刑罰，並且明確強調人有正當防衛的權利，即對於夜入民宅的竊賊可以打死而無罪。

7、在私法領域中，對於犯罪者個人造成的損害，不能由國家用納稅人的金錢進行賠償。每個人都必須為自己的行為承擔責任，付出代價。涉及到公法領域中，由國家機關及其人員對於他人造成的損害，應當由國家進行賠償，同時追求相關責任人的個人責任。國家不能根據任何個人或群體的利益制定律法，更不可把律法視為改變人性、重新分配權益的工具，必須在上帝所啟示的永恆不變的律法與本性法的約束下發現新事物的法則，從而制定確實需要的律法。不管是制定新的律法，還是解釋舊的律法，必須始終以上帝的律法為「高級法」（the higher law）。

8、最終立法權不當歸於任何個人或群體，應當由人民集體通過選舉制、代表制或公投制進行。沒有公正的選舉，就沒有真正能夠代表民意的代表產生；沒有真正代表民意的代表參與，任何立法在道義上都不具有合法性。涉及到民族獨立、國家最高領導人的選任等重大事項，都當交由全體公民進行公投表決。上帝在基督裡與我們立新約的精義就是我們每個人都能直接來到上帝的面前，既不需要藉著專職的祭司，也不需要藉著任何君王貴族，上帝在耶穌基督裡直接是我們

的上帝，我們直接是上帝的子民。正如內莫所總結的那樣隨著耶穌基督的到來，上帝將在「信德盟約」這一範圍內「直接統治民眾」。[7]

　　9、現代美國社會和教會的問題，就是不以上帝所啟示的律法為「絕對的標準」。薛華明確地指出：「人類如果沒有絕對的標準，又不喜歡享樂主義所帶來的混亂和百分之五十一票所制定的絕對，就只有最後一個選擇，由一個人或是精英分子專橫地行使絕對。道理表面簡單，其實很深奧：如果沒有絕對來管轄社會，社會本身就會變成絕對。維持北歐及西方社會安定與自由的基督教輿論一旦喪失後，社會的真空狀態便由一人或精英分子所填補。這些精英分子就是法律，就是絕對，而且可以天天不同。今年是這樣，明年就不是這一回事了，因為獨斷獨行的絕對就是這樣傳下來的，再沒有真正的絕對可以判斷它。」[8] 哈佛大學社會學教授貝爾於 1973 在其《後工業社會的來臨》（ *The Coming of Post-Industrial Society*, 1973 ）第六章論及「誰是將來的統治者」的時候，認為「大學或學術機構在未來一百年內將會成為中心組織，雖仍由政府最後決定，但商業及政府的決策愈來愈多由這些政府自主的研究計畫來制定」，社會就變成了「專家政治」（technocracy），「行政和經濟的專家就具有決定性的影響力」。貝爾在其最後的分析眾推論，將來整個國家的商業、教育、施政甚至每個市民的生活方式等，都會由一群專家型的政治家控制，只有他們才明白如何控制這部複雜的社會大機器，他們與政府的精英合作，掌握實際的權力。更可怕的是，在倫理方面，貝爾說：「後工業社會不能給

7　內莫，《教會法與神聖帝國的興衰》，49 頁。
8　薛華，《前車可鑒》，189 頁。

人類提供超越性的倫理，……缺乏一個根深蒂固的道德信仰系統的社會，會帶來文化的危機，甚至威脅社會的結構。」

在二〇二〇年美國大選中出現的選票造假、電腦操縱、媒體封殺、法院不理等等一些現象，讓許多美國人出離憤怒。這種危機是文化的危機，當然也是信仰的危機，而文化與信仰的危機必然聚焦在判斷的權威和標準的問題上。如果美國不再相信自己是「上帝之下的統一的國家」，不再以上帝所啟示的律法為具有超越性、絕對性和普世性的「高級法」，雖然表面上還有憲法及其修正案的存在，人民以和平方式舉行的遊行示威就被稱為「暴亂」，甚至美國總統的言論自由也可以在不經任何正當程序的審判的情況下就被剝奪封殺。這樣的社會，若不認罪悔改，最後只能淪落到東方專制主義社會所盛行的「拳頭大的是老大哥」、「槍桿子裡面處政權」的土匪社會！

10、美國憲法並不是憑空出現的，而是承接了英國憲政的傳統，這種傳統強調對於社會各個群體（君主、貴族和平民）之多種重大利益的平衡，確保社會秩序與個人自由的和諧。其中貫徹是三大憲法法則。首先，任何特定利益集團發動的超出其適當權力限度的努力都必須受到抵制。第二，憲法本身不得經受劇烈或激進的變革，因為這將摧毀社會秩序承繼下來的部分智慧並可能損傷社會秩序的自我糾錯能力。第三，當這類變革不可避免時，改革必須是有限度的且與當時之需求成比例。[9] 保守主義者並不反對變革，只是反對激進或完全的變革，有序的漸進的變革始終是需要的。

11、在英美這種注重聖約的憲政民主確立以前，政治一直以來都

9　諾曼，《艾德蒙‧柏克：現代保守政治之父》，231 頁。

充滿流血和屠殺、暴力和壓迫，每個時期的君主都被強盜和太監環繞，他們給不幸的人民的自由和財產帶來浩劫。在任何暴政專制橫行的地方，都是淚如泉湧，血流成河。人類的歷史就是專斷權力給人類帶來各種不幸的歷史。即使在歐洲，長期以來也是「自由都被君主政體所吞噬；多數人必須臣服於一個人」。[10] 在充滿暴政的世界裡，英美兩國成為捍衛自由的堡壘。第二次世界大戰之後，尤其是在一九八九年蘇聯帝國崩潰之後，美國更是成為獨一的「美國獨行」、世界仰望的燈塔之國，當然也成為世界上各個專制政權仇恨和攻擊的最大目標。[11] 因此，美國基督徒要特別警醒謹守，居安思危。世界上一切愛好真理、自由與和平的人也當繼續為美國祈禱，因為美國不僅僅是一個國家，而是上帝的國度在今日世界中特別的體現。

10　伍德，《美利堅合眾國的締造：1776-1787》，30 頁。
11　參考馬克·斯坦恩，《美國毒性：西方世界的末日》，姚遙譯（北京：新星出版社，2016 年）。

原則十一

法治政府

**原則：健全政府與人類公正關係之唯一可靠的
基礎是上帝的律法。**

　　1、人總是處於一定的政府或管理之下，當然也總是處於一定的
律法的約束之下。因此，問題的關鍵不在於要不要政府或律法，而是
在於我們到底有什麼樣的政府和律法。

　　2、雷根的名言就是：「政府就是問題本身，而不是問題解決
者。」（「Government was the problems, not the solution.」）[1] 必須把政
府本身「繩之以法」，使其不能亂說亂動，禍國殃民！歐美保守主義
的共識就是：「國家的最高權力只是宣示法律（jus dicere）；而立法
（jus dare），嚴格說來，屬於上帝。」[2]

　　3、真正的「法治」，指向法律的統治，就是在法律面前人人平
等。亞里斯多德的界定乃是經典性的定義：「法治應包括兩重意義：

1　Quoted from John Micklethwait and Adrain Wooldridge, *The Right Nation:
　　Conservative Power in America* (New York: Penguin Books, 2004), p. 64.

2　伍德，《美利堅合眾國的締造：1776-1787》，248 頁。

已成立的法律獲得普遍的服從，而大家所服從的法律又應該本身是制定得良好的法律。」[3] 在亞里斯多德看來，不管是君主制、貴族制還是溫良民主制，優秀的政體一定是「法律至上」的政體，當然，法律本身也應當是「良法」。[4]

4、真正的自由始終是「律法之下的自由」（liberty under law）。沒有明確的律法，我們就不知道我們的權利和義務，當然我們也無法作出正確的判斷和行動。因此，律法被稱為「行動的指南」（the rule of action）。同時，沒有律法的保護，自由也就蕩然無存。歐美保守主義強調的首要價值是秩序，而律法則是秩序的疆界。自由主義強調的首要價值是自由，但自由本身一旦偏離上帝的律法的界定和約束，就會走向無法無天、自取滅亡的放縱。

5、洛克強調，法律的目的在於保護和擴大個人的自由：「法律按照其真正的含義而言，與其說是限制，還不如說是指導一個自由而有智慧的人去追求他的正當利益，它並不在受這法律約束的人們的一般福利範圍之外作出規定。假如沒有法律他們會更快樂的話，那麼法律作為一件無用之物自己就會消滅；而單單為了使我們不致墜下泥坑和懸崖而作的防範，就不應成為限制。所以，不管會引起人們怎樣的誤解，法律的目的不是廢除或限制自由，而是保護和擴大自由。」[5] 法律和自由直接聯繫在一起，是不可分割的：「這是因為在一起能夠接受法律支配的人類的狀態中，哪裡沒有法律，那裡就沒有自由。這是

3　亞里斯多德，《政治學》，吳壽彭譯（北京：商務，2014 年），202 頁。

4　薩拜因，《政治學說史：城邦與世界社會》，180-185 頁。

5　洛克，《政府論》，葉啟芳、瞿菊農譯（北京：商務印書館，2016 年），下篇，57 節，35-36 頁。

因為自由意味著不受他人的束縛和強暴，而哪裡沒有法律，那裡就不能有這樣自由。但是自由，正如人們告訴我們的，並非人人愛怎樣就可怎樣的那種自由，（當其他任何人的一時高興可以支配一個人的時候，誰能自由呢？），而是在他受約束的法律許可範圍內，隨心所欲地處置或安排他的人身、行動、財富和他的全部財產的那種自由，在這個範圍內，他不受另一個人的任意意志的支配，而是可以自由地遵循他自己的意志。」[6]

6、從聖經的啟示來看，上帝在一開始創造人的時候就為人設定了基本法則，這個基本法則就是兩條著名的伊甸園法則，第一個法則是授權性的法則：「要生養眾多，遍滿地面，治理這地，也要管理海裡的魚、空中的鳥，和地上各樣行動的活物」（創1：28）；其次就是生活性的法則：「園中各樣樹上的果子，你可以隨意吃，只是分別善惡樹上的果子，你不可吃，因為你吃的日子必定死！」（創2：16-17）這兩個法則說明，上帝確實把治理全地的權柄賜給人，但人在行使治理全地的權柄的時候應當按照上帝的律法來判斷善惡，而不是自行其是，按照自己的判斷來制定律法，即所謂的「自法論」（autonomy）。

7、洛克把「自然狀態」和「公民社會」對立起來。在自然狀態中，雖然也有自然法，但是人與人之間「既然沒有其他的裁判者，個人自己就是裁判者和執行人」。[7]與此相反，「真正的和唯一的政治社會是，在這個社會中，每一成員都當棄了這一自然權力，把所有不排斥他可以向社會所建立的法律請求保護的事項都交由社會處理。……

6　洛克，《政府論》，下篇，57節，35-36頁。
7　洛克，《政府論》，下篇，87節，53頁。

凡結合成為一個團體的許多人，具有共同制定的法律，以及可以向其申訴的、有權判決他們之間的糾紛和處罰罪犯的司法機關，他們彼此都處在公民社會中。」[8]

8、人們之所以通過立約的形式組建政治社會或公民社會，核心目的就在於保護個人的財產。因此，洛克明確指出：「為了避免這些在自然狀態中妨害人們財產的缺陷，人類便聯合成為社會，以便用整個社會的集體力量來保障和保護他們的財產，並以經常有效的規則來加以限制，從而每個人都可以知道什麼是屬於他自己的。為了達到這個目的，人們才把他們全部的自然權利交給他們所加入的社會，社會才把立法權交給他們認為適當的人選，給予委託，以便讓正式公佈的法律來治理他們，否則他們的和平、安寧和財產就會仍像以前在自然狀態中那樣很不穩定。」[9] 在這樣的政治社會中，即使弱勢者也能得到相應的保護：「法律的目的是對受法律支配的一切人公正地運用法律，藉以保護和救濟無助者。」[10]

9、當我們談及「政府」（government）的時候，不僅指向國家，也指向家庭與教會的管理。家庭的管理就是「家政」（family government），教會的管理就是「教政」（church government），國家的管理就是「國政」（state government）。當然，在人間一切「政府」之上的是上帝的「政府」（divine government），也就是上帝的護理（the providence of God），是指上帝對萬有的掌管和引領。唯獨上帝

8　洛克，《政府論》，下篇，87 節，53 頁。

9　洛克，《政府論》，下篇，136 節，86 頁。

10　洛克，《政府論》，下篇，21 節，14 頁。

享有至高無上的主權，世上任何個人和群體的權力都是來自上帝的賜
予，必須按照上帝的律法來施行，否則就喪失了合法性和正當性。

10、「政治」就是管理，就是參與管理群體性、公共性的事務。
很多華人教會由於長期受專制政權的洗腦教育，一聽政治這個詞語就
談虎色變，「在教會不可講政治」成為教會的「第二十二條軍規」。
然而，基督徒不可放棄政治，政治就是生活，政治就是生命，就是上
帝賜給我們的使命、特權和責任。政治是管理性的，是服務性的，也
就是我們常說的「文化使命」。人要實現自己的潛能，發揮自己的功
用，是離不開一定的群體和組織的。這就是說，政治是不可避免的。
如果我們不是自覺、積極地參與政治，就會被動、消極地挾裹到政治
之中。當然，按照洛克的學說，如果我們沒有以立約的方式結為「政
治社會」或「公民社會」，我們仍然在本質上處於「自然狀態」，在
這種「自然狀態」中，人人都是自己的裁判者和執行者，最後的結局
就是勝者王侯敗者為寇。因此，洛克認為那些大權獨攬、施行專制
暴政的人仍然「處在自然狀態中」，根本不能成為公民社會的一個成
員。[11]

11、人人都有理性，人人都有良心，都能明白基本的道德法則。
因此，即使不信上帝的人，只要是人，都能在基本法則和制度上達成
共識，也就是「常識」（common sense）。上帝賜給人的以十誡為綜述
的道德律就是「普通法」（common law）——是所有人都當遵行的法
則，是「自然法」（natural law）——是上帝刻在人性深處的本性法，
是不可迴避、至關重要的「基本法」（fundamental law）——是捍衛人

---

11 洛克，《政府論》，下篇，90-94 節，56-58 頁。

權的基本法則，更是永不改變的「永恆法」（eternal law）——具有最大程度的超越性、確定性、穩定性和不變性。

12、我們都當接受「律法的統治」（thc rule of law），即法治。統治者不能根據他們變幻莫測的意志或情趣治理國家，這種「人治」專橫無常，不具備任何可預測性，這種治理方式乃是對人類理性和尊嚴的侮辱。只有按照普世性的永恆不變的律法施行統治，才能確保法律的穩定性，人民才能夠感到安全，也能夠為未來制定計劃。這樣的律法當然是上帝啟示的律法，唯獨上帝的律法是「高級法」，是人間一切法律都當順服的根本法。麥迪森強調：「立法是由人民選出的議員制定的，如果議會制定的法律，如此卷帙浩繁，讓人沒法閱讀，如此前後矛盾，讓人沒法理解；如果這些立法，還沒來得及頒佈，就被取消或修正，不斷變化，搞得無人能弄清楚；從今日之立法，難以猜出明日之立法，這，不會提升人民的地位。立法的定義，就是制定行動規則；朝令夕改，弄得無人知曉，還能叫規則嗎？」[12]

13、上帝的律法最明確，最公義，最良善。個人和政府都當以上帝所啟示的律法為「高級法」（the higher law）。律法體系至少應當由三大方面構成，一是「神啟法」（divine law）——特指上帝明確地賜給人的以十誡為綜述的道德律，英國普通法大師布萊克斯通稱之為「啟示法」（the law of revelation）；二是「本性法」（natural law）——是指源自上帝的本性並且刻在人的本性中的律法；三是「人定法」（human law）——是指人以神啟法和本性法為原則，並參照社會的具體處境而制定的律法。

12《聯邦黨人文集》，62篇，424頁。

14、此處的「本性法」絕不是物競天擇、適者生存的叢林法則，也不是「拳頭大的是老大哥」、「槍桿子裡面出政權」的強盜邏輯，而是指向造物主為人制定的律法，這種律法反應上帝的性情（divine nature），同時上帝也把這樣的法則刻在人心之中，因此這樣的律法合乎人的性情（human nature）。中國人習慣上把 natural law 翻譯為「自然法」，其實更精準的翻譯應當是「本性法」，這種翻譯兼顧上帝的本性與人的本性。那些藐視上帝的律法的人，不僅是在踐踏人性人權，也是在直接挑戰上帝的主權，他們必然為他們的愚頑和罪惡付出代價，上帝是輕慢不得的。

15、我們必須以上帝所啟示的律法來界定自然法的具體內容。著名英國法學家布萊克斯通明確地說：「毫無疑問，與我們通常所說的本性法相比，啟示法享有無限大的權威。因為啟示法是上帝親自明確宣佈的本性法，另一種律法只是我們在理性的幫助下認為是本性法而已。假如我們對於後者能夠做到像前者一樣確定，兩者會擁有同樣的權威；但是，即使那樣，我們也絕不能把兩者置於並駕齊驅的地位。」[13] 布萊克斯通的主張代表西方基督教文明中成熟的看法，這種主張也合乎聖經啟示和基督教大公教會的正傳，可惜很多世俗主義法學家在強調「自然法」的時候否定上帝所啟示的律法的地位和功用，自然法學說逐漸變得蒼白無力，也喪失了具體的內涵，幾乎在法學界歸於烏有。

16、上帝所啟示的十誡就是最基本的自然法或本性法，是上帝賜給全世界所有人的根本法，目的是要高舉上帝的主權，確保個人的

---

13 William Blackstone, *Commentaries on the Laws of England*, Vol. I, p. 42.

自由，所以聖經上稱上帝的律法为「全備、使人自由之律法」。布萊克斯通強調：「本性法和啟示法是人定法所依賴的兩大根基；這就是說，任何人定法都不能與本性法和啟示法相牴觸。」[14] 美國法學家霍華德‧蘭德指出：「當美國採納一部憲法的時代到來的時候，我們的祖先對以色列人完美的管理制度進行了模仿。」西方文明和現代社會的危機就是拋棄上帝的律法，最後導致的就是法律喪失了神聖性，成為赤裸裸的權力鬥爭的工具，而基督教則在社會上喪失了相關性和有效性，不再發揮塑造民情、建立文明的作用。這是伯爾曼特別指出的：「沒有（我所謂）宗教的法律，會退化成一種機械的法條主義。沒有（我所謂）法律的宗教，則會喪失其社會有效性。」[15] 正是因為基督徒不講上帝的律法，喪失了治理全地的使命意識，我們就喪失了上帝的祝福和敬虔的大能，只能被邊緣化，只能被動挨打！在這種情況下，不僅基督徒本身受害，那些不信上帝的人因為缺乏來自基督徒的真實見證，更是陷落在極大的黑暗之中。信仰上帝的人黯淡無光、消極悲觀甚至坐以待斃，不信上帝的人野心勃勃，要改變世界，甚至廢除宗教，尤其是基督教，這是目前美國和世界最大的悲劇！因此，美國憲法學家 W‧克里昂‧斯考森指出，美國想要繼續存在下去，美國人就必須緊緊握住四大原則：對締造者們的產生成功準則的靈感滿懷謝意；在我們的政府中恢復憲法的原則；重新喚起我們對上帝、家庭與國家的愛；在我們的生活、工作與國家中，重新恢復道德觀念。

14　William Blackstone, *Commentaries on the Laws of England*, Vol. I, p. 42.

15　伯爾曼，《法律與宗教》，梁治平譯（北京：商務，2016 年），5 頁。

原則十二

個人責任

原則：每個人都要在上帝面前承擔自己的責任。

1、個人乃是承擔責任的最基本的主體，最終每個人都要在上帝面前承擔自己的責任，任何個人和群體都不能承擔其他任何個人的責任。我們不能逃避自己的責任。任何個人都有一定的自由和能力，這樣的自由和能力都是上帝賜給的，也必要在上帝面前交帳。

2、個人責任原則要求任何人都不要怨天尤人，把個人的責任推卸在別人的身上。我們每個人都要在自己的一生中竭力認識上帝，認識上帝的旨意，按照上帝的旨意行事為人。維沃強調：「在談論自由之前，首先必須履行義務。」[1] 英國著名憲法學家戴雪強調：「這一個人責任制乃是正統法律教訓的真正根基，即使是來自國王本人的命令，也不能為其罪行或非法行動合理化（This doctrine of individual responsibility is the real foundation of the legal dogma that the orders of the King himself are not justification for the commission of a wrongful or

---

1　維沃，《思想的後果》，191 頁。

illegal act.）。」[2]

3、上帝賜給我們的一切，都是讓我們在上帝面前承擔責任的。我們不能因為上帝的恩賜而驕傲自大，更不能用上帝賜給我們的恩賜去幹傷天害理的事情。很多人不願意面對自己的責任，躲在政黨或國家的面紗的後面，認為他們所做的一切惡事都是因為「人在江湖，身不由己」；「人在房檐下，不得不低頭」。不管罪人如何自欺欺人，最終他還是要在上帝面前為自己所做的一切交帳。人最大的自欺就是不承認上帝的存在，當然也不承認上帝的律法和審判。但是，不管人如何主張，上帝仍然是存在的，上帝的約法仍然是有效的，信靠上帝、順服上帝的約法的人是有福的。

4、個人責任原則要求家庭、教會和國家不可取代個人，不可越界承擔個人的責任，使得個人成為只享受權利而不承擔任何責任的寄生蟲。桑多茲強調：「每個人都是自由的，不管他在什麼領域中努力工作，都是不會虛擲的。世界歷史中的各類事情，都是由某個人做成的。」[3] 我們每個人都當成為真正的、大寫的人，真正勇於承擔責任，勇於面對挑戰的人。保守派人士始終認為，工作是擺脫貧窮和恥辱的通行證，那些身強力壯卻靠從政府領救濟而生活的人是可恥的。保羅同樣強調「不勞動，不得食」的原則。

5、不管環境如何險惡，我們都不可隨波逐流。滄海橫流，方顯英雄本色！任何人都沒有權利藉口環境和外界的壓力而隨眾行惡，每

2　A. V. Dicey, *Introduction to the Study of the Law of the Constitution* (London: Macmillan and Co., Limited, 1939), p. 211.

3　Sandoz, *Give Me Liberty*, p. 19.

個人都要持守自己的良心和責任。一九五八年，沃格林在德國明尼克大學講學，當時聽講的一些師生是在希特勒的政權中得到過實惠的，他委婉地挑戰他們說：「我們時代的精神的失序，我們人人都樂於談及的文明的危機，絕不是不可改變的命運；……恰恰相反，每個人在自己的一生中都擁有戰勝此類危機的媒介……任何人都沒有責任參與到一個社會的精神危機中去；恰恰相反，每個人都有責任避免這種愚頑，按照秩序度過自己的一生。」[4]

6、在上帝所啟示的律法中，他不僅賜給人不可剝奪的基本權利，也賜給每個人不可推卸的道德責任。這種責任分為私德和公德，前者涉及到個人與造物主的關係——這是每個人通過自己的良心而保持的，不需要任何人的強迫；後者涉及到個人與鄰舍的關係——如果危害到他人，就會受到相應的懲罰。不敬畏上帝，不遵守上帝所啟示的道德法則，我們就會把世界搞成人間地獄。

7、在人的責任方面，可以列舉如下：首要性的責任就是敬畏上帝，遵守上帝的律法。上帝賜給我們律法，明確了是非善惡。這些責任可以列舉如下：除非為了自衛的緣故，不可殺死別人；不可偷竊或毀壞別人的財產；誠實交易；孝敬父母；保護長者，教導孩童；尊重法治，確保和平；不可貪求別人的一切；遵守與上帝和他人所立的約；幫助鰥寡孤獨等無助者；要合乎中道；要在經濟上爭取自給自足；不可侵犯別人的財產或隱私；捍衛家庭與婚姻的神聖性；生養眾多，傳宗接代；不可參與任何毀壞個人或社區生活的事；自願參與公

4　Voegelin, *Science, Politics, and Gnosticism* (Wilmington, DE: ISI Books, 2004), p. 17.

共生活，積極投票，擔任公職；不可包庇任何犯罪或反社會性的活動；維持個人和公共形象等。

8、在聖經啟示中，人間最重要的「政府」不是家庭、教會或國家，而是「上帝的律法之下的個人的自治」（Self-government under God's law）。基督徒把這種自治擴展到他個人的每一個思想和行動之中。他最需要順服的最高的權力不是任何個人和組織的權力，而是三一上帝的主權。他順服上帝的標準就是上帝的律法，他首要的身分是天國的公民。托克維爾無比深情地談及美國新大陸：「新大陸是令人嚮往的地方，人們在那裡可以自我奮鬥，只要你敢去追求，那麼就能從中獲得幸福和自由。」[5] 之所以如此，是因為美國人尊重法律，托克維爾甚至說「美國人愛法律如愛父母」。[6]

9、一個熱愛法律的民族是真正高貴的民族，因為法律所明確的是個人的權利和責任。當然，美國人之所以熱愛和服從法律有兩大深層原因，一是托克維爾所指出的那樣：「法律是他們自己制定的，而且因為，當法律損害他們時，他們也可以修訂法律。」[7] 換言之，法律不是統治者強加給被統治者的，而是經過被統治者認可和授權的。更重要的是，作為基督徒，特別是在清教徒神學的薰陶之下，民眾發自內心地愛慕上帝的律法，當然也會熱愛和遵行按照上帝的律法制定的公義的律法。

10、自由主義的問題就是過分高舉個人性的權利或自由，而保守

5　托克維爾，《論美國的民主》，上卷第一部分第八章，118頁。

6　托克維爾，《論美國的民主》，上卷第二部分第六章，168頁。

7　托克維爾，《論美國的民主》，上卷第二部分第六章，169頁。

主義則始終把個人的權利或自由置於一定的社會秩序之中。因此，斯克拉頓強調：「保守主義看待事物的基本觀點是：一個人應當到社會中尋求自身的完善，應當把自身看作高於自身的秩序的組成部分，這種秩序超然於自身意志所產生的任何事物。個人必須把自己看作參與其中的那一秩序的繼承者而非創造者，以便從那一秩序（從它的『客觀』狀況）得出能夠決定自我認同的觀念和價值標準。他將認為社會的恆久性使他從搖籃到墓地的人生過程具有了意義。他所處的世界並非與他一道誕生，在他離世後也不會消亡。」[8]

8　斯克拉頓，《保守主義的含義》，50頁。

原則十三

人民主權

原則：上帝賦予的治權屬於全體人民。

1、至高無上的主權唯獨屬於上帝，上帝把治理全地的權柄賜給了每一個人，而不是任何領袖、政黨或國家。當然，唯獨上帝的主權是獨立的、最高的，而人民的主權則是衍生的、從屬的，始終處於上帝的主權和約法之下。伍德強調：「只有正確理解人民主權這一至關重要的原理，才能夠真正理解聯邦主義。」[1] 人民主權原則使得美國人民以強有力的手段「掃清等級制度、代之以契約制度」。[2]

2、在西方政治思想史上，正如薩拜因所指出的那樣：「權力源自人民，權力只應當通過法律的保障來實施，而且權力只有根據道德的基礎才能被證明為是正當的，……在事實上得到了人們的普遍承認，而且千百年來一直是政治哲學中的常識。」[3] 在美國建國過程中，人民主權的原則更加凸顯出來。托克維爾明確指出：「人民主權原則

---

1 伍德，《美利堅合眾國的締造：1776-1787》，551 頁。

2 諾克，《我們的敵人：國家》，48 頁。

3 薩拜因，《政治學說史：世界社會》，275 頁。

在美國並不像在某些國家那樣隱而不現或者毫無成效，而是被民情所承認，被法律所公佈；它可以自由傳播，不受阻礙地達成最終目的。如果說世界上有一個國家能讓人們自由而公正地評價人民主權原則，研究人民主權原則在社會事務各個方面的應用，並且指出它的優點和缺陷，那麼可以說，這個國家只能是美國。」[4] 托克維爾稱人民主權原則為「法律的法律」（the law of laws）。[5]

　　3、上帝享有絕對性的至高無上的主權，人民在上帝授權的範圍內享有相對性的主權。因此，從本質上而言，人間任何政府都是「有限政府」（limited government），只能享受「有限權力」。若非正式取得「人民的同意」（the consent of the people），任何人對人民都沒有合法的統治權，這是從洛克開始就特別強調的：「人類天生都是自由、平等和獨立的，如不得本人的同意，不能把任何人置於這種狀態之外，使受制於另一個人的政治權力。」[6] 統治者是上帝的僕人，應當敬畏上帝，遵守上帝的律法；統治者也是人民的僕人，任命和廢除統治者的權柄在於人民。雖然人民的主權可以委託給一個人或少數人來代表並行使，但人民的主權始終在人民的手中，正如麥迪森所言：「終極性的權柄唯獨屬於人民」（The ultimate authority resides in the people.）。因此，美國的主權不在國家，不管是聯邦政府，還是州政府；當然也不在立法、司法與執法三大部門中，而是始終在人民的手中。因此，麥迪森強調：「人民是一切權力之源，訴諸他們，所有

4　托克維爾，《論美國的民主》，上卷第一部分第四章，39 頁。
5　托克維爾，《論美國的民主》，上卷第一部分第四章，40 頁。
6　洛克，《論政府》，下篇，95 節，59 頁。

困難都將迎刃而解。人民可以根據自己的意志修改憲法。」[7]只有民主政府中，人民的地位才能得到明確的規定和充分的保障，人民才是一個有意義和有價值的公民的集合體。反之，專制政府不管如何聲稱自己是「人民共和國」，自己所建立的是「人民代表大會」、「人民政治協商會議」、「人民解放軍」、「人民法院」、「人民檢察院」、「人民醫院」等等，都不過是把「人民」當成是擋箭牌和傀儡而已。在喬治・歐威爾的《新語辭典》中，「人民」淪為一個抽象的、毫無意義的口頭禪。對人民負責、為人民服務，其實就是無需對任何人負責、無需為任何人服務。

　　4、政府的權力始終是有限的，必須受到憲法的明確的嚴格的限制。美國憲法第九條修正案強調：「憲法中列舉的某些權利，不得被解釋為否認或輕視人民所擁有的其他權利。」美國憲法第十條修正案明確規定：「舉凡憲法未授予合眾國政府行使，而又不禁止各州行使的各種權力，均保留給各州政府或人民行使之。」只有在這樣的基礎上，那些掌權的人才會成為人民的公僕，統治者不再屬於對立的利益集團。麥迪森指出：「憲法所授予的權力是人民的饋贈，一旦被用來壓迫人民，人民就可以收回；因此，任何未經授予的權力仍然保留於人民，並由人民的意志所決定。」[8]非常重要的是，幾乎每個美國人從小就清清楚楚地知道：人民的權利不是來自政府的授予，政府的權力都是來自人民的授權；不是政府養活了人民，而是人民養活了政府；不是人民應當服從政府，而是政府應當服從人民。當然，這種人民主

7　伍德，《美利堅合眾國的締造：1776-1787》，490 頁。
8　伍德，《美利堅合眾國的締造：1776-1787》，496 頁。

權的原則必須體現在憲法制度中，正如在美國憲法中所做的那樣。

5、當然，真正的憲政不僅要限制統治者濫用權力，也要限制人民濫用權力，正如伍德所指出的那樣：「同統治者一樣，人民也或濫用他們的權力；這種自由的墮落可以稱為無法無天或無政府狀態。這主要不是集體性的墮落，而是個人的墮落，每一個人做在他自己看起來正確的事，胡搞蠻幹，最後導致所有的社會紐帶徹底瓦解。」[9]「過度的人民權利不僅導致放縱，更導致一種新的暴政——不是傳統統治者的暴政，而是人民自己的暴政，約翰·亞當斯在一七七六年稱之為理論上的悖逆，即民主專制主義（democratic despotism）。」[10] 當然，更可怕的則是打著人民的名義進行統治的暴政，正如托克維爾所強調的那樣：「以人民的名義發號施令的政府是最難反抗的政府，因為它總是假借大多數人的意志所形成的道義力量，堅定、迅速並頑固地去實現獨裁者的意志。」[11] 二十世紀共產主義運動中成立了很多「人民共和國」，可惜這些國家既不是人民的，也不是共和的，而是赤裸裸的專制獨裁政府，他們比歷史上的那些專制帝制還要殘暴愚頑，我們不能任憑那些野心家用「人民的名義」來欺騙、霸凌任何一個人。

6、人民主權的原則的一大保障，就是人民的原始自衛權。漢密爾頓強調：「在文明社會裡，議會才是人民權利和特權的最基本的、最有效的保障。倘若人民的議員背叛選民，那麼，除訴諸原始自衛

---

9 伍德，《美利堅合眾國的締造：1776-1787》，24 頁。

10 伍德，《美利堅合眾國的締造：1776-1787》，373 頁。

11 托克維爾，《論美國的民主》，上卷第二部分第五章，154 頁。

權，人民沒有別的資源可用；原始自衛權，高於一切政府形式。」[12]因此，美國憲法第二條修正案明確宣示：「紀律良好的民兵隊伍，對於一個自由國家的安全實屬必要；故人民持有和攜帶武器的權利，不得予以侵犯。」對於死不悔改的暴政酷吏，除了法庭上公義的判決之外，人們最有效、最有力的回聲就是槍聲！絕不需要下跪，絕不需要上訪，絕不需要讓那些欺凌自己的官僚們為自己「平反昭雪」！美國憲法修正案第二條所保障的公民持槍權仍然迴盪著美國人不屈的心聲！一旦大多數美國公民喪失了基督教清教徒所培養的這種勇武精神，美國就會被各種形式的政治流氓竊取霸占。

7、人民始終有權利改變或廢棄他們授權的對象，因此任何時候，統治者都不得凌駕於人民之上，更不能與人民對立。必須建立有權有效的政府，才能確保公民享受權利。人人都是罪人，那些能言善辯、熱衷運動的人更是容易造成更大的危害。在《聯邦黨人文集》第一篇中，漢密爾頓就警告說：「表面主張民權之徒，走的實為專制之路；顛覆共和主權之民賊，政治生涯伊始時，都曾討好百姓，他們當中，多以蠱惑家開局，終以專制者收場。」[13]在中國現代史上，孫中山、蔣介石、毛澤東、鄧小平之類的人物都是如此，他們一開始都是追求民主自由的熱血青年，但等他們掌握權力之後，他們卻比他們反對的對象還要凶殘，他們首先要取消的就是選舉制度。選舉制度所保

---

12 亞歷山大·漢密爾頓、詹姆斯·麥迪森、約翰·傑伊，《聯邦黨人文集》，程逢如等譯（北京：商務印書館，2013年）；《聯邦論：美國憲法評述》，尹宣譯（南京：譯林出版社，2016年）。本書引證譯文多出自尹宣譯本。28篇，181頁。

13 《聯邦黨人文集》，1篇，2頁。

障的就是多數人的統治，那些廢除選舉、操縱選舉的人，不管是以什麼樣的名義進行，都不過是獨夫民賊而已，人人皆可誅之。

8、我們明確地宣告，那些與人民對立，甚至公開殘害人民的人，已經成為獨夫民賊，人民有權利以任何方式、在任何時候把他們繩之以法，甚至依法處死暴君獨夫，清教徒革命的高峰就是以「叛國者」的罪名，把向自己的臣民宣戰的英國暴君查理一世公開斬首。任何人都不可因為自己擔任公職就可以殺人不償命、借債不還錢，這是合乎天經地義的真理！實際上，越是擔任公職的人，越是擔任國家領導人的人，他們更當為自己的犯罪行為承擔更大的責任，因為他們犯罪不僅直接傷害受害人，還敗壞了社會的風氣，損害了國家的榮譽和尊嚴。因此，那些國家機關以及其他公共職分中作奸犯科的人應當受到更重的懲處。

9、人民不要希望得到統治者的憐憫，必須保持自身的強大。文明社會中自由的人民創造巨大的財富，必然引發敵對國家的覬覦。因此，自由社會的人民必須時刻警醒，居安思危，對內防備暴政以稅收等合法的方式掠奪人民的財富，對外抵禦侵略者各種手段的入侵。要始終保持自由，人民必須在倫理上具有崇高的美德，在軍事上具有強大的裝備，並且隨時準備投入戰鬥。保持和平最有效的方式，就是隨時準備作戰。如果我們把自己整成綿羊的樣子，就必然引來豺狼的吞噬。那些向敵人搖尾乞憐的人，甚至無法得到仇敵的尊重！共和國應當始終以和平為目標，但也要牢記實力才是真正的後盾。

10、只有上帝是神聖的，個人和人民都不是神聖的。歷代經驗都表明，人民對他人的痛苦容易漠不關心，對愛心的警告毫不在意，甚至對最具傷害的侵犯也難以起來反抗。多數人那麼輕易地被少數人

統治，輕易地放棄自己的情感和熱情，默默地服從暴君酷吏的統治，甚至甘心樂意地成為暴君酷吏的走狗和奴才，這在人類歷史上屢見不鮮。令人不得不正視的就是，多數人生來就容易上當受騙，對於所領受的教訓一概相信；對於社會強加的壓迫，都一概領受。伍德強調：「人民的這種習慣性服從正是千百年來歷史上少數統治者橫行霸道的原因，它『使我們逐漸安於承受恐懼和憎惡』」。[14] 伍德甚至總結說：「人民暴政是最壞的暴政，因為它幾乎沒有給被壓迫者留下任何反抗的資源。」[15] 如何防備人民的暴政？如何喚醒沉睡的大眾？關鍵還是要靠信仰與道德的力量，教會必須以教育為主，通過傳講上帝的公義的律法和恩惠的福音而塑造民心民情，從而發揮真理的柱石和根基的功用。

11、對於人民而言，最大的實力就是信仰與道德的力量。一旦喪失基督教信仰，一旦喪失基督教信仰所塑造的公民道德，共和國就會很快趨於滅亡。人類所有的憲法都會受到腐蝕，除非及時得到更新，不斷回到初始的原則。但如果人民有崇高的美德，這種失序就是暫時的偏差，最終會被人民糾正。但是，正如伍德所強調的那樣：「如果人民本身已經腐敗並墜入罪惡，要將憲法還原到它初始的原則——『恢復其原始的完美』——是不可能的。除非社會自身受到腐蝕，除非出現了『普遍的道德缺失以及對美德的全面背離，否則，一個民族不可能完全被奴役。』」[16] 在實行憲政的過程中，憲政的一時失序是

---

14 伍德，《美利堅合眾國的締造：1776-1787》，37 頁。
15 伍德，《美利堅合眾國的締造：1776-1787》，468 頁。
16 伍德，《美利堅合眾國的締造：1776-1787》，34 頁。

不可避免的。真正的憲政絕不是一勞永逸的事，而是在憲法框架內、在歷史基礎上不斷進行的博弈過程。一旦人民喪失了崇高的信仰和道德，就會隨時被國內外的仇敵顛覆。更深入而言，當我們喪失憲政民主所依賴的基督教信仰和道德的時候，我們在精神和道德上已經受到了仇敵的滲透和顛覆。

12、人民主權與出版自由密不可分。出版自由不僅能夠影響政治觀點，令國家改變法律，更能夠改變社會風氣。一旦人民喪失了出版自由，他們在所接受的信息上就會受到統治者的轄制和洗腦。因此，美國人深知，媒體應當為人民服務，而不是為統治者服務，新聞就是歷史的初稿。美國開國之父喬治‧華盛頓意味深長地指出，一旦政府企圖控制新聞出版自由和言論自由的時候，就說明政府幹了什麼不想讓人民知道的壞事。美國法學家和歷史學家威廉‧艾倫（William Allen）指出，喬治‧華盛頓在上任伊始就樹立了憲法之下的有限總統的傳統。華盛頓在一七八九年的就職演說中，分析獨立宣言的沿革：「我滿懷欣喜、堅信智慧之光將出現在地球上的陰暗角落，探究調查的自由將能創造行為的雍然大度，人類將能改變過去多數人為少數人服務的不合理制度，而當人們能在地球上某個地方成為自由之身時，必然不會固守在某個地方、終身為奴隸。」毫無疑問，在當今世界中，那些限制新聞出版自由的國家，就是赤裸裸的專制國家。

13、人民主權的原則當然包括結社自由。托克維爾談及結社自由三大方面，首先，一個社團可以由一致贊同某一學說或主張的人組成，並以約定的某種方式促進該學說或主張的傳播、取勝。其次，結社的第二個階段必然是行使集會權。人們聚集在一起，就能夠結合各種手段，尤其是自由演講，這樣思想就會用一種文字表達永遠無法達

到的力量和熱情往外傳播。在政治上，結社權的第三個階段就是組成選舉團，選出代表到中央立法機構去代表自己，甚至組建政黨，參加各層選舉，直接進入政府管理部門。這就是把代議制用於政黨了。托克維爾強調：「民主制的國家是最需要用結社自由去防止政黨專制或大人物專權的。」[17] 雖然結社自由在政治上有可能使人民陷入無政府狀態，但「在結社自由的國家，是不存在祕密結社的。所以在美國，只存在黨派分子，卻不存在陰謀造反者。」[18] 對於自由結社的重要性，托克維爾甚至說：「在規定人類社會的一切法則中，有一條法則是：如果人類打算文明下去或者是走向文明，那就需要使結社的藝術隨著身分平等的擴大而逐漸發展和完善起來。這條法則好像是最正確和最明晰的。」[19] 在當今社會中，那些反對結社自由的國家，始終是一家獨大的皇權專制國家、一黨獨裁的黨權專制國家。

14、暴君總是以人民貧窮、愚昧為由堅持他們所謂的「開明專制」，他們並不承認自己的專制本身就是造成人民如此慘狀的重要原因。托克維爾強調：「人民貧窮的主要原因是專制制度，它是妨礙人民發展生產，不過並不是奪去人民的生產成果。專制制度使財源枯竭，卻始終重視既得的財產。與之相反的是，自由生產出來的財富比它所毀掉的多千百倍。瞭解自由好處的國家，財源往往總比稅收增長迅速。」[20] 當然，在民主共和國中，一旦大多數人喪失道德品質和宗教信仰，多數人的暴政也同樣是可怕的。因為，托克維爾對於美國最

---

17 托克維爾，《論美國的民主》，上卷第二部分第四章，132-134 頁。
18 托克維爾，《論美國的民主》，上卷第二部分第四章，134 頁。
19 托克維爾，《論美國的民主》，下卷第二部分第五章，391 頁。
20 托克維爾，《論美國的民主》，上卷第二部分第五章，145 頁。

擔心的就是多數人的暴政：「假使有一天自由在美國毀滅，那也一定是多數的無限權威所導致的。因為這種權威將會使少數忍無可忍，從而訴諸武力。那時將出現無政府狀態，但引起這種狀態的則是專制。」[21] 所以，在民主國家中，我們必須時刻警醒，反對各種形式的專制。人民必須牢記：「人民的權能遠遠大於掌權之人」（The power of the people is far greater than people in power.）。

---

21 托克維爾，《論美國的民主》，上卷第二部分第七章，182 頁。

原則十四
美德政治

原則：共和憲政需要具有美德的自由人。要確保人民有道德並且穩定，最佳途徑是選舉道德高尚的領袖。

　　1、自由人若不能保持道德高尚，就無法生活在共和國憲法之下。孟德斯鳩在政治學上的偉大貢獻，就是揭示了「在一個社會的道德精神與政治憲法之間存在的模糊但確定無疑的相互關係」。[1]孟德斯鳩在其名著一開始說明部分就強調：「美德是推動共和制的動力。」[2]當然，他強調的是以愛國、愛平等、愛本國的法律為核心的政治美德。

　　2、美德是共和國的真正命脈。只有具有美德的人民才能得享真正的自由，才能確保共和國的延續。如果人民本身在道德上是敗壞的，不管憲法和法律如何明智，都無法確保人民的自由和幸福。如果富人為富不仁，沉浸於奢華、放縱、娛樂性的生活之中，就會敗壞整個社會的風氣。如果窮人的權利得不到基本的保障，沒有通過教育和

1　伍德，《美利堅合眾國的締造：1776-1787》，34 頁。
2　孟德斯鳩，《論法的精神》，上冊，1 頁。

勞動而致富的機會，他們就會隨時以暴力革命的形式推翻苦待自己的
政權。

　　歷史學家伍德論述說：「共和國之偉大，甚至他的存在本身都有
賴於人民的美德，這是一條由『普遍同意』和『所有歷史經驗』所確
立的『公理』」。[3]

　　美國國父華盛頓認為，民主的自治需要在溫和穩健的環境之下才
能生存、茁壯，而針對溫和穩健，他還提出了另一個要素「寬宏大
量」，這是一種能讓民主政府得以約束、妥協、避免苛求所有權力現
象發生的要素。在他於一七八三年六月十四日所寫的〈十三州致總督
公開信〉中，華盛頓引用舊約聖經彌迦書六章 8 節章中以下的內容：
「世人哪，耶和華已指示你何為善。他向你所要的是甚麼呢？只要你
行公義，好憐憫，存謙卑的心，與你的神同行。」再略加修改後為
同胞所寫出的祈禱文：「上帝仁慈地願意幫助我們所有人，能夠行公
義、好憐憫、讓自己能保有仁慈、謙卑與好脾氣，這些都是我們心中
神聖宗教中的上帝告訴我們必須擁有的美德，如果沒有祂作為楷模，
我們將不可能成為一個快樂的國家。」華盛頓運用彌迦書的聖經內
容，改寫為形塑美國自由特質的模式。

　　在華盛頓於十多年後宣佈辭任總統一職時，在演說中曾說：「美
德與道德是人民政府不可或缺的特質」，他所描述的也正是他身體力
行的行動：民主政體的成功、仰賴的是願意給予他人應得之權益、並
放棄部分個人自我意識與權力欲，能保有民主共和的首要條件，華盛
頓相信，就是存乎個人理性審慎的基礎上。華盛頓最後也將「視人民

3　伍德，《麻六甲合眾國的締造：1776-1787》，90 頁。

為主體」，稱之為優質的「開明主張」與「國家倫理」。正如威廉·艾倫所指出的那樣，藉由在他去職時所推崇的道德與理性，華盛頓希望他以身作則的力量能讓傳承者視責任高於個人意志，藉由限制自己的行為與特權、以及避免運用專制來抵制衝突，華盛頓很明確地表明他希望自己留給後人的、能成為真正民主的根基，不再回到過去的專制制度。他放棄參選第三任總統的決定，讓自己在一七九六年的卸任，成為人民崛起的開始。遵循兩任總統任期限制的傳統（現在已由憲法修正案強制執行），正代表著確保人民能永遠擁有主導權。

無獨有偶，美國第二任總統約翰·亞當斯在一七九八年十月十一日向麻塞諸塞州民兵發表演說時明確強調：「我們的憲法只是為有道德和宗教信仰的人民制定的，完全不適合用於治理其他任何民族。」（Our Constitution was made only for a moral and religious People. It is wholly inadequate to the government of any other.）

3、共和國的公民必須具有公共美德，願意為了公共事務和公共利益犧牲個人的利益。在共和國裡，每一個人都放棄所有與普遍利益和整體利益不一致的個人權利。公共利益是一種具有獨特的道德價值的超驗目標，使所有局部性的關注都變得無足輕重。一七七六年，一位賓夕法尼亞人寫道：「任何一個不能為了共和國而放棄自己個人聲音的人，都不是真正的共和主義者。」[4] 共和國的公民必須具有守約守法的美德，伍德指出：「共和國的偉大之處在於它依靠人民，但這同時也是它脆弱的根源。在共和國中，沒有恐懼，也不存在持久的自上而下的壓迫。沒有一個政府像它一樣建立在被統治者自願而非強迫的

4　伍德，《美利堅合眾國的締造：1776-1787》，59-60頁。

同意之上。在一個自由的政府裡，正如美利堅的神職人員不厭其煩地所重複的，人們對於法律的遵從，完全出自人們的自覺而不是迫於暴力。」[5] 伍德進一步分析說：「在君主制下，一個人做他自己認為正確的事情的欲望可能會受制於恐懼或強力。而在共和制度中，每一個人都必然或早或遲地被說服把自己個人的需求融入於更大的整體利益。這種個人為了共同體的福利而自願犧牲一己私利，這種愛國主義和對國家的熱愛，在十八世紀被譽為『公共美德』（public virtue）。共和國之所以是這樣一種脆弱的政體，恰恰是由於它要求人民具有非凡的道德品質。所有人民共同參政的國家，都需要一定程度的美德；而完全建立在人民基礎上的共和國，美德更成為絕對之需。」[6]

4、宗教是道德的支柱，道德是教育的支柱，教育是國家的支柱，共和國的教育應當以培養公民的智慧和美德為導向。在公民的智慧中，最重要的是按照上帝的律法分辨善惡；在公民的美德中，最重要的是要勇敢地為真理和自由而戰鬥。美國憲法是為注重道德和宗教的人民設立的，這道德和宗教不是泛泛而論的道德與宗教，乃是以聖經啟示為本的，這一憲法要管理其他人民在很多方面是不合適的。沒有基督教的傳播，沒有公共美德為基礎，盲目地在全世界各地推動民主選舉的結局就是勞民傷財，最後註定是失敗的，往往帶來的是更大的混亂和暴政。伍德指出：「公共美德，即人民為了國家利益放棄個人的一切乃至其生命的願望，主要是人們個人美德的產物。」[7] 基督教

---

5 伍德，《美利堅合眾國的締造：1776-17878》，65 頁。

6 伍德，《美利堅合眾國的締造：1776-1787》，66-67 頁。

7 伍德，《美利堅合眾國的締造，1776-1787》，67 頁。

看到了人性的全然敗壞，所以更加注重個人美德的建造。

5、美國憲政建造基於清醒的對人性的認識。麥迪森強調：「倘若人人都是天使，就用不著政府。倘若組成政府的人都是天使，對政府的外部控制和內部控制，也都成為多餘。」[8] 既然我們不能幻想人民都是天使，也不能幻想統治者是天使，這就需要制度性的設計，同時也要竭力在人民中間選舉那些在美德上比較高尚的人擔任官員。這意味著在選擇統治者的時候，首先考慮的不是人的財富、地位和家族，而是個人的能力、精神和事業心，也就是那些在品德上堪稱貴族的人。

6、最優秀的德才兼備的公民，應當參加公共生活，擔任公職。共和制在本質上是「本性貴族制」或「自然貴族制」（natural aristocracy），也就是由那些德才兼備的人出任國家領導人。這種貴族制絕不是基於出身、財富和地位，而是基於他們個人的美德和智慧。當初美國建國的理想，就是要「建立並維持一個建立在美德、節制、自主以及對共和國摯愛基礎上的自然貴族制」。[9] 托克維爾甚至強調：「美國社會呈現的畫面（假如我們可以這樣說的話）覆有一層民主的外罩，透過這層外罩可以隨時看到貴族制度的痕跡。」[10]

7、美國沒有貴族——在今天美國新公民的入籍申請表格中，有一項就是放棄本人原來在其他國家擁有的貴族身分和貴族頭銜。但是，美國卻崇尚一種特別的貴族精神，如西點軍校的校訓「責任、榮

8　《聯邦黨人文集》，五十一篇，348 頁。
9　伍德，《美利堅合眾國的締造，1776-1787》，69 頁。
10　托克維爾，《論美國的民主》，上卷第一部分第二章，32 頁。

譽、國家」，以及西點訓條——準時、守紀、嚴格、正直、剛毅、毅力、律己、坦白、準時、專注，不放棄。自一八九八年西點軍校把「職責、榮譽、國家」正式定為校訓以來，西點軍校特別重視對學員品德的培養。他們反覆強調，西點僅僅培養領導人才是不夠的，必須是「品德高尚」的領導人才。為此，學員從進校的第一天起，就被灌輸西點的基本價值觀，即正直誠實和尊敬他人的尊嚴。《學員榮譽準則》明確規定「學員不得撒謊、欺騙和行竊，也不得容忍他人有上述行為」。西點軍校公關部主任詹姆斯·威利中校舉例說，學員在撰寫論文時，如果不在註腳中對一些被引用的觀點和文字加以說明的話，一經查出，輕者要被嚴厲批評，重者則被勒令退學。至於尊敬他人，西點告誡每位學員，如果自己想得到別人的尊敬，就必須以同樣的尊敬和尊嚴對待別人。由此可見，共和制在精神上是貴族制的，真正的貴族就是在美德上卓越的人，他們應當出任共和國的領袖。

8、在這種共和主義的平等中，仍然會有榮譽、財產和軍人的榮耀，但絕不是通過皇帝的恩寵更不是通過個人的奴顏婢膝而獲得的。那些最具有智慧、經驗和美德的人，這種「由國家中最能幹的少數人所組成」的貴族，對於共和國的穩定而言是至關重要的。統治者和人民常常處於矛盾和爭戰狀態，由這些本性貴族組成元老院或參議院，是共和政府成功的關鍵。[11] 憲法所要解決的核心問題就是選舉那些最睿智、最能幹和最誠實的公民擔任公職。因此，托克維爾詼諧地指出：「值得害怕的倒不是大人物的缺乏道德，而是缺乏道德使得他們

---

11 伍德，《美利堅合眾國的締造：1776-1787》，198-204 頁。

成了大人物。」[12]

9、政治學是一門神聖的科學，政治家是神聖的呼召，要鼓勵更多優秀的人才獻身政治事業中，不計較個人的得失，唯獨以真理、美德和國家為念。桑多茲解釋說：「美國的建國之父們竭力主張的就是：人對全地的治理顯明人的政治性及其呼召，這種治理直接與財產及其神聖性聯繫在一起。」[13] 我們的救主耶穌基督是整個世界的主，我們所蒙受的呼召乃是在這個世界上成為上帝百般恩賜的好管家，與耶穌基督一同「在地上執掌王權」。要在教會中普及聖經啟示的最基本的政治學常識和法學常識，裝備每個基督徒都能在政法領域中具備基本的判斷和參與的能力。脫離政法領域，不強調上帝的主權和約法，不願意積極地捍衛人權和法治，這樣的教會就喪失了鹽的味道和功用，只能受到上帝的咒詛，被人踐踏在腳下。

10、中國人強調「倉廩實而知禮節，衣食足而知榮辱」，[14] 對於官員而言也當高薪養廉。但是，在真正的共和國中，絕不是高薪養廉，而是那些本身就有高尚的美德的人才能秉公執法。真正的政治家要有公共精神，崇尚的是高尚的榮譽，不貪錢，不貪權，甚至在有可能的情況下，連基本工資都奉獻給公眾。太高的薪水和收入是吸引那些爭權奪利之徒追逐公職，甚至不惜動用員警和軍隊來維護個人既得的權益。因此，國家只能為公務員提供「中道的薪水」（modest salary），並且對於各種貪腐現象進行嚴格的防範和懲罰，從而杜絕那些試圖升

---

12 托克維爾，《論美國的民主》，上卷第二部分第五章，154 頁。
13 Sandoz, *Giving Me Liberty*, p. 14.
14《管子‧牧民》。

官發財的人對權力和職位的角逐。

11、當然，真正的美德並不是為公共利益完全犧牲自己，完全放棄自己的自由和權利。一七八二年傑弗遜甚至對門羅說，要求個人向國家讓步，這種設想是荒謬的。「這會是奴役，不是《權利法案》所規定的不可侵犯的自由，是延續我們的政府已經改變了的方面。」傑弗遜說，「認為國家有權要求其成員永遠為它服務，這種觀念一旦建立」，自由將蕩然無存。不管我們如何強調個人的美德，人在本性上仍然是自私自利的，任何國家和制度都無法改變人的本性，只能適用人的本性。正如亞當・斯密所強調的那樣，市場經濟本身「被一隻看不見的手引導著」。雖然每個人都在追求自己的利益，只要建立完全的自由和平等，個人為了最大程度地實現其個人利益就會最大程度地追求公共利益。[15] 米德強調，「自由市場才能夠使得人類可能的最好秩序，從人類欲望的混亂局面中產生出來。」[16]「毫無疑問的是，幾個世紀以來無數以英語為母語的民眾，如今已經將看不見的手『視作是上帝的手在歷史上做工，祂將良善從邪惡裡帶出來，讓秩序從混亂中產生，使人類進步擺脫貧窮。」[17]

12、沒有基督教特別是清教徒神學所塑造的美德與民情，所謂的民主政府只能帶來更大的混亂。因此，談及南美洲，托克維爾不無遺憾地分析說：「這些居住占西半球二分之一美麗土地上的人民，好像一心要互相毀滅，毫無回心轉意的趨勢。筋疲力盡時，他們就暫時休

---

15 參考亞當・斯密，《國富論》，富強譯（北京：群言出版社，2015 年）；《道德情操論》，邱益群譯（臺北：德威國際文化事業有限公司，2015 年）。

16 米德，《上帝與黃金：英國、美國與現代世界的形成》，402 頁。

17 米德，《上帝與黃金：英國、美國與現代世界的形成》，403 頁。

戰；之後不久，他們又要發瘋。當我看到這種不是在受苦受難就是在犯罪作孽的情景時，不得不相信，專制對他們來說也許還是一種恩澤。」[18] 從托克維爾的語氣來說，南美洲許多國家的民情更適合施行專制制度，這也許在政治上看起來不正確。但托克維爾直言不諱地說：「我絕不認為美國的法治可以應用於一切民主國家」，他也不認為「法制是美國獲得成功的最主要原因」，「使全體美國人民能夠維持民主制度的獨特因素，是美國人特有的民情」。[19] 托克維爾所推崇的「民情」指向「一個民族的整個道德和精神風貌」。[20]

13、從邏輯次序來看，宗教決定法律，法律決定道德，道德決定民情，民情決定制度。因此，托克維爾反覆談及宗教在民主國家中的作用，強調：「美國人用行動證明：他們認為要讓民主具有德化的性質必須依靠宗教。美國人對於這個問題的看法，正是所有民主國家都應該理解的真理。」[21]「我沒有一刻懷疑，美國的民情表現出的極端嚴肅性，首先源於宗教信仰。」[22] 可惜，今天大多數版本的基督教不再教導上帝的律法，這樣的基督教當然不再是托克維爾所說的「共和的宗教」，因為這樣的宗教既無法決定道德、民情，更無法影響制度，只能是自欺欺人、自娛自樂了！

---

18 托克維爾，《論美國的民主》，上卷第二部分第五章，157 頁。
19 托克維爾，《論美國的民主》，上卷第二部分第九章，215-216 頁。
20 托克維爾，《論美國的民主》，上卷第二部分第九章，215-216 頁。
21 托克維爾，《論美國的民主》，下卷第二部分第十五章，416 頁。
22 托克維爾，《論美國的民主》，上卷第二部分第九章，204 頁。

原則十五
革命正當

原則：人民的大多數人可以改變或廢除淪於專制的政府。

　　1、人民寧願長期忍受苦難，也不願輕易改變已經設立的政府，這是習慣和歷史的慣性。但是，一旦政府長期侵犯人民權益，使人處於暴政之下，人民有權利、甚至也有責任推翻這樣的政府，為自己的未來和幸福提供新的保障。

　　2、人民之所以結成社群，建立政府，目的就在於確保他們的生命、自由和財產權。一旦這三大基本人權受到侵犯，特別是私有財產得不到保障，人民就淪落到遭受奴役的狀態。此時統治者已經成為人民公敵，人民就解除了順服此類統治者的義務。他們可以使用上帝賜給他們的任何工具和方法推翻不義的統治者，建立新的政府，使自己的生命、自由和財產權重新得到保障。因此，《獨立宣言》明確宣告：「但是，當一個政府惡貫滿盈、倒行逆施，一貫地奉行著那一個目標，顯然是企圖把人民抑壓在絕對專制主義的淫威之下時，人民就有這種權利，人民就有這種義務，來推翻這樣的政府，為他們未來的安全設立新的保障。」（But when a long train of abuses and usurpations, pursuing invariably the same Object evinces a design to reduce them under absolute Despotism, it is their right, it is their duty, to throw off such Government, and to provide new Guards for their future security.）

3、戕害人民自由的暴君酷吏已經向人民開戰，他們與人民處於戰爭狀態。洛克分析說：「誰企圖將另一個人置於自己的絕對權力之下，誰就同那人處於戰爭狀態，這應被理解為對那人的生命有所企圖的表示。因為，我有理由斷定，凡是不經過我同意將我置於其權力之下的人，在他已經得了我以後，可以任意處置我，甚至也可以隨意毀滅我。因為誰也不能希望把我置於他的絕對權力之下，除非是為了通過強力迫使我接受不利於我的自由權利的處境，也就是使我成為奴隸。免受這種強力的壓制，是自我保存的唯一保障，而理性促使我把那想要奪去我的作為自我保障的自由的人，當作危害我的生存的敵人看待；因此凡是圖謀奴役我的人，便使他自己同我處於戰爭狀態。凡在自然狀態中想奪去處在那個狀態中的任何人的自由的人，必然被假設為具有奪去其他一切東西的企圖，這是因為自由是其餘一切的基礎。同樣地，凡在社會狀態中想奪去那個社會或國家的人們的自由的人，也一定被假設為企圖奪去他們的其他一切，並被看作處於戰爭狀態。」[1]一切暴君酷吏都是人民的公敵，儘管他們的興起有上帝的允許或任憑，一定程度的忍耐和妥協是合理的，但最終消除暴政更加合乎上帝的旨意。

4、上帝把統治權賜給人民，人民由其中間的大多數人（the majority of the people）行使統治權，多數人有權利改變或廢除已有的政府，少數人應當尊重多數人的選擇和統治。當然，這種多數人的統

1　洛克，《政府論》，下篇，17 節，11-12 頁。

治必須通過公開、公平的選舉方式進行。必須注意的是，正如在美國建國時期一樣：英國的統治者曾經濫用他們的權利，而革命之後的人民也會濫用他們的自由。推翻原來的政府，導致人民產生一種對政府根深蒂固、習慣性的蔑視，而自由則變成大眾的偶像。在這種情況下，民眾非常容易聚眾鬧事，造成「無政府和無法無天的狀態」。[2] 這是革命造成的後果，因此對於暴力革命一定要慎之又慎，在暴力革命之後恢復秩序、組建政權更是艱難。

5、多數人保持自己的統治，也當尊重少數人的權利（Majority's rule, minority's rights!），這是英美憲政的基本原則。少數人不當用暴力或其他非法手段推翻多數人的統治。少數服從多數，多數保護少數。完全達成一致是理想的，但常常不合乎現實，這個時候就是付諸程序性的表決，由贏得多數票的一方的提議就成為眾人都當遵行的決議。尤其是在危機時刻，必須作出抉擇的時候，多數人的統治或決定乃是不可避免的，否則共同體就不會存續。當然，這也絕不意味著多數人的統治始終是合法的，少數人仍有表達和革命的自由。

6、美國憲法的偉大之處就在於「給人民留下了根據自己的意願進行更改及修正的權力」。美利堅向全世界表明，人民能夠從根本上改變他們的政府模式。主權在民，他們可以依據自己的意願變更他們的憲法和政府，這個原則所造成的不是不和、怨恨和戰爭，而是一個改進、滿意和和平的原則。因此，伍德總結說：「美利堅人實際上把革命制度化並合法化了。」威爾遜甚至說，通過將政治的甚至法律的

2　伍德，《美利堅合眾國的締造：1776-1787》，373 頁。

生命灌輸於人民，美利堅人創造了「人類政治偉大的靈丹妙藥」。[3] 正如內莫所揭示的那樣：「少數人因其道德與宗教上的純潔而可以採取革命行動這一主題，在基督教社會的政治史中具有重要意義。」[4]

　　7、當初美國的締造者們知道，選民可能選出一個蠢材或壞蛋當總統，所以設立議會加以限制。議會也不可靠，所以要設立最高法院大法官，他們擁有司法審查權，可以制約立法和執法兩大權力部門。憲政的根本目的不是把權力關在籠子裡，而是將最高統治者置於法律的約束之下。在憲政主義者的眼裡，只有在憲法框架下追求和行使權力的政客，永遠都沒什麼國家和人民的「大救星」和從天而降的「偉大領袖」。但是，即使是憲法也是需要權威的解釋，當一個國家所有人都必須遵守憲法並且人人都聲稱自己在捍衛憲法時，總得有人來對憲法進行具有終局權威的解釋。美國人對人類憲政事業所作的最獨特貢獻之一，就是確立了司法審查制度（judicial review），將這一解釋憲法並根據憲法作出裁決的權威賦予了聯邦最高法院。這不是因為聯邦最高法院的司法解釋總是絕對正確的，而是僅僅因為常識告訴我們，解釋法律是法官的專業特長，且與國會和總統相比，它的主動性、權力和資源是最小的，是聯邦政府中「最不危險的分支」（the least dangerous branch)。但是，常識也同樣告訴我們，不管是總統、議員還是大法官，都有可能陷於無知甚至被仇敵收買，所以不允許官方辦媒體蒙蔽人民，要讓民間辦媒體進行輿論監督。所以，記者和媒體成為立法、司法、執法三大權力之外的「第四大權力」。最重要的

3　伍德，《美利堅合眾國的締造：1776-1787》，563-564 頁。
4　內莫，《教會法與神聖帝國的興衰》，56 頁。

是，美國的締造者們深知，最壞的事情就是政府強權、議會失職、司法不公、媒體失聲。針對這種權力階層的普遍性黑暗，他們的特別設計就是《權利法案》。

8、在《權利法案》中，憲法第一條修正案強調信仰自由、言論自由與和平集會的自由；第二條修正案強調：「紀律良好的民兵隊伍，對於一個自由國家實屬必要；故人民持有和攜帶武器的權利，不得予以侵犯。」因此，美國憲政民主最終有兩大保障，就是上帝的絕對性主權（信仰自由）和人民的相對性主權（人民持槍）。人民經過祈禱之後，根據自己的良心，或者進行和平集會，遊行示威；或者直接組成民兵，開槍為專制送行！這就是美國締造者們設計的憲政民主制度的精粹。毫無疑問，美國最大的仇敵就是那些限制教會聚會、打壓基督教，尤其是侵犯人民持有和攜帶武器的權利的人！他們所要推翻的是美國立國的根基，就是上帝的絕對性主權和上帝直接賜給人民的不證自明、不可剝奪的開槍革命的權利！

原則十六

普及教育

原則：共和國必須以教育為本，才能確保秩序和自由的傳遞。

1、教育是立國之本，宗教的功能就是教化性的功用，教會最大的功用就是教導上帝的真理。上帝賜下律法的主要功用就是教育民眾，使得民眾真正明白上帝的旨意，享受上帝賜給的榮耀和尊貴。基督教哲學家泰勒明確強調：「上帝把教育子女的權利唯獨賜給了父母。」[1] 父母有權利通過教會或自願結合，創辦基督教教育。

2、毫無疑問，任何精英階層都會注重自身的教育，關鍵是要顧及底層人民的教育。亞當・斯密明確強調教育在文明社會中的重要性：「當文明社會的所有底層人民失去理解力而變得愚昧無知時，他其實比懦弱者更可恥。因此，那更是人性中重要部分的缺失。因此，雖然保證底層人民接受教育，國家得不到任何利益，但國家仍然應當關注這種教育，使底層人民擺脫無教育的狀態。實際上，人民接受了教育之後，國家最終還是會受益的。這是因為，無知的國民常常因為狂熱的迷信而引起可怕的騷亂。當底層人民接受的教育越多，他們就

1　Taylor, *The Christian Philosophy*, p. 307.

越不會受到狂熱和迷信的影響。與沒有知識的人相比，有知識的人常常更懂得禮節、更遵守秩序。因為有知識的人總是覺得自己的人格更高尚，他們更容易獲得法律的認可，亦即長者的尊敬，因此他們自己也就更加尊敬那些長者。對於利己者的煽動，他們也能看得更透徹，於是，那些反對政府的放肆言論也不能蠱惑他們。因此，對國家來說，自由政府的安全，就是極大地依賴人民對政府行動的善良意見。人民不輕率、不任性地批判政府，對政府來說當然是一件幸事。」[2]亞當・斯密強調文明社會對教育的重視是正確的，但教育並非國家的權力。一旦國家不僅保護人民身體的安全，還掌管教育大權，國家就會試圖扮演一種彌賽亞的角色，走向對人身體和心靈的全方位的奴役。[3] 因此，國家是否進入教育領域，創辦公共學校，在美國始終是一個大有爭議的問題。

3、要剷除人民思想中的偏見，灌輸美德的共和主義方式是教育。麻塞諸塞一七八九年憲法宣佈：「在人民中廣泛傳播智慧、知識和美德，是維護自由和權力的必要條件」，政府必須儘快將「教育的機會和益處」擴展到「國家的每一個地方，社會的每一個階層」。一七八四年維吉尼亞審查委員會強調：「共和國的精神及特質同君主制的精神及特質截然不同，只能通過教育來培育。」[4] 維沃強調：「這個國家曾經無數次重申，如果沒有教育，民主制不可能確立。隱藏在

2　亞當・斯密，《國富論》，5 篇 1 章 3 節，429 頁。

3　See Rousas John Rushdoony, *The Messianic Character of American Education: Studies in the History of the Philosophy of Education* (Vallecito, California: Ross House Books, 1963).

4　伍德，《美利堅合眾國的締造：1776-1787》，394 頁。

這個判斷背後的真理就是：只有依靠教育，才能讓人們認識到價值的排列等級，這也在另一個側面印證了前文所支持的一個觀點：如果沒有貴族統治，民主制就不可能確立。這種貴族統治的領導權要想得以穩固，就必須不斷地借助民主制來選拔人才，所以反過來說也是正確的：如果沒有民主，貴族統治也不可能確立。」[5] 教育的核心是培養人才，但關鍵是我們需要什麼樣的人才？什麼樣的教養才能提供我們所需要的真正的人才！

4、大家都能達成共識，教育的目的是要滿足人們的需要，甚至是為了讓人達到成功。但關鍵是如何界定人們的需要和真正的成功，正如維沃所指出的那樣：「人們認為，教育的目的是為了讓一個人在這個世界上獲得成功，這種觀點在現實中獲得了普遍贊同。……根據流行的觀念，教育的目的卻是要一個人有能力獲得足夠的財富，從而過上中產階級水準的生活。這樣的教育不會培育出貴族風範的美德。它既不能鼓勵人們反思，也不能激勵人們敬畏至善。」[6]

5、在學校中當教導宗教、道德和知識。宗教當然是指向基督教，道德是指分別善行與惡行的標準，而知識則指向歷史、地理等各個人文學科中已發現的事實和原理。公立學校不當教導宗派性、排他性的教條，應當教導基督教各大宗派中相通的基本要點（the fundamental points）：（1）上帝與創造——獨一的上帝創造了宇宙和人類，我們應當認信上帝並敬拜祂；（2）道德與律法——造物主向人啟示了道德法典，使我們能夠分辨善惡，從而幸福地生活；（3）仁愛與責任——

5　維沃，《思想的後果》，50 頁。
6　維沃，《思想的後果》，51 頁。

我們應當通過愛鄰如己來事奉上帝，人人都當承擔責任；（4）靈魂與不朽——人的靈魂是不朽的，我們應當關注靈魂的問題；（5）來世與審判——人死後，最終每個人都要接受上帝的審判。這五大要點可以稱之為「美國宗教」，也是美國的「公民宗教」的基本要點。

6、教育的權利在於父母，國家和教會都不可剝奪父母教育兒女的權柄。父母有權利按照自己認為合適的方式來教導自己的兒女，尤其是在宗教信仰方面。如果國家想把父母的教育權奪走，就會把兒女從父母手中奪走，最後造成的就是由國家來負責後代的養育，這是自古以來任何國家都不能承擔的。在新英格蘭殖民地，兒童教育對於父母來說是非常重要的事情。「記住……孩子們，」清教徒牧師約翰·威爾遜（John Wilson）對新英格蘭的會眾說，「你們來這裡是為了你們的孩子。」為了下一代，麻塞諸塞的建設者們把一套融貫著清教徒觀念的兒童教育傳統帶到了美洲。照顧孩子的責任通常在母親手中，但父親主動承擔了嚴格監管的責任。在清教徒的日記中，記載了父親們親自教孩子讀寫，引導孩子進入教會，還帶孩子去遠足的細節。他們為孩子作重要的決定，包括取名、上學、規勸和接送孩子去其他家庭，他們也幫助孩子在工作和婚姻方面作出抉擇。父子緊密的關係延續終身。他們教導孩子對待長輩要有「子女的敬畏」，這種英國清教徒的說法裡混合了愛與畏懼。孩子在父母靠近的時候需要站立和鞠躬。他們被禁止表現出「被溺愛和過度親近的模樣，因為這包含做或會帶來輕視或不敬」。[7]

7　大衛·哈克特·費舍爾（David Hackett Fischer）：《阿爾比恩的種子：美國文化的源與流》，王劍鷹譯（桂林：廣西師範大學出版社，2018年版，139-143頁）。

7、教育的關鍵是通識教育，就是培養人能夠按照上帝的律法分辨善惡。任何人都沒有權利把自己的哲學強加在別人的身上，更不能利用國家強制性的手段使人接受意識形態性質的洗腦。因此，維沃強調，教育制度的首要目的是培養「有智慧的人」（Homo sapiens），而不是重點培養「製造型的人才」（Homo faber）。[8]「有智慧的人」就是真正認識上帝、明確自己人生目的人，而「製造型的人才」不過是高級勞動工具而已。

8、教育有兩大方面，一是品格教育，二是技能教育。品格教育的起點是家庭，其次是學校。教會本身就是培育聖徒的學校，其主要只能就是帶領人認識上帝並耶穌基督，並且通過教導上帝的律法，使人行事為人與蒙召的恩典相稱。技能教育就是職業教育，每個人都當根據自己的天賦和社會的需要選擇自己的職業，在上帝賜給自己的天職中榮耀上帝，祝福他人。學生要學會閱讀、寫作和算數，這樣就可以一生通過自學的方式繼續學習。教師必須對真理有神聖的渴慕和追求，教學關鍵是要教導學生學習和研究的方法，並培養他們掌握研究必需的語言和其他工具。

9、國家不可掌控教育，免得走向極權主義。教會與家庭合作，在社區中創辦學校，推動普及性的教育，使得人人都有機會接受一定的教育，這是最好的教育方式。教育的關鍵不僅在於培養高精尖的人才，更在於最大方位地提升人民的道德水準和判斷能力，使其成為合格的公民，能夠在家庭、教會和國家中盡自己當盡的本分。托克維爾

8　維沃，《思想的後果》，9頁。

強調，在美國，「對人們進行的一切教育，都是以政治為目的的。」[9]
毫無疑問，政治是教育的目的和導向。一旦教育不能使人成為強有
力的能夠參與公共事務的公民，教育就會使人成為暴君酷吏奴役的對
象。美國人甚至用教理問答的方式編寫《憲法原理問答》（*Catechism
on the Constitution*），使得孩子從小就明白自己的地位、權利和責
任。要教導每一個孩子不僅具有判斷力，也有表達自己的觀點和立場
的能力，這就是說學校應當經常舉辦辯論會和演講會，使得每個學生
都具備優雅地進行辯論和演講的能力。

10、不能把聖經啟示僅僅約束在宗教的領域，正如宗教改革家威
克里夫（John Wycliffe）所強調的那樣：威克里夫說：「這一聖經的
目的就在於建立民有、民治、民享的政府。」威克里夫所強調的是聖
經律法的核心性，人民本身不僅應當閱讀聖經律法，明白聖經律法，
更要以聖經律法為在各個領域中施行治理的工具，並自覺地接受聖經
律法的統治。我們不僅要大量地閱讀聖經，更要學習如何機智靈活地
把聖經運用到具體、複雜的現實生活之中。正如魯斯德尼所強調的那
樣，當初那些改教領袖們「所重點關注的既不是教會，也不是國家，
而是如何以上帝的法言來施行治理。」[10] 教會是重要的，國家也是重
要的，但關鍵問題還是治理。

11、人類不可能通過教育來改變人的本性，唯獨上帝能夠改變人
的生命。任何試圖通過教育來改變人的生命和本性的人，最終都會走
向專制和操縱。但是，從普遍恩典的角度考慮，好的教育確實能夠最

9　托克維爾，《論美國的民主》，上卷第二部分第九章，214 頁。

10　Rushdoony, *The Institute of Biblical Law*, Vol. I, p. 1.

大程度地發揮人性中殘餘的向善之心，培養彼此合作的公共性美德。托克維爾指出：「在一個大的國家裡，政府不能夠靠自己的力量去維持或者改變人們的思想以及感情的交流，就如它不能只靠自己的力量去管理一切實業部門一樣。只要一個政府試圖走出政治活動的範疇而步入這條新的道路，它就會不知不覺地要實行一種暴政，這種暴政令人難以容忍，因為政府只會頒佈嚴格的規章制度，只會支持它所贊同的感情和思想，而且總是讓人們很難分辨出他的這種表示究竟是忠告還是命令。」[11] 國家控制教育乃是共產主義、社會主義等各種極權主義政權的突出標記，他們試圖通過政治宣傳與洗腦的方式來培養他們所謂的「新人」。

　　12、二十世紀以來，杜威式的進步主義、實用主義和去基督教的教育模式盛行，卻未能鞏固美國的民主制度，反而帶來巨大的混亂。維沃指出美國民主教育的失敗：「實用主義大行其道，他們好像是出於對等級制的仇視，努力把課堂轉化為民主講壇，教師只是扮演一個主持人的角色，沒有人敢自稱掌握了更高明的知識。在民主面前，國民教育失敗了，因為民主厭惡犧牲，它討厭對時間和物質資源的浪費，這樣一來學生就沒有機會得到心智上的訓練了。在一種驕縱心態（spoiled-child psychology）的驅使下，人們總是在尋找學習的捷徑。這樣一來，教育制度主要是為了服務於粗俗的動物性需要的，其秩序重建的功能已經被欲望摧毀了。」[12] 目前美國教育制度的問題就是「教

---

11 托克維爾，《論美國的民主》，下卷第二部分第五章，390 頁。
12 維沃，《思想的後果》，51-52 頁。

育與宗教相分離」，這「只是與形而上學相分離的一種延伸」。[13] 在這種情況下，基督教被趕出了教育體系，隨之而來的就是自由主義、物質主義和消費主義的各種意識形態化的教育。這些教育使得學生喪失了對於上帝的敬畏和信仰，當然也不再把上帝啟示的道德法則視為最基本的價值標準，使得他們淪為各種物欲的工具。

13、要擺脫目前的教育困境，維沃認為唯一的出路就是：「必須找到某種權威性的來源。唯一一個在各個時代都不動搖的權威來源就是知識。獲得更高級知識的人應當得到特權，這就意味著區別性和等級制。我們還可以看到，要想讓自由和人格的完善成為可能，就必須依靠這些條件，因為自由的必要條件是恰當的理性，後者本身就是一種關於事物之規劃（scheme of things）的觀念。我們這個時代的保守主義者都知道，那些鼓吹平等者是自由的敵人。對於一群烏合之眾來說，每個人都是其他人的障礙，這種危險的自由權只能導致愚蠢的爭鬥。」[14]「一群被寵壞的烏合之眾將會向暴君伸出邀請之手，由於他們沒能把持住內在的原則，隨之而來的將是某個服務於單個強力意志的、被合理化了的組織結構。」[15] 當然，真正的知識並不是罪人自以為是的知識，而是首先指向上帝啟示的知識，而「關於事物之規劃」，更是指向上帝在自然界和道德界設定的秩序。

13　維沃，《思想的後果》，95 頁。

14　維沃，《思想的後果》，52 頁。

15　維沃，《思想的後果》，93 頁。

第四部
制度性原則：賞罰分明

耶和華啊，願你的仇敵都這樣滅亡！
願愛你的人如日頭出現，光輝烈烈！
（士5：31）

聖約第四大要素就是賞罰。上帝是秩序的上帝，祂在自然界、道德界和心靈界都設定了法則。祂所設立的法則都是祝福我們、保護我們的。一旦我們剛硬悖逆，故意違背上帝的律法，不管是自然法則，還是道德法則，最終受害的都是我們自己。

此處我們強調制度的重要性，好的制度能夠使好人更容易做好事，壞的制度使壞人更容易做壞事。當然，比制度本身更重要的乃是制度背後所隱含的原則，制度本身不過是這些原則的體現而已。好的制度能夠鼓勵好人做好事，壞的制度放縱壞人做壞事。雖然制度不能決定一切，但制度確實有著不可取代的重要性。制度的設計需要極高的政治智慧，真正的思想家不僅翱翔在心靈的天空中，也會在社會的領域中思考大眾的幸福，而制度設計則為所有人都提供了一定的自由與安全的保障。美國制度的設計融合了聖經啟示、希臘哲學、羅馬帝

國和歐洲基督教文明的亮光，在人類歷史上帝第一次開創了大規模的憲政民主制度，這不僅是人類歷史發展的豐碑，更有著上帝的奇妙保守和祝福。

此處我們談及的七個原則，都是與憲政制度及其背後的理念直接相關的。在制度方面，我們首先需要明確的就是國家的角色，國家的角色絕不是無所不包、無所不能的極權與全能政府，而是集中在通過法治施行賞罰上。第二大原則是共和國家，在政體的模式上融合君主制、貴族制與民主制的優勢，採納混合型的共和制的模式。第三大原則是代議民主，人民通過選舉代表的方式行使自己的主權。第四大原則是三權並立，即立法、司法和執法三大權力部門的分工與合作。第五大原則是權力制衡，第六大原則是市場經濟，第七大原則是地方自治，我們在此處會一一說明。

原則十七
國家公義

**原則：國家正確的角色是保護平等的權利，
　　　而不是提供平等的物品。**

1、公義就是按照上帝的律法各就各位，各盡其職，各得其所。上帝把公義的寶劍賜給執政官，目的就是確保社會秩序的公義。國家應當致力於保護公民身分上的平等，就是在法律上為所有公民提供平等的保護和審判。

2、罪人生來就有「均貧富」的傾向，那些「無產者」總想奪取「有產者」的財富，此種傾向乃是來自人心中的貪欲。最邪惡的蠱惑者就是要迎合、利用民眾這種「均貧富」的心理，趁機奪取政權。談及國家的時候，麥迪森強調：「建立政府這個做法，不就是人性弱點的最大反映嗎？倘若人人都是天使，就用不著政府。倘若組成政府的人都是天使，對政府的外部控制和內部控制，就成為多餘。設計人管理人的政府時，最大難處就在於此：你必須使治人者具備控制被統治者的能力；然後，使治人者有責任控制他們自己。讓政府依賴人民，無疑是對政府的首要控制。」[1]

1　《聯邦黨人文集》，51篇，348頁。

3、自從啟蒙運動以來，對國家的崇拜成為一種風潮，國家成為吞噬了無數人血肉的怪獸。其實，真正的國家不過是規模更大的生命共同體，是為了眾人的幸福而存在的。諾克強調：「很不幸，鮮有人懂得，正如國家沒有所謂它自己的錢一般，也沒有任何它自己的權力。它的所有權力不是社會賦予的，就是以各種藉口從社會竊取的；此外別無來源。因此，任何國家權力來源學說，不論是宣稱賦予的或者是論證奪取的，都會造成社會權力的極大喪失；然而，國家權力的增強不能，而且也絕不可能以社會權力相應的喪失為代價。」[2] 諾克指出，國家最大的危險就是不斷攫取社會權力，使得社會權力運作的領域不斷縮小。更可怕的是，在國家權力的侵蝕下，「社會權利不僅力量衰竭，就連在這些領域運用其權力的意願也凋零了。」[3] 這樣一來，人民就成為靠國家計畫和福利而生活的奴隸。不僅僅是社會主義國家的「計劃經濟」是「通向奴役的道路」，資本主義國家的「過度福利政策」或「高福利政策」也是如此。因此，在國家方面，我們既要強調國家本身的地位和職能，也要防範罪人通過國家不斷攫取社會權力的罪惡傾向。

4、必須建立有權有效的公民政府，否則公民的權利就得不到有效的保障。不管是對於統治者，還是對於被統治者，政治架構本身都有著天然的和強有力的導向作用。固然美德是共和制的基礎，但我們必須承認共和制確實能夠在很大程度上促進人民普遍的幸福，共和主義的憲法也能夠促進人民的美德，正如約翰·亞當斯所強調的那樣：

2　諾克，《我們的敵人：國家》，1-2 頁。
3　諾克，《我們的敵人：國家》，3 頁。

共和主義的憲法「在人民當中傳佈知識，鼓勵他們自尊並成為自由人；於是，便會出現普遍的競賽，它將產生良性的幽默和社會交往、端正的行為和普遍的美德。受到這種政府的鼓勵，人們的情操將更為高尚，普通人會變得勇敢上進。由此激發的抱負使他們更加樸素、勤勞、節儉。」因此，亞當斯總結說：「政府的形式比任何其他東西更決定性地影響人民的行為。」[4]

5、人民有權利自己做好的事情，絕不能委託給國家去做，國家也絕不能去做人民並未明確授權的事情，否則就會不斷擴權，走向極權專制。在所謂的「福利國家」中，國家承擔照顧每個人從搖籃到墳墓的需要，這必然導致國家集權。一八八七年，當德克薩斯州的幾個縣因乾旱而導致農作物歉收時，一些國會議員動議聯邦政府撥款對那裡的農場主進行救濟，但民主黨總統克利夫蘭（Grover Cleveland）否決了這一動議。在其否決聲明中，他強烈地批評政府提供賑濟的做法，重申有限政府的基本主張。克利夫蘭意味深長地指出：「我不認為聯邦政府的權力和義務應該擴至對遭受苦難之個人的救濟，它與公共服務或者公共利益不存在任何適當的關聯。」[5] 托克維爾則警戒統治者們說，平等會激發各種新的欲望出現，「把自己的權力用在這樣的需求上是輕率的，教育他們的每一個被統治者學會自力更生的技術，才是最穩妥可靠的辦法。」[6]

4　伍德，《美利堅合眾國的締造：1776-1787》，116 頁。

5　Grover Cleveland, "Cleveland's Veto of the Texas Seed Bill," in *The Writings and Speeches of Grover Cleveland* (New York: Cassell Publishing Co., 1892), p. 450. 譯文引自王建勳。

6　托克維爾，《論美國的民主》，下卷第二部分第二十章，496 頁。

6、「興盛的自由」（freedom to prosper）是指在自由得到保障的環境中，人的本能就是發財致富，結果就是普遍性的富裕，即使窮人也能通過教育和個人的努力而自食其力。那些因為先天問題或天災人禍而陷入貧窮狀態的人，也會得到多種管道的救濟。如果鞭打快牛，懲罰富人，整個國家都會陷入貧困之中。窮人得到平等的機會和保護，大部分人都能通過教育和工作而成為中產階級，一小部分人通過創新、辛勞和機遇而成為極其富有的人，這樣的國家乃是正常的理想的國家。當然，中產階級的擴大會增加社會的穩定性，但中產階級容易走向平庸化，正如維沃所指出的那樣：「貪圖舒適、不愛冒險、畏懼改變，它的目標就是確立一個可以為它除掉威脅的物質主義文明。它有習俗，無理想；它不純潔，但是被洗得一乾二淨。今天歐洲所面臨的困境，就是中產階級的影響擴大、腐化世界觀的直接結果。」[7]

7、烏托邦國家熱衷於「均貧富」，這不過是歷代罪人都喜歡玩弄的自欺欺人的遊戲而已。實際上，那些有權力沒收並重新分配別人財富的人，肯定會濫用自己手中的權力而發財致富。不管是在蘇聯，還是在中國、伊拉克、利比亞、委內瑞拉等所謂的共產主義或社會主義國家，那些紅色權貴們通過自己攫取的「均貧富」的權力，首先使自己及其家族、親信獲得了巨大的財富，確實做到了鄧小平所說的「讓一部分人先富起來」！可惜，這一部分先富起來的人並不是真正靠勤勞致富的人，並且他們致富之後也沒有以善事回饋社會，而是更加瘋狂地掠奪更多的財富，欺壓窮人。這是二十世紀共產主義與社會主義在全世界面前製造的最大的醜聞。

7　維沃，《思想的後果》，38頁。

8、要憐憫、幫助真正的窮人，鼓勵個人和教會從事各樣的慈善事業，但國家絕不能介入慈善事業，因為慈善事業的本質就是自覺自願，這是與國家的權力與強制性質相悖的。柏克指出：「為我們提供必需品不是政府的權力。政治家們認為他們可以這麼做，是徒勞無益的傲慢。人民供養他們，而非他們供養人民。政府的權力是阻止邪惡，而不是在這方面或者也許任何其他方面做好事。」[8] 國家過多介入社會經濟生活，就會蛻變為一個「全能型政府」、「極權性國家」，使得人們在一切事務上都指望和依賴政府，最後導致的結果就是國家無法承擔不斷增加的財務支出，而慣於依賴國家福利的人則是欲壑難填，不斷喧囂。這樣的國家不是走向專制和貧窮，就是走向混亂和破產。

9、幫助同胞擺脫貧窮和不幸乃是高尚的，也合乎上帝的旨意，但其方式需要智慧的考量。如果我們的慈善或福利事業造成的結果是鼓勵懶惰，輔助愚昧，放縱惡人，那就違背了上帝的秩序和公義。那些有勞動能力卻不願意勞動的人，必須自己承擔「挨餓」的後果。只有當他們遭受「挨餓」的危險和苦楚的時候，才能促使他們積極地對待工作或勞動。不勞動不得食，只是自古以來各個民族都公認的最基本的道德原則。

10、要通過精打細算來幫助那些真正需要幫助的人：不要完全幫助有需要的人，幫助他們到他們能夠幫助自己的程度即可；要讓窮人通過勞動的方式得到幫助，避免直接向他們發放金錢或物資；要讓窮

8　Edmund Burke, *Select Works of Edmund Burke*, Vol. IV, Miscellaneous Writings (Indianapolis: Liberty Fund, 1999), p. 61. 引文出於王建勳。

人經歷從帳篷到小木屋、從小木屋到簡陋的房舍、從簡陋的房舍到更加舒適的房子的過程，不可讓窮人一步登天。幫助遭遇緊急情況的人時，要適時停止，不要讓人養成依賴性的習慣。

11、始終牢記責任的階梯：首先是個人對自己負責，其次是家庭，然後是教會，然後是社區，最終才是國家。不要輕易動用國家的力量幫助人，美國憲法從沒有賦予聯邦政府介入慈善或福利事業的權力。最需要防範的是國家通過提高稅收甚至沒收的方式來改善人民的生活，這樣國家就開始扮演救世主的角色。

12、國家轉向以慈善事業為主，直接混亂了國家的職能，導致公民社會的萎縮，國家權力的無限膨脹，最終導致的就是普遍性的貧窮和專制。英國哲學家斯克拉頓指出：「保守主義並不反對慈善事業……保守主義不得不接受某種形式的福利國家。不過，保守主義者不贊同把慈善事業全面轉化為國家職能。……由於助長了住房、衛生、財富和享受等方面『天賦』權利的錯誤概念，國家既磨蝕了個人的意志，也削弱了自身的權威。國家變成一部機器，一個分配中心，一種異己的實體，時而授予、時而抑制被視為不受約束的權利的東西。保守主義者認為，國家不是一部機器，而是一個有機體，甚至是一個人。它的規律也不是生死交替、推陳出新。它蘊含理性、意志和友情。它的公民並非全部處於同等的水準，一些人享有其他人不具備的特權。因為，它的本質在於權力，權威則是它的形式，就權力與權威兩者而言，平均分配前者會導致後者的喪失。」[9]

9　斯克拉頓，《保守主義的含義》，35 頁

原則十八
共和國家

原則：美利堅合眾國是一個共和制國家。

1、政治學的核心問題是政體或政制問題，也就是政治制度的問題。好的制度遏制罪人少做壞事，惡的制度使得義人難做好事。最好的制度就是共和國，能夠成為共和國的公民是令人自豪的事！麥迪森表示，「所謂共和，我指的是由代議制組成的政府。」[1]

2、「共和國」（res publica）的含義就是公共事務，或公共利益。共和政府的目標除了人民的福祉以外，別無其他。共和國（republic）的英文同義詞就是共和國家（commonwealth），意指國家屬於全體人民而不是一個人或少數人。公共利益就是人民的福祉。實現這一目標的最佳方式是讓人民的聲音在政府裡最大化，即通過選舉的方式讓那些真正代表共同利益的「人民代表」來管理國家。也只有這樣，才能解決公共利益與當權者利益之間幾乎從未間斷的持續性的衝突。[2]

3、政制的問題首先是主權的問題，主權不僅指向至高無上的權

1　《聯邦黨人文集》，第十篇，62頁。
2　伍德，《美利堅合眾國的締造，1776-1787》，55-56頁。

力，並且指向一切權力的最終來源。唯獨上帝享有至高無上的主權，唯獨上帝是世上一切權力的本源，一切受造物都在上帝的主權和律法的管轄之下，這就是我們在本書中所強調的「神權制」（theocracy）。作為有限有罪有死之存有，不管是個體之人，還是群體之人，都不享有這種終極性、絕對性、獨立性的主權。越是高舉上帝的主權，個體的人權越是得到保障，政府的權力越是受到限制。越是高舉人的權力，藐視上帝的主權，人的權力就會無限膨脹，就像吹氣球一樣，直到最終吹破。

4、不管人承認與否，全世界都是「神權制」──萬有都在上帝的主權之下；全世界都是「神法制」（theonomy）──全世界都在上帝的律法的管轄之下。上帝最終必然按照祂的主權和約法來審判一切人。當今很多基督徒不承認上帝的主權，不知道上帝的法則，只是沉浸在自我感覺良好的迷信之中，這是非常令人感到悲哀的。萬有都在上帝的主權之下，也都在上帝的法則之下，這是兩大不依賴任何人的主觀意志為轉移的宇宙性、客觀性、歷史性的事實。在神權神法之下，上帝把有限的治理性的主權──治權──賜給了人。因此，政制的第一大問題是明確權力的來源和規則，第二大問題就是人如何行使上帝賜給的治權。政體的問題就是治權如何劃分和運作的問題。

5、人間之治理無非分為三種：一個人的治理，少數人的治理和多數人的治理，這是自從亞里斯多德以來西方政治哲學一貫的劃分。如果統治者具有美德，自覺地降服在上帝的主權和約法之下，相應的政體就會是君主制、貴族制和民主制；否則，君主制就會蛻變為獨裁制，貴族制就會蛻變為寡頭制，民主制就會蛻變為暴民統治。

6、統治者若是能夠完全遵守上帝的律法，不管是君主制、貴族

制還是民主制，都是好的政體。問題在於有史以來，人世間沒有任何個人和群體完全遵守上帝的律法。因此，我們不可期望有完美的君主制、貴族制或民主制，我們只能退而求其次，尋求比較穩定的政體。這種比較穩定的政體就是混合型政體，這種政體吸收君主制、貴族制和民主制的優勢，避免獨裁制、寡頭制和暴民統治的危害，這就是共和政體，即共和制。共和制不僅僅是一種制度，更是一種精神，這種「共和主義的精神」所要根除的就是「對君主的盲目崇拜，對傲慢貴族的奴性」。[3] 所有正直的人都當確信，除了共和政府以外，絕無更好的政府可言。

7、既然人民享有一定的主權，大多數人的統治是理所當然的，問題在於如何既能確保大多數人行事自己統治的權力，同時又避免民主制由全體人民共同議事表決在地理、規模和惡效率上帶來的局限性。其突破性的方法就是代議制，由人民選舉代表，由代表來參政議政決策。共和制的核心就是統治權直接或間接地來自人民的選舉，並且統治權的行使都有明確的律法和任期的限制。

8、把行政權交付人民選舉的一個人，這就體現了君主制的優勢；把立法權交付人民選舉的議會，這就體現了貴族制的優勢；把審判權交付總統提名、議會批准的最高法院，就在行政權和立法權之間設立了連結和平衡，這人就是君主制和貴族制的結合。

9、今天，大部分美國人和世界各國的人都認為，美國是民主國家，其實美國首先不是民主制國家，民主制只是美國制度的一個重要原則，美國是實行共和制的國家。因此，麥迪森強調：「主張共和

3　伍德，《美利堅合眾國的締造，1776-1787》，4頁。

制，我們感到自豪快樂，我們充滿熱忱，讚美這種精神。」[4] 美國繼承希臘、羅馬和英國共和主義的精神，建立了第一個現代意義上的大規模的共和國，這是美國人民最偉大的成就，也是美國人民對全世界的偉大貢獻。更加重要的是，這個共和國是以尊崇上帝的主權和約法為前提的，因此美國的座右銘始終是「我們信靠上帝」（In God We Trust）。

10、民主制所注重的是人數和運動，強調人民直接性的表達，傾向於破壞法治並損害私有財產。正如麥迪森在《聯邦黨人文集》中所強調的那樣：「直接民主，從來就是騷亂和對抗的競技場，個人安全和產權，從未得到保障，總體來說，直接民主制，都是短命的，而且死得暴烈。」[5] 直接民主制的施行總是充滿騷亂和紛爭，無力確保個人的自由和財產，不僅充滿暴力，也常常是迅速敗亡。共和制強調人民通過選舉的方式，把治理公共事務的權柄授予有資質代表他們的人，強調尊重法治和保護私有財產。民主制必須受到君主制和貴族制的制衡，其核心就是確保個人自由和私有財產。凡是以「民主」之名大規模地破壞法治、侵犯私有財產之人，就已經走向暴民政治。

11、在民主政府中，法學家群體非常重要。托克維爾指出：「法學家的心靈深處隱藏著一部分貴族的性趣和本性。他們如同貴族一樣，生性喜歡按部就班，並且熱愛規範。他們也如同貴族一樣，極為反感群眾的行動，蔑視民治的政府。」[6]「關於法學家的身分，從利益

4　《聯邦黨人文集》，第十篇，64 頁。

5　《聯邦黨人文集》，第十篇，61 頁。

6　托克維爾，《論美國的民主》，上卷第二部分第八章，184 頁。

和出身上來說，法學家屬於人民；而另一方面，從習慣和愛好上來說，法學家卻又屬於貴族。法學家可以說是人民和貴族之間天然的鎖鏈，是將人民和貴族套在一起的天然環節。」[7] 托克維爾認為，法學家在美國民主制度中發揮著至關重要的平衡作用：「如果有人問我美國的貴族在哪裡，我將毫不遲疑地脫口而出：貴族不在富人中，富人缺乏使他們團結在一起的共同紐帶。美國的貴族階層是那些從事律師職業和坐在法官席位上的人。越是深思在美國發生的一切，我們就越是確信法學界是能夠平衡民主的最強大力量，甚至幾乎是唯一有能力平衡民主的力量。在美國人民放任激情並忘形陶醉於理想時，會感到法學家施加給他們一種看不見的約束，使他們得以冷靜和安定。法學家以其貴族習性祕而不宣地去對抗民主的本能，以其對古老事務的崇敬去對抗民主對新鮮事物的熱愛，以其謹慎的觀點去對抗民主的好大喜功，以其對規範的愛好去對抗民主對制度的輕視，以其處事沉著的習慣去對抗民主的急躁。」[8] 當然，法學界對付民主的最醒目的工具就是法院，並且美國的法官具有非凡的特徵和崇高的地位：「法官都是法學家，他們除了喜歡在研究法律的過程中獲取秩序和制度以外，還由於其職位具有終身性而酷愛安寧。法官的法學知識能夠保證他們在同胞中出人頭地。他們所享有的政治權力足以把他們推上高人一等的地位，並使他們養成特權階層的習性。」[9]

　　12、共和制的關鍵是要面對政黨的問題。麥迪森在其所寫的《聯

7　托克維爾，《論美國的民主》，上卷第二部分第八章，186頁。

8　托克維爾，《論美國的民主》，上卷第二部分第八章，187頁。

9　托克維爾，《論美國的民主》，上卷第二部分第八章，188頁。

邦黨人文集》第十篇直接論及「代議制的共和制」，認為只有這種共
和制「能適用於廣土眾民的國家」，同樣也只有這種「廣土眾民的共
和國」，才能「控制黨派活動的猖獗」。在各種形式的政治制度中，
都無法避免黨派的問題。極端專制的國家都施行一黨專政，消滅反
對黨；即使表面上有反對黨的存在，也不過是發揮花瓶一樣的裝飾作
用。即使如此，他們也無法避免黨中有黨、派中有派的現象，只不過
他們對付黨內不同派別的方式就是不斷進行殘酷的黨內清洗，也就是
所謂的「清黨」、「反貪」等等，其一切舉措的目的無非是消除黨內
的異己勢力。麥迪森對黨派的界定就是：「所謂黨派，據我理解，是
一定數量的公民，不論在總體中占多數還是少數，受到某種共同激
情、共同利益驅使，聯合起來，採取行動，不顧其他公民利益，不顧
整個社會的長遠利益、總體利益。」[10] 由此看來，麥迪森對於黨派的
定義是消極的，但這並不意味著麥迪森試圖幼稚甚至虛偽、狂妄地消
滅政黨，他坦率地提出這樣的問題：「贊成民眾政府的人，一想到民
眾政府自然滋生黨派的危險和罪惡，就不由得擔心民眾政府的性質和
命運。若能做到既不違背他們的原則，又能開出一劑克服黨派之爭的
良藥，主張民眾政府的人，自然會欣然接受。」[11] 麥迪森清楚地認識
到：「黨派活動的潛在成因，植根於人的本性；我們到處看到黨派活
動，依文明社會的不同環境，程度不同。」[12] 物以類聚，人以群分，
在宗教領域中，不同的教派是不可避免的；在公共領域中，不同的黨

10《聯邦黨人文集》，第十篇，58 頁。

11《聯邦黨人文集》，第十篇，57 頁。

12《聯邦黨人文集》，第十篇，59 頁。

派也是不可避免的。愚昧人質疑教派黨派的存在，妄圖完全消滅政黨；智慧人卻是從中作出抉擇，擇其善者而從之。

13、非常重要的是，麥迪森已經認識到治療黨派政治的最好的方法就是共和制。要去掉黨派現象的病根，有兩種方法，一是摧毀作為黨派基礎的公民權利，這是殺雞取卵的方式，一旦限制公民結社組黨的自由，整個社會就已經淪落為專制社會。因此，麥迪森強調：「公民權利，是政治生活的基礎；由於公民權利滋生黨派，就扼殺公民權利，智者不為；空氣是動物生活的基礎，由於火可能造成危害，而空氣助燃，就消滅空氣，愚者之行。」[13] 第二種方法就是使全體公民觀點相同、激情相同、利益相同，這種方法更是愚不可及，無法施行。麥迪森分析說：「只要人的理性，依然易於出錯，只要人還有自由，施展理性，就會形成不同的觀點。只要人的理性和自愛繼續相連，人的觀點和激情，就會循環往復相互影響；觀點總是激情的依附對象。人的才智，千差萬別，於是生出產權，構成無法逾越的障礙，永不可能實現人人利益均等。保護人的天然才智，是政府的第一要務。保護人們獲取產權的千差萬別、無法拉平的智慧才智，隨即產生不同程度和不同種類的產權占有；各有區別的產權所有者，感情、觀念，都會受到差異的影響，由此，產生社會分化，分成不同的利益和黨派。」[14] 在這兩種消極性的辦法之外，就是積極的共和制的做法，即通過代議制使政黨在選舉中通過獲得多數票的方式進行統治。麥迪森強調，這種代議制不僅能夠確保公共利益和各種私人利益，又能制止黨派政治

13《聯邦黨人文集》，第十篇，58頁。
14《聯邦黨人文集》，第十篇，59頁。

的危險，同時又能確保民眾政府的精神和形式：「這是一種偉大的必備機制，只有通過這個機制，才能把這種政府形式，從長期承受的罵名中解救出來，變成值得享受榮名，值得推薦給人類採納的形式。」[15] 美國憲政的成功之處就是把代議制和黨派政治結合起來，使得共和制從此成為一種比較穩定的使公民權利、公共利益和個人利益都能得到保障的制度。

14、政黨是不可避免的，在自由社會中多黨政治是不可避免的。在多黨政治的競爭中逐漸必然出現兩黨政治，就是多黨中觀點對立的兩黨成為權力鬥爭中主要的博弈者。在美國憲法制定的過程中，就有聯邦主義者和州權主義者，前者注重國家的統一和聯邦政府的效率，後者注重各州的州權和獨立。這種政黨政治在傑弗遜第二期擔任總統時已經非常明顯。傑弗遜在觀察英國政黨政治時詼諧地評論說：「行政部門的窠巢太小，不能容他們同時進去，因此競爭將是永恆的，一個必須將另一個擠出去。為了達到這一目的，他們分了兩派：局內的和出局的。」[16] 在美國，兩黨政治的出現是與憲法解釋直接相關的。對於一七八九年憲法，保守派主張「嚴格解釋」（strict construction），自由派主張「寬泛解釋」（loose construction），兩派共同的底線就是「憲法國家主義者」（constitutional nationalists）。雖然兩黨都主張「回到憲法」，「捍衛憲法」，但在具體的問題上兩者的解釋往往是截然不同的。黨有黨派，學有學派，宗有宗派，這是公共生活中不可避免的現象。關鍵是不要試圖消滅政治上的黨派、學術

15《聯邦黨人文集》，第十篇，61頁。
16 諾克，《我們的敵人：國家》，141頁。

上的學派和宗教上的宗派，而是由此激發自己的思考，按照雙方共同遵守的規則進行遊戲，這種政黨政治就是政治上的博弈。

15、更重要的是，我們不可隨意把不同意見者視為敵人，而是以「忠誠的反對者」（the loyal opposition）的身分來看待政治上的對手。學會充分尊重少數派的權利，使他們由充分的發言和辯論的機會，真誠地尊重少數派與多數派之間立場上的不同甚至分化或分裂，乃是兩黨政治中最重要的藝術。在基督教憲政中，泰勒指出，「少數派的代言人在辯論中像多數派的代言人一樣，享有自由發言的權利。最終才是投票；但是，最終投票結果如何，並不是基督教憲政主義真正核心之所在。作為基督徒，我們認為辯論本身比分裂更重要。因為正是在辯論之中，各種意見才得以形成並得到交流，辯論使得不同立場的代表都能夠用自己的強項來說服對方；辯論使得不斷的調整和妥協成為可能。在這種過程中，少數派也不是始終覺得自己是少數派，而是基於同樣的條件，一同參與決策的進程。」[17]

16、對黨派的積極看法來自英國人柏克在政治哲學上的突破，張偉稱柏克在《論當前不滿原因之根源》中提出的「政黨論」，具有政治思想史上的「突破意義」。[18] 柏克強調：「黨派的分化，總體而言無論好壞，是自由政府所不可避免的。我相信，這一真理，雖稍有爭議，但已經由所有時代的普遍經驗確立。」[19] 在其《論當前不滿原因之根源》一文中針對當時英國王室對王權的濫用，柏克認為反對派必

17　Taylor, *The Christian Philosophy*, p. 509.
18　張偉，《艾德蒙‧柏克與英國憲政的轉型》，81 頁。
19　轉引自張偉，《艾德蒙‧柏克與英國憲政轉型》，72 頁。

須組建堅固團結的政治聯合，即政黨，才能發揮監督與制衡的作用：
「由聯合，人們相互之間才可以便捷地示警，起而抵禦罪惡的陰謀。
有群策，故能看穿它；有群力，方能抵抗它。而散兵游勇，不齊心，
無秩序，少原則，則相互間的示警，就不可指待了，既無以集眾策，
也無以抗暴政。人與人之間，互不知對方的原則，未見識過各自的才
具，不曾戮力於事，故而通其性，達其情；相互間無信任無友誼，無
共同利益；要這樣的一些人，欲其履行公共的職責而步調一致百折不
撓有續有效，我知其必不可也。在聯合中，即便最低微的人，也因依
附整體的力量而有價值，有用益；但脫離了聯合，則縱有雄才大略，
也是萬難服務於公眾的。一個人，倘非基於虛榮，自發而狂妄，是不
會自詡為擎天之獨柱的，或以為一支孤軍，東一槍西一棒的，即足以
擊潰狡詐的陰謀和有野心的公民結成的妖黨。壞人植黨，好人就必須
聯合；否則的話，他們把會逐一落馬，在一場不光彩的戰鬥中，成為
無人可憐的犧牲品。」[20]

　　17、正如任何罪人的聯合都有一定的問題一樣，政黨政治也會因
為黨派利益而影響公共利益，但這並不是政黨政治的本質，是能夠在
一定程度上避免的。因此，柏克指出：「我承認，在政治結盟中，人
們經常染上派別和黨同伐異的作風；公義之心，常沉淪於黨派的小利
益。但是想盡職守，是不能不占據要地的，我們該做的是遠離這要地
的邪害，而不是棄逃……政治的聯合也是如此；對於克盡公共的職守
來說，它是必不可少的，至於它容易墮落為亂國的朋黨，卻只是偶然
事不經有的。社會固然由家庭構成，但自由的社會，也是由黨派構成

---

20 柏克，「論當前不滿原因之根源」，見柏克《美洲三書》，292 頁。

的，就好比我們天然的情感和血緣必有其害處，即容易使人成為壞公民那樣，黨派的紐帶，也容易削弱我們對國家的忠誠。……在最偉大的聯合中，最有愛國心者是每每提倡並推進這樣聯合的。政見相同，這一句話在他們那裡是友誼和親附的主要理由；至於在此之外，還另有什麼辦法能形成更牢固更可愛更尊嚴和更有德的習慣，則非我所知。」[21] 柏克甚至強調，英國的輝格黨相信：「獲得權利的唯一恰當的途徑，是通過患難中結成的友誼和時危節見的忠誠。」[22]

18、真正的政黨不是亂黨、朋黨，亂黨乃是以推翻國家政權為目的，朋黨乃是以結黨營私為目的。柏克指出：「人們結為政黨，是為了依據它們共同認可的某一原則，同心協力，以推進國家的利益。……凡正當的黨派都應公開的聲明，自己的首要目的，就是採用每一正當的手段，把政見同於自己的人推至要路之津，使之得以動用國家的全部權力和權威，把他們的共同綱領付諸實行。」[23] 柏克在此毫不諱言，政黨就是要運用一切正當的手段權位，然後實施自己的政治主張，這樣的「爭權奪利」乃是正常的，也是正當的。任何國家中都會存在一定的利益集團或幫派，可怕的不是此類幫派的存在，可怕的是此類幫派得不到一定的制衡。因此，柏克強調：「除非活躍於公共舞臺上的人，牢固地聯合起來，並得到全體人民真心而一致的支持，則我們是不可能戰勝這一幫派的。」[24] 共和制的設計和穩定不是基於人性的改善，而是在現有的人性的基礎上以野心抗衡野心，以政

21　柏克，「論當前不滿原因之根源」，見柏克《美洲三書》，293-294 頁。
22　柏克，「論當前不滿原因之根源」，見柏克《美洲三書》，295 頁。
23　柏克，「論當前不滿原因之根源」，見柏克《美洲三書》，297 頁。
24　柏克，「論當前不滿原因之根源」，見柏克《美洲三書》，302 頁。

黨制約政黨。

19、在政黨成員和政黨的關係上，柏克強調既要自願結盟，也要在結盟之後彼此忠誠，服從安排，協調行動：「建黨的一般原則，在應用的時候，成員們必須要一致贊同，假如他不同意建黨的原則，當初就該選擇另一黨，即更投合他的政見者。假如拿不准問題的性質，或問題不是很重要，那麼作為個人就應當克制，應該偏袒他慎重選作朋友的人，這樣的話，他會每每默從大家的觀點。你往東我往西的事，自然就少；只要不破壞和諧，不攪擾本黨的安排，就可以愛怎樣就怎樣。所有這些，是過去最步調一致最牢不可破的聯合所要求的特徵。」[25] 正是因為這種忠誠，現代意義上的憲政得以成立，相對成熟的現代「政黨政治」、「政黨政府」開始出現，這種政黨政治具有三大要素：政黨的目標就是通過公平競選的形式取得執政權；政黨是由具有共同的和政黨的成員組成；政黨在議會內外都有一定的組織形式。[26]

20、現代民主政治必然是政黨政治。儘管喬治・華盛頓厭惡政黨政治，但他已然看到，在其卸任之後，美國的兩黨政治漸漸形成。根據諾曼的總結，柏克對政黨政治作出了六個方面的肯定。第一，最重要的是，政黨為政治帶來了穩定。具有共同政治立場的人組成政黨，政黨則致力於通過選舉而奪取權力。即使在選舉失敗喪失或沒有取得執政權的時候，政黨也不會解體，繼續為自己所信奉的政治原則奮鬥，等待下一次的選舉。因此，政黨政治使得執政權能夠合理而和平

---

25 柏克，「論當前不滿原因之根源」，見柏克《美洲三書》，2999-300 頁。
26 參考張偉，《艾德蒙・柏克於英國憲政的轉型》，87-88 頁。

地從一個政黨轉移到另一個政黨，同時也在制度上糾正了個人執政的私人化、專斷性與反覆無常。

第二，政黨帶來了政治公開性以及對國家利益的聚焦。政黨政治會同選舉制度，使得政黨和候選人不得不參與公開的演講和辯論，他們的政治原則和政策訴求不可能保持祕密狀態，這些原則和政策必須以國家整體利益為考量，否則他們的偏頗和自私就會大敗於天下，無所遁形。

第三，政黨對政府構成調和與控制。政黨競爭獲取來自人民的直接的支持，從而人民的參與直接影響到哪一個政黨能夠得到或延續其執政權，政黨的執政直接受到人民的檢驗。

第四，政黨消除了日常政治中對大政治家的需求。政黨不需要特別偉大的政治家，任何具有普通品德和能力的人都能在政府中扮演重要角色。即使最微不足道的人，通過政黨的整體性功用，也能發揮極大的作用。同時，政黨使得政治家們更有德性，因為他們是圍繞若干共享的公共原則而聯合起來的，絕不是單單基於私人或派系利益。

第五，政黨為政治家提供有價值集合與檢驗性基礎。政黨根植於個人友誼、共享價值與社會互動，那些孤僻、自私之人無法靠陰謀詭計贏得政黨大多數成員的認同，只有在日常生活中真正關注他人利益的人才能贏得眾人的信任，出任政府的公職。

第六，政黨的存在雖然有其自身的利益，但應當最大程度地追求國家整體的利益。真正贏得人民信任的人所代表的首先不是政黨的利益，甚至也不是特定選區選民的利益，而是人民與社會整體的利益，政治家必須具有的就是公正無私的意見、成熟的判斷和開明的良知，這種美德是不能為政黨或選區利益而犧牲的。當然，政黨必須強大並

由足夠的紀律確保政府負責任，內部也不可過分派系化以致於喪失對公共利益的關切並損害議會的審議功能。[27]

21、所謂的「民主社會主義」（democratic socialism）乃是最大的騙局。不管是德國的納粹主義，還是蘇聯、中國、柬埔寨等地的共產主義運動，都堂而皇之地打著「人民」和「民主」的旗號，粗暴地踐踏個人權利，廢棄私有財產和市場經濟，最終導致的則是大饑荒、大屠殺、集中營。這種「通向奴役之路」為人類所帶來的就是極其醜惡、凶殘的「國家奴隸制」，使得個人變成了國家政權和計劃經濟的奴隸，這是二十世紀全人類都當學習到的沉重的功課。不管「民主制」以什麼形式出現，沒有多黨制度和自由競選，都是統治者無恥地動用財力和武力進行的大規模的政治表演。

---

27 諾曼，《艾德蒙·柏克：現代保守政治之父》，253-256 頁。

原則十九

代議民主

原則：公民選舉代表，代表再在議會中行使權力。

1、代議民主制（representative democracy），又稱間接民主制（indirect democracy），與直接民主制相對立，是由公民以選舉形式選出立法機關的成員，即議員，並代表其在議會中行使權力（稱為代議）、制定法律和管理公共事務的民主制度。清教徒由會眾選舉牧師和長老，然後由他們組成議事會來治理教會，這種代議制被譽為是「清教給現代世界的巨大貢獻」。[1]

2、代議制是憲政民主制的成熟形式。首先，憲政統治是與專制統治對立的，憲政統治是為所有人謀利益，並且以法治的形式進行，其中的統治者都是有美德的人；而專制統治則是只為統治階級謀利益，粗暴地利用和踐踏法律，其中的統治者是缺乏美德的人。根據統治者人數的多少，傳統的三重分類法得出了六類國家，即三類正確的或憲政的國家：君主制、貴族制和溫良民主制（moderate democracy），與此相應的就是三類墮落的或專制的國家：僭主制、寡

1　諾克，《我們的敵人：國家》，50 頁。

頭制和極端民主制或暴民統治（extreme democracy or mob-rule）。[2] 代議制屬於憲政中的溫良民主制。

3、民主制和共和制的關鍵區別就在於代議制。麥迪森用精煉的語言指出「這兩種制度的真實區別」：「直接民主制，是人民直接聚會、面對面地行使政府職能；共和制，是人民通過代表或代理人，間接行政。因此，直接民主制只限於狹小範圍；共和制則可以延伸到廣大範圍。」[3] 這種代表制是整個美利堅制度運轉的軸心，是美國對全世界的貢獻，對此麥迪森充滿深情地說：這種代議制「既有利於私人權利，又有利於公眾幸福。……美哉美國，我們相信：對整個人類而言，美國人民正在追求一種嶄新的、更為高尚的事業。他們完成了人類社會編年史上一場無可匹敵的革命。」[4]

4、立法機構是三大政府部門中最重要的，立法權往往與主權直接相連的。托克維爾指出「主權」就是「制定法律的權力」（Sovereignty may be defined to be the right of making laws）。[5] 從歷史發展和政治哲學的角度來看，美國史學家伍德強調說：「主權的實質在於制定法律：主權的具體體現必須是法律的，而不僅僅於理論上是政治的。」[6] 伍德進一步指出：「沒有人會懷疑這一機構是所有政府部門中最重要的。……正是在立法機構裡，共和國的所有成員都聯合起來，組成一個具有凝聚力的生命共同體。這是賦予共和國形態、生命

2　薩拜因，《政治學說史・城邦與世界社會》，180 頁。
3　《聯邦黨人文集》，第十四篇，86 頁。
4　《聯邦黨人文集》，第十四篇，90 頁。
5　托克維爾，《論美國的民主》，上卷第一部分第八章，86 頁。
6　伍德，《美利堅合眾國的締造：1776-1787》，321 頁。

和統一的靈魂。」[7]良好的政府必然是法治的政府，法治的政府的第一大問題就是：法律如何制定。漢密爾頓強調：「不經人民的同意及批准，任何法律都不具有合法性及約束力。」[8]人民一旦放鬆警惕，一旦素質下降，一旦安於福利政策的收買，任憑議員和法官們自行其是，他們就必然走向腐敗和獨裁。

5、代議制民主的關鍵就是人民通過其選舉的代表來進行統治，而不是直接進行統治。在此種政制之下，「主人」與「主事」相互分離，統治者與被統治者的重合性身分被分開。穆勒極力主張代議制政府，是間接民主最有力的論證者和辯護者。穆勒在論證「代議制政府是最理想的政府形式」時，他指出：「人民應該是主人，但他們必須聘用比他們更能幹的僕人。」[9]人民通過選舉代表而參與立法，這是所有自由政府的基礎。要確保公共利益，不能靠任何個人或少數精英的憐憫，必須由人民親自參與。清教徒思想家約翰·威瑟斯龐給普林斯頓大學的學生們強調：「大眾總是集體地真正傾向於公共利益，因為這是他們自己的利益。他們就越是大眾。」[10]

6、代議民主制是現代世界各國普遍實行的基本政治制度和政權組織形式。但是在實踐中，形式上的控制機構和實際的控制機構不符，人民形式上擁有的權力與實際有限的權力不符，議員的承諾與實際表現也常常不一致，甚至還有民主倒退的可能，因而飽受詬病。正如美國二○二○年總統大選所出現的亂象一樣。但是，我們必須明

7　伍德，《美利堅合眾國的締造：1776-1787》，157 頁。
8　伍德，《美利堅合眾國的締造：1776-1787》，157 頁。
9　劉軍寧，《民主二十講》（北京：中國青年出版社，2008），78-115 頁。
10　伍德，《美利堅合眾國的締造：1776-1787》，159 頁。

確，代表制是不可避免的，不可能讓所有人都一起集會，一起進行商議和立法。尤其是在一個幅員遼闊、人口眾多的國家內，必須由少數人代替多數人在立法及行政管理過程中表達他們的意願。但是，更如維沃所警告的那樣：我們必須承認「民主僅僅是手段，而不是目的」。[11] 民主僅僅是最不壞的制度，我們不能把民主視為包治百病的「女神」來頂禮膜拜。

　　7、早在聖經《申命記》中就已經出現了代議制的基本模式：「你們要按著各支派選舉有智慧、有見識、為眾人所認識的，我立他們為你們的首領。」在新約聖經中強調的教會管理模式，也是選舉代表的制度：「弟兄們，當從你們中間選出七個有好名聲、被聖靈充滿、智慧充足的人，我們就派他們管理這事。」通常認為，代議制作為政治制度首先起源於十三世紀的英格蘭，其標誌是英格蘭議會的形成。英國代議制是英國社會發展與新興社會力量作用下應運而生的產物。最初，議會只討論國王徵收賦稅問題，後範圍擴大至立法問題。在十九世紀資產階級推翻君主專制統治的過程中，代議制度逐漸形成，不斷發展完善。第二次世界大戰後，經過擴大選舉權，代議制逐漸被西方社會全面採納，成為現代文明社會的常規常識。

　　8、「代議」就其詞義而言是「代表商議」、「代表議事」，即指某人代表某一特定的群體，同另一些代表其他群體的人，就彼此共同面臨的事務進行商議、討論，必要時共同作出決定，以便採取一致行動。這種代議制乃是「構成對自由最強有力的保障，抵抗專制暴政最

11　維沃，《思想的後果》，47 頁。

堅固的堡壘」。[12] 漢密爾頓強調：「所提議的政府的全部權力，都將由
人民代表掌握。」政府的所有部分都同等地對人民負責，同等地擔任
人民的有限代言人。人民保有絕對的、永恆的主權，而將權力零零星
星地分配給他們不同的代理。[13]

9、「代議政制」是指代議在國家的政治生活領域中，具體運用
後形成的一種國家政治制度。它的重要特徵是代議與輪換，它包含議
員代表民眾行使國家或地區權力，議員是由有選舉權的人民選舉出來
的，議員代表有一定的任期，議會有明確的法律規範及通過會議行使
權力。這種代議制民主在英美的發展與清教徒直接相關，正如泰勒所
總結的那樣：「我們在英國以及後來在美國的政治民主，都是起自於
這種清教徒教會民主的經驗。既然人們在教會中選擇並選舉他們的牧
師，自然很快就會要求選舉他們的執政官和政治家的權利。」[14]

10、代議民主制就是共和制，共和制必須以基督教所培養的公共
美德為根基，否則所謂的民主就會隨時變成多數人的暴政！法國大革
命就是明證，德國希特勒的上臺也是通過民主選舉的形式進行的！尤
其像中國這樣疆域廣大，人口眾多，民族複雜的國家，最適合以聯邦
制共和政府的模式。共和的特徵就是契約精神和精英民粹平衡政治。
契約精神塑造憲政，保障所有人，包括最少數人的權利，即便民主多
數也絕不能侵犯少數人的權利（minority's rights），從而避免多數人
的暴政。一旦出現這種多數人的暴政，就使得民主成為一種不值得信

---

12 伍德，《美利堅合眾國的締造：1776-1787》，161 頁。
13 《聯邦黨人文集》，第 71 篇 .
14 Taylor, *The Christian Philosophy*, p. 506.

任的「掠奪性的民主政體（a plundering democracy）」。[15]

11、能夠擔任代表的，應當有一定的資格限制。最起碼應當具備公民資格，這是最基本的要求。進一步而言，被選為代表的人，應當在當地定居一定的時間，有家庭，有財產，並且依法納稅。高層政治畢竟是精英才能參與的遊戲，入行門檻要有一定的高度，被選舉的人要有專業的技能，專業的知識，廣博的學識，豐富的閱歷，超出常人的智商，堅定不移的意志，快捷精準的反應等等。只有精英才能作出最專業的分析，最準確的判斷，最有效的策略，最積極的行動。因此，在美國建國之時，幾乎所有的人都贊同不應當把那些底層的人放到最重要、最受信任的位置，唯有具備卓越的能力或相當數額的財產的人，才能稱為實質性的能夠代表公共利益的代表。因為是否具有卓越的能力不易評估，具有「相當數額的財產」就成了滿足「最睿智並優秀」的人的標準。美國建國之初，幾乎各州都對議會成員的資格作了財產上的特別規定。[16]

12、代議制是共和國的核心制度。這樣，代表的產生就成為至關重要的環節，正如伍德所指出的那樣：「投票過程不是代表制的附屬物，相反，是它的核心。」[17] 代表的問題不解決，就不會有讓人民滿意的議會或總統。選舉的問題不解決，代表就無法產生。沒有公平、透明的選舉程序，選舉本身很可能是腐敗的，是對民意的操縱、搶劫和強姦。在選舉過程中，選民的資格應當得到核實，選舉的過程應當

---

15 薩拜因，《政治學說史：城邦與世界社會》，第四版，182 頁。
16 伍德，《美利堅合眾國的締造：1876-1787》，174 頁。
17 伍德，《美利堅合眾國的締造：1776-1787》，175 頁。

公開，計票的時候應當受到民眾、黨派和媒體各方代表的聯合監督，計票的結果應當得到選舉各方的一致贊同，這樣產生的選舉結果和代表才會沒有污點，得到社會一致的認同和擁護。那些在選舉程序中弄虛作假的人，乃是直接攻擊憲政民主制度的核心，一旦查明，這樣的個人和相關團體應當受到嚴厲的刑事性懲罰。這種破壞選舉的罪惡，在法理上應當上升到叛國罪的程度，因為他們所攻擊的乃是共和國的根基。一旦任憑邪惡勢力通過金錢、技術甚至強迫的方式來操縱選舉，整個的代議民主制就會陷入崩潰。此時，只有三種選擇，或者是通過法律的方式將破壞選舉的人繩之以法，或者是通過革命的方式將破壞選舉的人處以死刑，或者是任憑這些破壞選舉的人操縱選舉，整個國家很快就會陷入暴政之中。那些以詭詐手段奪取政權的人，知道他們的罪過和當受的刑罰，就必然想方設法進一步破壞選舉，直到他們完全掌控政權為止。因此，在民主制度中，必須對於破壞選舉的人進行及時的嚴厲的懲罰，任其蔓延必然動搖國本，破壞民情。

13、不管是直接民主，還是代議民主，民主本身有著非常大的局限性。因此，柏克強調：「絕對的民主並不比絕對君主制具有更多的合法性，民主跟暴政有很多驚人的相似之處。對此，我們可以確信，當在民主政體下產生了嚴重分歧的時候，多數公民會用最殘酷的手段來鎮壓少數人，事實上他們常常也是這麼幹的；而且對少數人的迫害很快就會演變擴大，其暴虐遠超過單一王權統治下我們所能想像到的程度。在這種普遍的迫害下，個體所遭受的痛苦要比其他任何情況下都淒慘。在一個暴君的迫害下，他們還能獲得他人的同情來撫慰他們傷口的劇烈疼痛；他們還能從人們的讚譽中激發出他們的慷慨堅毅以對抗苦難；但是在群眾那裡蒙受了冤屈的那些人，卻是被剝奪了所有

外界的安慰。他們就好像是被人類遺棄了，被自己所有同類的共謀擊垮。」[18] 在十八世紀時人們就發現：「受憤怒、惡意或復仇等偏見所控制且不受基本法約束的人民議會，其行為比專制君主更容易走向極端。」[19] 議會通過的法律不斷修改，變化無常，人民甚至都不知道什麼是法律了！最後，「法律變得如此繁冗、複雜，原本旨在維持秩序的工具，結果變成了違規和混亂的根源。」[20] 連麥迪森也發出了這樣的感嘆：「當法律使犯罪和惡行變為合法時，人民會多麼悲慘啊！」[21] 立法機構不僅可能胡亂制定法律，甚至會擅自承擔司法的職權，從行政權威爭得更多的權力，議會本身成為吞噬其他一切權力的怪獸，甚至整個國家都存在被立法機構葬送的危險。

14、不管我們如何喜歡民主，從整體性的制度而言，美國不是一個民主國家，而是一個共和國家，其特徵就是君主制、貴族制與民主制的結合。從結構歷史淵源來看，民主本身在美國受到兩大方面的限制：一是神權神法的限制，唯獨上帝擁有至高無上的主權，唯獨上帝所啟示的律法才是不可違背、不能修改的高級法。二是君主制和貴族制的限制，美國總統在行政上擁有獨斷獨裁的權力，而議會和最高法院在其運行上則是貴族制。自由主義者大都認為，政治制度越民主越好，而美國的政治制度不夠民主，或者美國的民主制度運作不理想，因而應當對其進行改造，核心是逐漸擴大普選權，使得人民的聲音能夠更加直接地以強有力的聲音表達出來。這種普選權的擴大，尤其是

---

18 柏克，《法國大革命反思錄》，180 頁。
19 伍德，《美利堅合眾國的締造：1776-1787》，374 頁。
20 伍德，《美利堅合眾國的締造：1776-1787》，375 頁。
21 伍德，《美利堅合眾國的締造：1776-1787》，375 頁。

選舉資格的取消，使得那些不工作、不納稅的人也可以通過投票的方式左右政壇的導向，使得那些允諾「高福利」的政客得以當選，然後通過以稅收掠奪他人財產的方式為他們增加福利。這種缺乏公民道德的選民與缺乏貴族精神的政客相結合，最終必然顛覆民主制度。

　　15、代議民主最突出的特徵是普選制，但最大的問題也是普選制。普選制使得每一個公民都有平等的投票權。但是，在任何國家中，正如托克維爾所指出的那樣，「在科學上，一個民族常被分為三個階級。富人組成了第一個階級。第二個階級的成員，則是那些不算富人但生活優裕的人。第三個等級，是無產者或少產者，全靠為前兩個階級勞動維持生活。」[22] 我們不得不面對的現象就是：「至今在世界上的所有國家，多數人是沒有財產的，或者他們只有少量財產使他們得以不必用全部時間勞動。因此，普選制度的實質是窮人管理社會。有時對國家財政造成災難性影響的可能就是民權，這在古代的一些民主共和國已經很常見。在這些共和國，耗盡國庫的常常是救濟貧困的公民或為人民提供遊戲娛樂設施的開支。」[23] 維沃也提出了同樣的擔心：「選舉是一個非常不民主的過程，這個概念本身就意味著對不同的人加以區別對待。如果不存在最好的人，那又怎麼可能選出最佳人選呢？如果一個社會想要保持其自然的本性，也就是說，如果它想要獲得一種野性的繁榮，不受任何優越性的束縛，那麼它的管理階層就應當完全是隨機抽選出來的。讓所有年幼者和年長者、智者和蠢貨、勇者和懦夫、有自控能力者和放蕩不羈者，統統平起平坐。這也是一

---

22 托克維爾，《論美國的民主》，上卷第二部分第五章，146 頁。
23 托克維爾，《論美國的民主》，上卷第二部分第五章，146-147 頁。

種代議制，這是一種跨階層的選舉，但不容置疑的是，它將使社會『充滿一種絕妙的多樣性和混亂，這就是柏拉圖對民主的評價。」[24]

16、國家一旦捲入慈善事業，一旦通過稅收的方式來重新分配財富，最終導致的必然是依賴國家財政生活的人越來越多，直到國家財政不勝負荷，完全破產。同時，如果國家捲入福利事業，那些別有用心的政客也會漫天開口，通過允諾更多的福利來吸引甚至製造大量依靠國家福利生活的寄生者支持他們。喪失了信仰和美德的流氓政客，與同樣喪失了信仰和道德的依賴國家福利生活的人，兩者互相迎合，最終導致的就是民主國家的徹底破產。因此，對於民主國家而言，最大的誘惑就是福利制度，一是社會中大多數窮人都渴望別人的財富，二是缺德貪權的政客們都想用高福利的承諾來左右選民的投票。所以托克維爾早就預見到：「主政者在窮人主張的民主國家只會在增進社會福利的事業上表示慷慨，而這種事業一般都是要耗資的。另外，人民在考慮本身的處境時，總會產生許許多多並未滿足的需要，而為了滿足這些需要，就不得不依靠國家的資助。因此，一般說來，隨著文明程度的提高，公共開支也隨之增加，隨著教育的普及，賦稅也會增加。」[25]民主國家最需要防範的就是這種危險的不斷擴大公共開支的傾向。

17、代議民主制中最可怕的是「職業」政治家。職業政治家以政治為志業，固然能夠使他們精益求精，在政治領域中大展宏圖，但是這種職業政治家長期執政參政，就會結黨營私，甚至被利益集團收

---

24 維沃，《思想的後果》，48頁。
25 托克維爾，《論美國的民主》，上卷第二部分第五章，147頁。

買。因此，不管是總統，還是議員，都當有一定的任期，避免職業化，這是現代美國議會政治需要面對的問題。斯克拉頓從英國的情況分析說：「民主原則的氾濫破壞了議會的平衡，形成了『職業』政治家。這些機會主義者希望在維繫足以使這個職業值得從事的表面尊嚴和榮耀的制度中，盡可能地向上爬得又高又快。然而，真正的權力蘊藏於全體國民之中，這種權力對於展示魅力的行為不感興趣，毫不鬆懈地追求自身往往超出政府控制範圍的目標。只要政治被視為一種職業，只要人們以推銷員式的競競業業和目空一切爭權奪位，下院就始終是一個戰場，它最大的特點就是能夠使議員們精疲力盡。儘管這樣，我們可以設想一種並非『職業』的政治模式，這種政治模式更接近追求學問或履行職責，而非商業化的討價還價。」[26] 這種非職業化的政治模式是值得思考和推行的。

18、毫無疑問，一旦我們把民主制視為解決一切問題的靈丹妙藥，就會給我們帶來一種大眾性的瘋狂和孤寂。這樣的民主就會成為斯克拉頓所說的「傳染病」：「它現在四處蔓延，乃至從健康角度看它，可能被誤解為高燒不退。」[27] 托克維爾在論及這一病症的時候說：「每個人對全體的義務在民主時代會變得日益明確，而為某一個人盡忠的事情卻比較少見，因為人與人之間的愛護情誼雖然廣泛了，但卻稀薄了。……民主主義不但使每個人忘記了自己的祖先，而且還使每個人不顧後代，並疏遠同代人。它使每個人遇事總是只想到自己，而

26　斯克拉頓，《保守主義的含義》，43 頁。
27　斯克拉頓，《保守主義的含義》，38 頁。

最後完全陷入內心的孤寂。」[28] 因此，很多人移民到美國之後，雖然得到了公民權，但總體的感覺仍然是「好山好水好寂寞」！民主社會中人情的冷漠，往往是其突出的特徵。

---

28 托克威爾，《論美國的民主》，下卷第二部分第二章，382 頁。

原則二十

三權並立

原則：國家應該分為三個部門：立法、司法與行政。

1、立法、司法與行政之「三權分離」並非好的翻譯，更精準的翻譯應當是「三權並立」。正如美國三頭鷹所表明的那樣，不管立法、司法與行政這三大巨頭在職權和功能上如何劃分，這隻鷹仍然是一隻鷹，仍然只有一個脖子，一個身體。因此，這權力三巨頭絕不是處於「分離」狀態，而是處於「並立」狀態。一七八九年法國《人權宣言》宣佈：「凡是各項權利未得到可靠保障、權力沒有分立的社會，都不存在憲政體制。」這是有其道理的。

2、不管是君主制、貴族制還是民主制，沒有三權分立，就無法保障良性的運作。在政治制度的設計中，最偉大的認識就是認識到：將所有的責任與權力綜合、集中、賦予一個政治主體，必然導致非常可怕的專制。[1]可以說，沒有憲法，就沒有憲政；沒有分權，就沒有憲法；沒有自由選舉，所謂的分權和憲法都是陰謀家欺騙人民的障眼法。伍德評論說：「美國憲法理論中沒有任何一個原則，像分權原則

1　諾克，《我們的敵人：國家》，80-81 頁

一樣引人注目。實際上，正是這一點明確定義了美國政治體制的獨特性。」[2] 古老的分權原則在美國憲政中得到了集中的體現。

3、三大政制都有其自身內在的蛻化的因素，君主制會蛻變為獨裁制，貴族制會蛻變為寡頭制，民主制會蛻變為暴民統治。共和制是把君主制、貴族制和民主制三種制度的優勢集中在一起的混合性的政體。但是，僅僅有政體上的混合還遠遠不夠，政體的穩定和良性運作還需要用三權並立的制度設計來保障。這種立法、司法與執法三權並立的設計，乃是五千年來政治科學的最大發現。在這種三權分立的設計中，所有權力都與人民分離，卻又對人民負責，受人民的制約；同時三大權力之間相互制衡，目的就在於防止任何方面的權力過度膨脹，影響到其他權力的正常運作。

4、古羅馬的波利比烏斯（Polybius，主前 200-118 年），著有四十卷《通史》。他已經開始談及「混合型憲法」（a mixed constitution），就是把君主制、貴族制與民主制的優勢結合在一起，避免各自存在的弱勢。可惜，這種萌芽並沒有得到進一步的發展，直到十八世紀孟德斯鳩的重申，同時孟德斯鳩所提倡的三權分立使得這種混合型憲法、共和國政體真正得以落實。孟德斯鳩在《論法的精神》十一章中，首次明確了三權分立的觀念：「立法權和行政權如果集中在一個人或一個機構的手中，自由便不復存在。因為人們擔心君主或議會可能會制定一些暴虐的法律並暴虐地執行。司法權如果不與立法權和行政權分置，自由就不復存在。司法權如果與立法權合併，公民的生命和自由就將由專斷的權力處置，因為法官就是立法者。司

2　伍德，《美利堅合眾國的締造：1776-1787》，147 頁。

法權如果與行政權合併，法官就將擁有壓迫者的力量。」[3] 約翰‧亞當斯首先把三權並立制寫進了一七八〇年麻塞諸塞州憲法：「在麻塞諸塞州共同體憲法中，立法、行政和司法三大權利分置於不同的部門，從而確保共同體實行法治，而不是人治。」然後，三權並立寫進了一七八九年美國憲法。從此以後，人類社會進入三權並立的時期！

5、三權分立不是「混合政府」（mixed government），也不是「平衡政府」（balanced government）。混合政府是指把君主制、貴族制與民主制三大政體的優勢結合在一起、避免各自之弱勢的政體，而平衡政府是指把社會裡按著地位和財富分別處於上、中、下三個等級的人，都在立法機構中有相應的代表。當然，混合政府本身也是一種平衡性的政府，就是把君主制的秩序與活力、貴族制的精專與智慧、民主制的誠實與善良，平衡地結合在一起，從而避免政治上的動盪，尤其是通過貴族制發揮「居中的穩定作用」。因此，混合政府能夠「將政府與社會聯繫起來，使政體中所有社會等級參與政府（君主、貴族和人民）。[4] 這種混合與平衡乃是來自英國憲法的傳統。在論及光榮革命時，柏克指出：「（光榮）革命之起因是對一個原始契約的違反，這個契約是隱含在我國的憲法之中的，它表明了我國的政府機構是基於國王、規則和平民三者之上。」[5] 在這種混合的憲政結構中，權利平衡是至關重要的。「我們的政體，是站在一個微妙的平衡物之上的，四面是陡峭的懸崖，和無底的深淵。朝向一側移動它，是異常危險

3　孟德斯鳩，《論法的精神》，186-187 頁。
4　伍德，《美利堅合眾國的締造：1776-1787》，190-191 頁。
5　Iain Hampsher-Monk, *The Political Philosophy of Edmund Burke* (London: Longman Group, 1987), p. 240.

的，這容易傾覆它的另一側。……有平衡的權力組成的憲法，永遠都是至關重要的。」[6]

6、美國總統任期四年，享有巨大的權力。約翰‧亞當斯甚至說：美利堅是君主共和制，其總統就是某種選舉產生的國王，是社會的統一性的體現。因此，「對君主共和制至關重要的是，最高行政部門應當成為立法機構的一部分，並對所有立法擁有否決權。」這種否決權與行政權毫無關聯，其目的不是為了完善法律，而是為了避免立法部門的匆促立法。在立法過程中，如果君主缺乏適當的分量，在「義人、少數人和多數人之間」保持平衡就不可能維持。[7]因此，美國總統被授予了對議會通過的法律的否決權，這種否決權是行政權本身對立法權的參與和制衡。

7、人民主權的制度性保障是議員的兩院制。單一的立法機構，由於缺乏制約，對於人民的自由極為危險。在任何地方，即便在民選代表的手中，權力對人民及人民的自由都存在威脅。兩院制就是「人民的雙重代表」制。這種兩院制是對立法機構本身最有效的制約。另外，參議院和眾議院不僅互相制約，並且在適當的時間後被解散，重新回歸於普通大眾。不管是參議院的參議員還是眾議院的眾議員，他們都有任期的限制，他們聚會決策的時間也有限制，不可能像一個人一樣隨時發號施令。

8、美國的司法權是非常獨特的，是歐洲大陸從所未見的。托克維爾認為：「代議制已經被歐洲好幾個國家所採用。不過我還是認

6　柏克，「論當前不滿原因之根源」，見柏克《美洲三書》，288 頁。
7　伍德，《美利堅合眾國的締造：1776-1787》，539 頁。

為，到現在為止，世界上還沒有任何一個國家像美國這樣建立過司法權。」[8] 在人類歷史上，從美國開始，司法權成為一種獨立的權力，不僅不再受到立法權和行政權的干預，而且能夠對兩者起到一定程度的制衡性作用。美國法院不僅審理爭訟案件，還有違憲審查權，即他們在審理案件時可以直接依據憲法判定其他法律違憲，不予適用。這樣，一項法律在法官辦案中被拒絕適用之日起，就立即失去起一部分在道德上的約束力。如果聯邦的某個州頒佈了某種法律，因為執行此項法律而受害的公民就可以向聯邦法院系統提起控告。如此，聯邦系統法院的審判權力不僅可以擴及基於聯邦法律提出的所有訴訟，也擴及每個州違憲制定法律所造成的訴訟。當然，法院也可通過具體的案件宣佈總統頒發的行政命令無效。

9、法院服從並捍衛法律。托克維爾指出：「其實司法工作的最大目的，就是用權利觀念來代替暴力觀念，在國家管理力量與物質力量之間設立中間屏障。……聯邦特別需要設立法院，只有設立了法院，公民才會服從它的法律，也可以說只有法律才會保護公民自身財產不受侵犯。」[9] 若是沒有法院進行公義的審判，行政權力只能訴諸暴力使民眾服從法律，而民眾在權利得不到保障時也只能訴諸暴力。美國最高法院由總統提名、徵求參議院同意後直接任命，另外特別的設計就是：「最高法院為了使法官的權力具有獨立性，不受其他權力當局的影響，決定最高法院法官為終身制，並且他們的薪水一經確定，

8　托克維爾，《論美國的民主》，上卷第一部分第六章，68 頁。
9　托克維爾，《論美國的民主》，上卷第一部分第八章，97 頁。

就不受任何司法機構的核查。」[10] 這些都是一七八九年通過的《司法條例》中的規定。諾克認為：「所有這些聯邦法官都是委任的，而非選舉的，而且任期終身化。此舉堪稱對人民主權理念可想像的最徹底的背叛。」[11] 當然，人民主權並不是唯一的原則，而人民選舉的官員和議員共同委任法官，在本質上也不違背人民主權的原則。

10、當然，法院本身也有走向專橫和暴政的危險。基督教思想家薛華指出：「現在的法庭可以在廣闊的方位內隨意解釋美國的憲法，使之符合法庭認為對當時社會有利而作出的裁決。於是，這會帶來愉快的後果，至少當時是好的，可是此例一開，任何事都可以成為法律，而人獨斷的判決就成為王。法律好像一輛失去控制的車輛一樣，法庭不單解釋立法者所制定的法律，還自行製造法律，『法律是王』（Lex Rex）變成『王即法律』（Rex Lex）。就當時社會的好處而獨斷地作的任何判決，就是王。鐵幕外的我們，也正轉向朝著獨斷性的絕對這個方向走。這種方向巨大的轉變出現了，大多數人卻毫無異議地接受，不管這種方向如何獨斷或與過去的法律和輿論有多大的分歧。」[12] 一九七三年一月二十二日，美國聯邦最高法院裁定，美國婦女在懷孕的頭三個月內，可以不經任何程序便進行墮胎，而在次三個月，則在母體健康不受威脅的情況下，墮胎方可進行。這樣的判決直接剝奪了所有未出生嬰兒在憲法上的生命、自由和幸福的權利。

11、美國總統由人民選舉產生。一個大國用選舉的制度來確定承

---

10 托克維爾，《論美國的民主》，上卷第一部分第八章，98 頁。
11 諾克，《我們的敵人：國家》，98 頁。
12 薛華，《前車可鑒》，184-185 頁。

受行政權的首腦，是非常危險的。在一八三五年托克維爾出版《論美國的民主》第一部分，其中就分析說：「不難發現，行政權越大，誘惑力就越大；覬覦者的野心越強烈，就越是不斷地有二流的野心家來支援他，因為這些二流野心家希望能夠在他們的候選人獲得勝利後分享權力。所以，選舉制度的危險性將會隨著行政權對國家事務的影響的加強而同樣加強。」[13] 托克維爾甚至說，美國每個四年進行一次的總統選舉，是每隔四年就會依法進行的「革命」。[14]「隨著選舉的臨近，各種陰謀活動也日益積極起來。」[15]「民選政府的自然弊端就是搞陰謀和腐化。」[16] 因此托克維爾強調「把選舉總統的時期看成全國的緊急時期」。[17] 在這個時期，美國憲法所設計的權力制衡制度的功能就會充分發揮起來。

12、但是，美國總統的選舉並不是選民直接選舉，美國憲法第二條第一款明確規定：「總統任期四年，總統和具有同樣任期的副總統，應照下列手續選舉：每州應依照該州議會所規定之手續，制定選舉人若干名。」在美國建國初期，大多數州議會直接任命總統選舉人票，沒有舉行全民性的總統普選。進入二十世紀初的幾十年發生了變化，但是憲法的原則沒有改變。不管是通過立法部門投票，還是先通過人民投票預選，都是由州立法機關，而且只有州立法機關有權制定任命總統選舉人票的規則。二〇二〇年美國總統大選，賓州最高法院

---

13 托克維爾，《論美國的民主》，上卷第一部分第八章，89 頁。
14 托克維爾，《論美國的民主》，上卷第一部分第八章，91 頁。
15 托克維爾，《論美國的民主》，上卷第一部分第八章，94 頁。
16 托克維爾，《論美國的民主》，上卷第一部分第八章，95 頁。
17 托克維爾，《論美國的民主》，上卷第一部分第八章，93 頁。

把收到郵寄選票的截止日期延長三天時，州法院改變了總統選舉規則，違反了州議會通過的法律，因而違反了美國憲法中的選舉人條款。同樣，當喬治亞州州務卿與民主黨達成協議，修改了該州法律闡明的簽名驗證要求時，也修改了與選舉人相關的法律，這也是違背美國憲法的有關規定的。

13、今日美國三權分立制度出現巨大的危機。主要問題在於總統被設計成任期制（兩屆），而聯邦最高法院的法官實際上卻是終身制，國會議員也是實際上的終身制（可以連選連任，有的議員任期達五十餘年之久）。這樣一來，最高法院大法官的終身制與國會議員的終身制越來越膨脹，他們互相勾結，進行利益勾兌，形成華盛頓沼澤地的「邪惡大鱷」，由此生發的就是權錢交易、貪污腐化。如果當選總統具有正義感與使命感，要清除「華盛頓沼澤」，他們就會毫不客氣地通過彈劾等手段使得總統無法行動，甚至直接被彈劾掉，或者像甘迺迪一樣在一九六三年被暗殺掉，像川普一樣在二〇二〇年總統大選中被人用駭人聽聞的選票舞弊、法院不理、國會追殺等手段排擠出局。腐敗利益集團更是利用高科技操縱主流媒體，使得美國現任總統的言論自由也直接受到侵犯，推特、谷歌、臉書等封殺川普言論之舉更是讓全世界目瞪口呆！因此，我們不能不說，受任期制限制的總統在幾乎終身制的聯邦最高法院大法官和國會議員面前蒼白乏力，「華盛頓大鱷」們可以瞞天過海，為所欲為。美國目前的「三權分立」制度並不是完美無缺的，也存在一定的問題，仍然有進行相應的改革的餘地。

原則二十一

權力制衡

原則：要防止權力的濫用，當採取一種制衡制度。

　　1、立法、司法與行政三權「並立」，而非「分離」或「分立」。
三權在功用上各有不同，各就各位，各盡其職，同時都受其他兩大權
力的保護和制衡，如此一同完成國家權力的整體性的運作。因此，麥
迪森強調：「三權分立這個政治格言，並不要求把立法、行政、司法
三個部門彼此徹底隔開。……這些部門之間，若不像現在這樣彼此
聯繫和交織，使每個部門對另外兩個部門有一份以憲法為依據的控制
權，這條政治格言所要求的一定程度的分開，作為自由政府的基礎，
在實踐中永遠無法正式堅持。」[1]

　　2、要避免各個部門之間在權力上的篡權或僭越，首先應當明確
分清各個部門之間的權力。麥迪森明確指出：「各方一致同意：適當
劃歸一個部門的各項權力，不應被另外兩個部門或其中之一，直接
地、全面地行使。同樣明顯的是：兩個部門中的任何一個，也不應該
直接或間接擁有對其他部門的壓倒影響力，干擾它們行使各自的權

1　《聯邦黨人文集》，48 篇，330 頁。

力。不能否認：權力具有蠶食性，應該加以有效限制，使權力不能跨越劃給它的限度。」[2] 當然，此處的「權力制衡」在本質上並不是對於合法應用的權力的制衡，而是對暴力的制衡。因此，阿倫特分析說：「權力是不能被法律制約的，至少不能被可靠地制約。因為，在立憲的、有限的和法治的政府中，被制約的所謂統治者的權力，實際上並非權力，而是暴力，即一人壟斷多數人之權力從而力量倍增的權力。」[3]

3、非常重要的是，以任何形式把這三大權力集中在一起，都會造成專制。麥迪森認為：「把全部立法、行政、司法權力集中，不論交給一個人、少數人還是許多人，不論實行世襲制、自我任命制還是選舉制，都可恰如其分地稱之為暴政。」[4] 麥迪森甚至強調：「倘若聯邦憲法真的背上了這個集權於一身的罪名，背上了具有集中危險傾向的權力混合罪名，就沒有必要再為憲法辯護，讓大家否定憲法好了。」[5] 任何所謂的憲法，如果沒有三權並立，這樣的憲法就是徒有憲法之名。傑弗遜認為，這種分權制衡的原則乃是「所有自由政府的基礎」，是美國締造者們為之奮鬥的那種政府的主要特徵：「政府的權力應當在政府各機構中彼此劃分並相互均衡，從而使得沒有任何權力能夠超越其法律界限而不受到其他權力的有效制約和限制。」[6]

4、權力制衡的目的是為了保護民意，但通過向人民呼籲來解決

2　《聯邦黨人文集》，48 篇，330 頁。

3　阿倫特，《論革命》，135 頁。

4　《聯邦黨人文集》，47 篇，322-323 頁。

5　《聯邦黨人文集》，47 篇，323 頁。

6　伍德，《美利堅合眾國的締造：1776-1787》，418 頁。

憲法危機需要慎之又慎。麥迪森一方面承認：「人民是權力的唯一合法基礎，起草憲法的權力，正是來自人民，而政府的各個部門，則從憲法獲得授權。」[7] 但是，麥迪森也嚴肅地提醒說：「使勁激起公眾激情，打破公共安寧，這種做法的危險，構成認真的反對理由，反對頻繁地把憲法問題，重新讓整個社會決定。儘管修正我們政府形式的努力曾經獲得成功，這種努力給美國人民的德行和智慧帶來這麼多的榮耀，可是應該承認：這種實驗的性質太難對付，沒有必要反覆運用。我們應該記住：現存各種憲法，都是在危機之中製成的，危機壓住了民眾對秩序與和諧的不友好的激情；人民對愛國領袖的熱烈信心，阻礙了人民對國家大事的正常的意見分歧；由於對舊政府的普遍怨恨和義憤，產生一種普遍的、對新的、相反的政府形式的熱忱；從事改革時，既沒有受到黨派精神的左右，也還沒有出現需要糾正的濫用權力。」[8] 比較穩妥的解決憲法問題的方法，是充分運用成文憲法已經明確的機制來制約各個部門濫權的傾向：「所有外在條文都被證明不足以奏效，必須設法彌補這種缺陷，辦法是：調整政府內部結構，讓三個組成部門互動，使其各守本分。」[9]

　　5、如何防備個人或部門的專權？麥迪森指出：「利用對立和相互爭雄的利益，彌補較好動機的不足，貫穿人類活動的整個機制，不論是執行私務還是執行公務。」[10] 因此，麥迪森明確提出「用野心制衡野心」（Ambition must be made to counteract ambition）的原則：掌

7　《聯邦黨人文集》，49 篇，337 頁。
8　《聯邦黨人文集》，49 篇，33 頁。
9　《聯邦黨人文集》，51 篇，347 頁。
10　《聯邦黨人文集》，51 篇，348 頁。

權之人往往渴求更大的權力，這就是野心。當然，正面而言，這種「野心」也可被稱為「雄心」。政府各個部門及其領導人之間「互相爭雄」，這種內部的良性競爭和約束機制是積極的。麥迪森強調：「最需要防備的，是各種權力被逐漸集中到一個部門。防備辦法，是賦予各部門主管官員必要的憲法手段，使他們各自具備個人動機，抵禦其他部門蠶食他們的權力。對付這種情況，和對付其他情況一樣，提供的自衛條文，要足以對付可能來自其他部門的進攻危險。必須讓報復與報復相克相生。」[11]

6、美國建國之父在憲法中，設計了非常精微的制衡系統：（1）眾議院和參議院互相制衡，因為沒有對方的批准，任何法案都不能成為法律；（2）總統對參眾兩院的法案具有否決權；同樣，議會三分之二多數可以否決總統的否決；（3）議會通過批准預算和撥款而制約行政權的運行；（4）總統行使職權必須取得參議院的批准；（4）總統與外國立約必須得到參議院的批准；（5）議會有權調查行政部門是否依法行政；（6）總統對立法部門也能發揮一定的政治性的影響，就是讓人知道他不會支持那些反對他的議員重新當選；（7）行政部門有權發揮判斷力，在總統認為能得到議員支持的地方建造軍事基地、建築大壩、疏通河道、建設州際高速公路；（8）司法部門有權審查法律，判定其是否合乎憲法，從而制約立法部門的權力；（9）憲法授權議會有權限定司法部門的管轄範圍；（10）總統有權提名新法官，然後交付參議院批准，從而制衡司法部門；（11）議會對於聯邦法院運行所需要的經費具有控制權；（12）議會能夠提起憲法修正

11《聯邦黨人文集》，51 篇，348 頁。

案，一旦得到四分之三州的批准，就會直接影響到行政部門和司法部門的運作；（13）參眾兩院聯合可以終止總統的某些權力，不須經過總統同意；（14）人民通過選舉每兩年對眾議院議員，每四年對總統，每六年對參議員進行選舉。

7、權力制衡還包括聯邦政府與各州政府權利的劃分與制衡。聯邦政府與各州政府各自享有獨立的至高無上的權力，即「雙重主權」（dual sovereignty）。托克維爾指出：「在一七八九年，立法者的目的就是要把主權分成兩個不同的部分：一部分掌管聯邦的一切共同利益，另一部分則掌管各州自身的一切利益。當然立法者最關心的，是怎麼用足夠的權力將聯邦政府武裝起來，讓這個政府在自己的職權範圍之內防禦各州的侵犯。對各州，立法者則採取了在本州之內享有自由的這一普遍原則。中央政府既不能到每個州去督導他們的工作，甚至也不能對其工作進行檢查。」[12] 如果聯邦政府不斷擴大權力，就會削弱地方自治，最終侵害到個人的自由；如果各州政府占據主導地位，聯邦政府就會名存實亡，國家的整個框架就會走向支離破碎，軟弱不堪，甚至土崩瓦解。這種聯邦政府與各州政府的「雙重主權」，為個人的自由提供了「雙重保障」（double security）。漢密爾頓強調：「權力幾乎總是相互成為對手；聯邦政府，會永遠處於時刻準備的狀態，制約各邦政府篡權；各邦政府對聯邦政府，也會時刻嚴陣以待。人民，不論投入天平的哪一邊，天平就會向哪一邊傾斜。」[13]

---

12 托克維爾，《論美國的民主》，上卷第一部分第八章，101 頁。
13 《聯邦黨人文集》，28 篇，181-182 頁。

8、在美國憲法運行的過程中，常有某個部門產生濫權現象，此時需要啟動憲法設置的機制予以糾正，不得以任何藉口停止憲法的效力。在許多國家，掌權者為了繼續掌握政權不惜暫停憲法的運行，宣佈軍事管制（軍政），甚至無恥地隨意修改憲法來延長自己的任期。這是美國人民不恥於做的。尼克森因水門事件而受到彈劾，他雖然身為三軍總司令，卻無法動用軍隊來使自己繼續掌權，他不得不引咎辭職。世界上很多國家充滿動亂和革命，給人民帶來極大的痛苦。美國人民能夠通過憲政這種和平的方式來革除時弊，確實需要莫大的智慧和耐心，但結果是好的。美國憲法的首要目的就是確保政權的和平過渡，確保以和平的方式解決國內問題。美國憲法遵循一二一五年英國《權利大憲章》、一六二〇年《五月花號公約》、一六三九年《康乃狄克基本秩序》的傳統，通過會議的方式匯聚眾人的智慧，以成文憲法的形式，在最大程度上確保了人民的權益。

9、美國憲法中涉及的三權分立和權利制衡的制度所追求的並不是速度性的效率，而是保守主義的精神，就是確保美國憲政民主制度的穩定性和連續性。維沃指出，當初設計憲法的聯邦黨人，「他們很清楚治國不能只靠少數服從多數規則，因為這是在用一種無原則的方式來解決一切問題；它僅僅體現了公眾當下的瞬間感受，既不受抽象觀念的約束，也不受過去判例的限制。因此他們花了大量時間進行思考論證，用一系列精緻的構想打造了一個完美的工具，一個甚至可以凌駕於立法機構的工具。這就是憲法，在美國制度中它就代表了政治真理。它不是一個不可變革的真理，但是憲法設計師們為變革設定了特殊的限制。他們希望讓跨越這些限制的過程變得更加艱難、緩慢，從而留有足夠的時間讓謬誤曝光，讓經久的真理得到承認。這樣一

來，他們就保護了共同體內的民眾，防止他們自相戕害。」[14] 保守主義的強項不是快速推進某個理想或事業，恰恰相反，保守主義的強項在於防範政治強人或利益集團綁架整個國家，進行烏托邦的實驗，迅速地把全國置於混亂之中。

---

14 維沃，《思想的後果》，49 頁。

原則二十二

自由市場

**原則：最大的繁榮出現於實行自由市場經濟
與最少政府管制的社會。**

1、亞當‧斯密的於一七七六年問世的《國富論》（與美國獨立同一年）表明，市場經濟最合乎人性，最能促進財富的創造和流通。這本書成為自由市場經濟與重商主義的分水嶺。「自由市場」和「限權政府」是一枚硬幣的兩面，其核心是個體之人的自由。要實現「自由市場」，政府的權力必須受到嚴格的限制；不然，市場就無法自由運行。同樣，「限權政府」一旦實現，市場就自然而然地自由運轉起來。一旦市場自由了，政府的權力受到了限制，個人的自由就得到了真實的保障，也能夠得到真實的發揮和實現。[1]

2、人的生存需要最基本的物質供應。問題在於，這些需要如何得到滿足？我們應當按照上帝設立的公義的秩序，去實現物質的欲求。法治為人提供秩序，而市場經濟則使人各盡其能、發財致富。因

1　王恩銘、王卓，《戰後美國保守主義》（上海：上海外語教育出版社，2018年），214頁。

此，托克維爾總結說：對於美國人而言，「秩序與社會繁榮的分離是不可想像的。」[2] 只有在自由市場經濟中，個人之自由的創造性才能夠得到最大程度的發揮。正如米德所指出的那樣，英語國家像亞當・斯密一樣堅定地相信：「自由市場才能夠使得人類可能的最好秩序，從人類欲望的混亂局面中產生出來。」[3]

3、市場經濟建立在利益的基礎上。人人都有追求幸福的權利，都有追求幸福的欲望。德魯克分析說：「作為一套社會秩序和教條，資本主義反映了這樣的信念：在自由平等的社會中，經濟成長可以造就個人的自由與平等。馬克思主義認為，得先廢除私有財產和利益才能實現自由平等的社會。資本主義則主張，要將私有財產及利益提升為社會行為的至高法則，才能創造自由平等的社會。『利益動機』當然不是資本主義發明的，也不足以作為馬克思主義斷言過去所有人類社會根本上都是資本主義的佐證，來證明探求利益一直是一個人行為的強烈動機。利益向來是激發個人行為的主要動機之一，未來也必定如此——不論生存在哪一種社會秩序下。不過，資本主義是頭一個也是唯一對利益動機有正面評價，認為它能讓理想的自由平等社會自動實現的信條。」[4]

4、資本主義的成功之處在於充分尊重個人的利益，將人心中都有的追求個人利益的動機神聖化，特別是在清教徒倫理中，更是把盈利視為得蒙上帝的揀選的標記和引證。德魯克從世俗角度強調資本主

2　托克維爾，《論美國的民主》，上卷第二部分第九章，201 頁。
3　米德，《上帝與黃金：英國、美國與現代世界的形成》，402 頁。
4　德魯克，《經濟人的末日》，19 頁。

義對個人利益的正視：「資本主義之前的所有信條都認為個人利益動機有害社會，頂多認為它不好不壞。之前的社會秩序刻意將個人經濟活動限制在狹隘的範疇，以使它對與社會結構有關領域和活動的傷害減少到最低。最好能視政治需要（而非與社會有關的因素）任意地施加限制或給予自由。若是要在利益動機上建立積極的社會價值，就必須徹底解放個人的經濟活動。因此，資本主義必須讓經濟領域獨立自主，也就是說，經濟活動不能受到非經濟活動的約束，甚至必須有更高的地位。」[5] 亞當・斯密強調：「在自由競爭的情況下，相互的競爭就會自然地使每個人都努力地做好自己的工作。即使是卑微的工作，競爭也會鼓勵人們不斷努力，從而超過別人。所以，只有競爭才能夠激勵最大程度的努力。」[6]

5、美國是全世界第一個徹底把自然法和自由市場經濟結合在一起的國家。人的本性是愛好自由的，自由人都有保存自我的本能，這種本能的延伸就是私有財產的神聖不可侵犯。人民放棄自然狀態，通過立約的方式結成政治或公民社會，首要目的就是要確保財產的安全，這就是聖經啟示和歐美保守主義中一致強調的私有財產神聖不可侵犯的原則。私有財產神聖不可侵犯當然意味著自由市場經濟，人民都按照自己的判斷和愛好進行勞動，通過市場來調整供需關係，滿足個人的需要。自由市場經濟合乎人愛好自由的本性，當然也合乎自然法。每個人生來都在本能上具有自私性，也都應當為自己的福祉負責。政府除了為其提供、創造和確保「自由奮鬥」的環境之外，沒有

5　德魯克，《經濟人的末日》，19 頁。
6　亞當・斯密，《國富論》，5 篇 1 章 3 節，416 頁。

其他任何責任。華盛頓指出：「讓有力的措施被採納吧；不要限制物品的價格，因為我相信，那是與事物的本性相矛盾的，它本身是行不通的，但要去懲罰投機者、壟斷者、敲詐者，尤其要通過重稅來削弱其所得。要促進公有與私有經濟；給生產商等以鼓勵。」

6、私有產權、自由市場和資本主義對於一個社會的自由與繁榮是必需的。私有產權是自由市場經濟的根基，而自由市場經濟則是資本主義的同義詞。沒有私有產權就沒有自由市場經濟，而沒有私有財產和市場經濟的資本主義只能是權貴資本主義，即那些掌管管理和分配大權的人損公肥私。當然，私有產權和市場經濟會導致貧富差距和經濟不平等，這是最自然不過的。每個人的資源、恩賜和努力各不相同，當然會有貧富差距和經濟不平等。如果勤勞之人不能致富，那是更大的不公平。凡是私有產權和自由市場得不到保護的地方，經濟發展都會比較緩慢，並且最終必然走向奴役。在短短幾百年的時間裡，西方資本主義讓所有人的收入和生活水準都大幅提升，人類歷史上此前所有的經濟制度都無法與之匹敵。資本主義不是一種零和博弈，不是贏者通吃，而是一種讓所有人都受益的制度，儘管一些人可能比另一些人獲得更大的利益。

7、自由市場經濟包括六大方面：（1）專業分工——即勞動分工，每個人、每個企業、每個地方都做自己最擅長的東西；（2）自由交換——在自由市場環境中自由交換商品，政府在生產、價格或工資三大方面都不得干預；（3）供需平衡——沒有來自國家的強制性壟斷，人民就是根據供需平衡來確定自己的需要，也確定自己的生產和銷售；（4）競爭定價——商品的價格當根據自己的產品在供需方面的競爭性而自由定價，這種競爭也促進人民的創造力，使得自由市

場經濟成為最具有創新能力的經濟模式；（5）品質盈利——產品要實現盈利，必須具有一定的品質，從而滿足他人的需要而獲得利潤；（6）降低價格——通過競爭而提高品質，增加數量，降低價格。

8、經濟自由包括：（1）嘗試的自由——人人可以自由創業；（2）購買的自由——人人可以根據自己的能力購買自己需要的東西；（3）銷售的自由——人人可以按照自己確定的價格與方式銷售自己的產品；（4）失敗的自由——人人可以自由地停止生產，退出市場。正是因為經濟自由的存在，使得美國成為全世界最富有創新力、競爭力、當然也是最富裕的國家。美國不是靠發兩次世界大戰的「戰爭財」而成為超級大國的，早在一九〇五年，美國就成了世界上最富有的工業國家。它用只有百分之五的陸地面積與僅僅百分之六的世界人口，生產了幾乎超過世界重量一半的衣服、食品、房屋、運輸系統、通訊設施，甚至奢侈品。

9、威脅經濟繁榮的最大因素就是國家的粗暴干預，包括固定物價、固定工資、控制生產、控制流通、授權壟斷以及特別資助某些產品。但是，這並不意味著國家在市場經濟中沒有任何責任。亞當‧斯密強調君主和國家有三大任務，首先是要「保護本國社會的安全，避免其遭受其他獨立國家的侵犯」；其次是「設立一個公正嚴明的司法機關，以保護公民免受他人的欺辱或壓迫」；第三要「建立和維持某些公共機關和公共工程」。[7] 國家有責任阻止：（1）非法力量——強買強賣；（2）欺詐——買賣時在品質、地點或所有權上故意誤傳；（3）壟斷——消除競爭，限制交易；（4）放蕩——違背文化和道德標準

7　亞當‧斯密，《國富論》，397頁。5篇1章1-3節，389、390、397頁。

而進行的色情圖畫、猥褻、毒品、賣淫、商業性賭博等。

　　10、一九〇〇年之後，美國很多人因為貧富懸殊、經濟危機等問題而開始懷疑自由市場經濟，共產主義與社會主義提倡的國家所有制與計劃經濟開始受到歡迎，德國、蘇聯、東歐和中國等國家紛紛實行，全面專政式的極權主義國家開始出現，歐美國家也開始往左轉，凱恩斯提倡的國家集權、干預經濟的理論開始盛行。他們認為國家對經濟的壟斷或干預能夠消除貧富懸殊，更有效地發展經濟，使得人與人之間能夠更好地達成經濟上的平等與富足。哈耶克在《通向奴役的道路》中，揭示了計劃經濟的荒誕之處。不管是民主政治，還是市場經濟，一定程度的混亂往往是不可避免的，正如米德所言：「與歐洲和歐洲之外的其他社會相比，英語世界看來更少為傳統所束縛，更願意擁抱變化、容忍異見者，並且更重要的是，容許資本主義生產和需要的混亂——有時是痛苦的轉變。」[8]

　　11、美國憲法第一條第八款規定唯獨議會有權「鑄造貨幣，調節其價值，並釐定外幣價值，以及制定度量衡的標準」。私人銀行不得隨意通過通貨膨脹與貨幣貶值的手段掠奪人民的財富。國家也不得使用金融槓桿為手段來促進經濟的發展，人為地造成虛假的繁榮。嚴格說來，不能兌換為黃金或外幣的貨幣，就是國家掌控的隨時竊奪人民財富的工具，因為這樣的貨幣不斷貶值。戰爭必然體現在經濟戰和貨幣戰上。計劃經濟必然是通向奴役的道路，國家試圖控制財產、生產與價值，最終導致的必然是極權統治。我們必須為自由市場經濟和誠實貨幣爭戰。米德的分析讓我們坦誠地面對西方自由市場經濟的得

8　米德，《上帝與黃金：英國、美國與現代世界的形成》，232 頁。

失：「在西方，市場是自由的，資本得以積累。人民有權利做他們想做的事。國家相對弱勢，公民社會生機勃勃。所有的宗教是自由的，人民可根據喜好信或不信。另外，人們在自由方面有所獲得，他們可能會在安全方面有所損失。西方是充滿機會的土地，但也是風險的家園。傳統社會的結構——教會、貴族、公會失去了它們控制個人行為的能力，但是也失去了保護他們的力量。」[9]

12、工作是上帝賜給人的天職。工作不分貴賤，都是來自上帝的神聖呼召，每個人都當在上帝所呼召自己從事的工作中榮耀上帝，造福他人，滿足自己的需要。諾克有些誇張地強調：「清教主義試圖向英國文明覆蓋的基督化與非基督化世界同等傳揚的唯一信條是工作的信條，宣揚根據上帝明確的誡命，工作是人的義務；事實上，幾乎是（如果不完全是的話）人在世第一位的和最重要的義務。」[10] 狂熱的宗教分子鼓吹這個世界會隨時毀滅，最重要的就是傳福音、拯救靈魂，使人升天堂。他們不僅不鼓勵人認真地對待自己的工作，反倒蠱惑人離開自己的本職工作，甚至離開自己的家庭，加入到他們所謂的拯救靈魂的「傳福音」事工中。只有在極其愚頑、壓抑甚至絕望的環境中才會出現這樣的宗教狂熱，在中國常常有這樣的宗教群體出現。這與德國社會學家韋伯在《新教倫理與資本主義精神》中的論述截然相反。韋伯認為，是新教倫理促進了資本主義的發展。後來，有經濟學家專門論證了兩者之間的聯繫：若以馬丁·路德宗教改革的中心威登堡，和約翰·加爾文宗教改革的中心日內瓦作為原點，此後歐洲大陸

9　米德，《上帝與黃金：英國、美國與現代世界的形成》，249頁。
10　諾克，《我們的敵人：國家》，40頁。

各地經濟發展的速度，居然與離這兩個地方的距離成正比。

13、世俗化使得工作不再是人的天職，而是成為無所不用其極發財致富的手段，人們不再把工作視為是最好的祈禱，當然也不會在工作中精益求精，更不會在工作中享受上帝的同在和祝福。維沃分析說：「只有當所有人都在為一個超驗的理想而工作的時候，為別人服務才是最好的服務。物質上的滿足不能提供這個條件，這就是為什麼世俗化的政府最終會滋生對於政治家的強烈仇恨，因為這些政治家試圖讓人們成為彼此的監工。」[11]

14、蘇聯、中國、柬埔寨等共產主義國家實行的計劃經濟成為「通向奴役的道路」，西方盛行的自我中心主義也同樣使國家走向暴政之路，這是我們必須警醒的。正如維沃分析的那樣：「工作上的自我中心主義導致了一個越來越難以解決的問題，即用什麼手段可以維持一種足以監督工人生產的紀律。當每個人都是自己的工頭，當他把工作視為一種咒詛，當他是為了維持生計而不得不工作的時候，他怎麼會不逃避工作呢？最近有個雇主說：如今我們有足夠的人來回答為什麼自己不工作了，卻沒有人回答為什麼工人不工作了。歐洲新興的社會主義政府發現生產效率降低了，所以不得不採用按件計酬的方式來刺激生產。另外，戰爭或戰爭的恐懼也會實現對工人工作的控制。杜魯門總統主張在特殊情況下，可以用軍事手段來解決怠工問題，這是一個最清楚不過的證據，它證明了：在緊急情況下，一個因自我中心主義而癱瘓的國家，只能求助於最嚴格的機率——來自軍事武裝力量的控制。由此可見，這種自我精神不僅使工人漠視工作的神聖感，

11　維沃，《思想的後果》，78 頁。

只關心自我利益最大化，還以一種最直接的方式把暴政引入了西方世界。」[12]

15、人們最流行的幻想，就是認為資本主義的經濟自由能夠帶來平等。但是，正如德魯克所揭示的那樣：「經濟發展不會帶來平等，甚至連『機會均等』的形式平等都沒有。反之，它帶來新的、強硬的、不平等的小資產階級，人們很難從無產階級變成中產階級（至少在歐洲是如此），也很難從中產階級躋身企業家之流。」[13] 因此，資本主義經濟的發展不僅沒有給更多的人帶來更大的滿足，反倒因為財富分配不均甚至貧富懸殊不斷拉大，而使得二十世紀的歐洲人對資本主義的信仰到達崩潰的邊緣，這就是共產主義與社會主義思想在當今歐美等資本主義社會中普遍流行的重要原因。問題在於，這種經濟上的問題並不能單純地通過經濟或政治手段來解決，特別是不能通過限制經濟自由甚至廢除私有制和市場經濟的手段來對付。德魯克也強調：資本主義要是沒有「社會目標，它就沒有意義、沒有正當性，甚至沒有存在的可能。」[14] 資本主義和社會主義共同的失敗之處，就是他們「據以建立的有關人類本質的概念：經濟人」：「資本主義之所以被歐洲視為偽神，是因為它在涇渭分明的階級間，引起了階級鬥爭。而社會主義之所以歸謬，則是因為事實證明它無法廢除這些階級。資本主義現實創造出的階級社會，和資本主義的意識形態互不相容，讓其意識形態失去意義。相對地，馬克思主義的階級鬥爭雖然認清也解釋了

---

12 維沃，《思想的後果》，79-80 頁。
13 德魯克，《經濟人的末日》，20 頁。
14 德魯克，《經濟人的末日》，19 頁。

真實現狀，但由於毫無前景可言，最後也不再具有意義。總之，這兩套信條和秩序的失敗，都是因為錯誤地假定：個人行使經濟自由即會自動產生那些結果。」[15] 人不僅僅是唯利是圖的「經濟人」，還是有公益心腸的「社會人」、有形上追求的「宗教人」、有家國情懷的「政治人」等。

16、基督徒當「生活樸素，思想高尚」（simple living, high thinking），避免奢侈的生活，要行事為人與蒙召的恩典相稱。當勤儉持家，量入為出，不可因為個人生活問題大量舉債。國家也是如此，應當低稅收，少開支，盡量不舉債，不能靠大量舉債來刺激經濟增長，更不能通過福利政策養懶人。目前大多數國家受凱恩斯主義影響，試圖通過大量舉債、通貨膨脹來刺激經濟發展，無疑是飲鴆止渴。國家開支大、稅收高、債務重，最終導致的是國家的專橫與破產。哈耶克強調：「通貨膨脹在任何時候和任何地方，都會導致指令性經濟，施行通貨膨脹的政策，極有可能意味著對市場經濟的破壞，並轉向中央指令式的極權主義經濟和政治制度。」[16]

---

15 德魯克，《經濟人的末日》，22-23 頁。
16 哈耶克，「什麼是自由主義？」見《哈耶克文選》，馮克利譯（南京：江蘇人民出版社，2007 年），298 頁。

原則二十三
地方自治

原則：強大的地方自治是保護人類自由的基石。

1、治理總是個人性、地方性的。個人的「自治」（self-government）乃是人間最根本性的政府和治理，而地方自治乃是個人自治的保障。

2、不管是地方自治，還是聯邦政府，都當保護、成全個人的自治，絕不能以各種方式損害、剝奪個人的自治。但僅僅是個人的自治乃是虛弱的、單薄的，個人必須在地方建立強大的自治機構，才能具體地捍衛個人的利益。

3、現代社會中摧毀個人自治的兩大常見方式就是：國家主義與共產主義用暴力方式直接摧毀個人的自由和自治，而社會主義和福利政策則用收買方式使得個人放棄自己的自由和自治。

4、要確保個人的自由，必須有強大的地方自治政府。聯邦政府主管國防、外交和各州關係，各州政府有自己的權力、法律、員警來管理各州事務，各郡管好各郡事務，各城管好各城事務，最後就是各家管好各家的事務，個人管好個人的事務，終極就是個人的自治。各就各位，各盡其職，各得其所，這就是公義了。因此，托克維爾強

調：「凡是推行人民主權原則的國家，每個人都有一份完全相等的權力，平等地參與國家的管理。」[1]

5、托克維爾在考察美國的民主時，強調目的就是讓讀者瞭解「美國的法制」。他指出其中的三大關鍵。首先是聯邦形式：這種聯邦制度把一個大共和國的強大性與組成這個大共和國的眾多小共和國的安全性結合在一起。其次就是鄉鎮制度，鄉鎮制度不僅在制度層面上對多數人的專制形成限制，同時又讓人民養成愛好自由的思想，並在具體的鄉鎮生活中掌握行使自由的藝術。托克維爾談及的第三大制度就是司法權的結構，特別是法院的司法審查權。[2] 其中，鄉鎮制度的建設乃是關鍵，直接關乎民心民情。

6、美國有三大地方行動中心，分別是鄉鎮（township）、郡（county）和州（state）。在這三大地方行動中心中，托克維爾特別強調鄉鎮的重要性。他甚至認為：「自然界中只要有人集聚起來就能自行組織起來的唯一聯合體，就是鄉鎮。所以，不管一個國家的管理和法律怎樣，一定都會有鄉鎮組織的存在。雖然是人創造並建立了共和政體、君主政體，但是鄉鎮卻似乎是直接由上帝創造的。」[3]「自由人民的力量之所在正是鄉鎮。鄉鎮組織之於自由，就好比小學之於授課。鄉鎮組織給人民帶來自由，教導人民安享自由，學會讓自由為他們服務。雖然一個國家可以在沒有鄉鎮組織的條件下建立一個自由的政府，但是它缺少自由的精神。片刻的激情、暫時的利益或者偶然的

---

[1] 托克維爾，《論美國的民主》，上卷第一部分第五章，45 頁。
[2] 托克維爾，《論美國的民主》，上卷第二部分第九章，201 頁。
[3] 托克維爾，《論美國的民主》，上卷第一部分第五章，42 頁。

機會能夠創造出獨立的代表，但潛伏於社會機體內部的專制遲早會重新浮出水面。」[4]

7、儘管鄉鎮自然存在，但鄉鎮自由卻是最難實現。托克維爾分析說：「在各種自由中，鄉鎮自由是最難實現的，也最容易受到國家政權的侵犯。全靠自身維持的鄉鎮組織，根本不是中央政府這個龐然大物的對手。為了能有效地防禦它，鄉鎮組織必須全力發展自己，使全國人民的思想和習慣都能接受鄉鎮自由。所以，只有鄉鎮自由成為民情時，它才能夠不易於被摧毀；而只有把它長期寫入法律之後，才能成為民情的一部分。」[5] 值得重視的是，托克維爾明確指出：「並非人力創造了鄉鎮自由。換句話說，人力並不容易創造它，就是說它靠自己生成。它是在半野蠻的社會中，自己悄悄發展起來的。而法律和民情的不斷作用，環境，尤其是實踐，使它日益鞏固。」[6]

8、在美國，鄉鎮不僅有自己的制度，還有支持和鼓勵這種制度的鄉鎮精神。鄉鎮的活動有著明確的秩序，在秩序範圍內又有著充分的自由。人們首先是鄉鎮的成員，鄉鎮的利益和他們息息相關，值得他們精心管理。美國人的生活中心在於鄉鎮，絕不是到州政府或聯邦政府中升官發財。對於中國而言，要真正建立自由的國家，關鍵不是一些自命清高知識分子像法國人那樣，在大學、沙龍、咖啡館裡高談闊論，關鍵還是要踏踏實實地建設鄉鎮。基督徒應當積極地參與鄉鎮的建設，教會應當在鄉鎮中建立自由而強大的生命共同體。在大城市

4　托克維爾，《論美國的民主》，上卷第一部分第五章，42 頁。
5　托克維爾，《論美國的民主》，上卷第一部分第五章，42 頁。
6　托克維爾，《論美國的民主》，上卷第一部分第五章，42 頁。

中，教會應當積極參加社區的工作，使得社區真正成為相對自治的最基本的單位。

9、政治權力的一種自然傾向就是趨於集中，傾向於大權集於一身。不管把這種權力集中在個人手中，還是少數人手中，最終所摧毀的就是個人的自由和權力。不管是在法國大革命時期，還是後來希特勒的法西斯主義、史達林的共產主義、毛澤東的社會主義，此類集權給人類帶來了極大的危害。百年來，美國聯邦政府也一直處於擴權的狀態，通過一戰、二戰、冷戰、反恐戰爭，聯邦政府已然蛻變成一個龐大的怪獸。美國學者克里斯‧愛德華茲指出，美國聯邦政府在全國數百個機構雇用了二百一十萬文職僱員。龐大的聯邦僱員規模給美國納稅人帶來了沉重的負擔。二〇一九年，行政部門文職僱員的工資和福利成本為 2910 億美元！從橫向比較來看，自二十世紀九〇年代以來，聯邦政府僱員的薪酬增長速度明顯比私營部門僱員的快。與州和地方政府僱員的縱向比較，聯邦僱員的薪資也明顯偏高。二〇一八年，聯邦僱員的收入平均比私營部門僱員高出百分之八十。聯邦政府僱員的收入平均比州和地方政府僱員高出百分之四十七。聯邦政府僱員利用自己的地位，已經使這個群體成為一個擁有穩定的高收入就業的精英島，與在市場經濟中競爭的普通美國人相距一個汪洋大海。川普總統執政之後，重要的舉措就是推動聯邦政府「減肥」，卻遭到其拚命抵制和反撲——很多聯邦政府部門為了確保自己的乳酪的安全，參與了民主黨的選舉舞弊、將川普拉下馬的違法犯罪行徑。

10、要盡量把權力保存在各邦和人民手中，要時刻小心那些官僚竊奪人們的權力。麥迪森強調：「憲法賦予聯邦政府的權力專案有限，而且都有明確定義。留給各邦政府的權力，數量眾多，沒有明確

規定。聯邦政府主要處理外交、作戰、媾和、談判、外貿；徵稅權是最後一項，大部分與上述事宜有關。保留給各邦的權利，延伸到所有對象，常規情況下，涉及人民生活、民權、財產；以及各邦內部秩序、環境改進和繁榮。」[7]

11、憲法的目的就是限制政府，核心就是限制權力的集中化。政治權力的集中化總是把決策權從人民在地方的自治，轉移給中央政府的官員，從而徹底摧毀人民的自由。確保人民自由的金鑰匙就是人人投票，人人參與，人人發聲。因此。米德指出：「英國和美國這樣的國家最大的財富，並不是有多少礦藏或者多麼廣大的農業用地，也不是說在銀行有多少儲備，而是整個民族的心態和習慣，是人們習慣於自我管理，能夠自發推動商業發展，隨時準備參加各種形式的自發和私人活動，但同時也習慣於歷史悠久的有序自由。這種人力資本和社會資本是迄今最有價值的，也是迄今最難以得到的。」[8]

12、沒有強大的聯邦政府，就無法保持國家的統一和秩序；沒有強大的地方政府，就無法確保人民自治的權利。但整體而言，聯邦政府的規模要小，集中處理國防和涉外事務，要讓各州和人民管理自己的事情。一旦聯邦政府無限擴大，各州和人民的權利就會無限縮小，我們所面對的就不再是當初的建國之父們用憲法所建構的人民的自由的共和國。

13、根據美國憲法規定，美國聯邦政府只有二十項權力，比如國防，外交等重要的公共性權力。其他權力歸州政府所有，當然州政府

---

7 《聯邦黨人文集》，45 篇，312 頁。
8 米德，《上帝與黃金：英國、美國與現代世界的形成》，436 頁。

的權力也是有限制的。人民沒有通過有形的授權方式讓渡的權力，政府不可涉及，更不可干涉。這樣形成了美國大社會、小政府的局面。人民建立國家、組建政府時，因為公共事務需要，不得不通過立約的方式讓渡出自己的部分權力，當然讓渡出去的權力越少越好。人民自己能解決的事，絕不把處理權交給任何政府。基層政府能解決的，絕不把處理權交給州政府。州政府能解決的，絕不把處理權交給聯邦政府。

14、人民保留的權力越多越好，而憲法明確的生命、自由與追求幸福的三大自然權利，在任何情況、任何時候都不讓渡。托克維爾敏銳地指出：「美國沒有可以讓自己對全國各地產生直接或間接影響的首都，我將這一點看作美國能夠保持民主共和制的重要原因之一。」[9]他進一步分析說：「讓地方服從首都，便是把全國的命運不公地交給一部分人，而且非常危險地交給一些自作主張的人。如此一來，手段的絕對優勢便對代議制造成了嚴重的威脅。這種優勢令現代的共和國犯了跟古代的共和國一樣的錯誤，古代的共和國正是由於沒有瞭解這一點而滅亡了。」[10]

15、提普·奧尼爾（Tip O. Neill）有句關於美國政治的名言，「所有的政治都是地方性的」（All politics is local.）。選民總是希望政治人物關心他們，尤其是希望關心他們自己的切身利害。那些全國性與國際性的議題，如果無法跟個別的選民在利益或是心理上產生連結，選民們是不會在乎的。當然，選民也會關心遠方的事物，關心世界的和

9　托克維爾，《論美國的民主》，上卷第二部分第九章，195 頁。

10　托克維爾，《論美國的民主》，上卷第二部分第九章，195 頁。

平與正義。但睿智的政治家，總會想辦法把這些遙遠的議題包裝成跟每個人切身相關的議題，也會設法讓選民們在心理上跟這些議題產生連結。

第五部

延續性原則：承先啟後

至於我和我家，我們必定事奉耶和華。

（書 24：15）

　　聖約第五大要素就是延續。此處兩大延續性原則，使得基督教文明和國家得以不斷延續和擴展。第一大原則就是對婚姻家庭的重視，第二大原則就是對文化使命的強調。「維護家庭，捍衛婚姻」，這是福音使命。福音使命的完成有賴於已經信主的人生養眾多，建立基督徒大家庭，這是最基本的傳道方式。當然，基督徒也當積極地向非信徒傳福音，帶領他們歸向上帝和耶穌基督。但是，一旦基督徒本身不注重婚姻和家庭的建造，就會喪失傳教的根基，就無法長期延續，這也是基本的常識。

　　當然，以家庭為基本單位，我們要同時建立教會和國家。教會更多承擔福音使命，通過教育來塑造公民的靈魂和美德；國家承擔文化使命，通過確保公義的秩序而使個人得到最大程度的自由和實現。「治理全地，造福人類」是文化使命的根本，就是要在人間實現永恆正義，也就是上帝在其律法中顯明的愛主愛人的旨意。

　　必須牢記的的是，承擔文化使命的最重要的單位並不是國家本身，而是組成國家的基督徒個人和家庭。一旦國家中大多數個人缺乏對於上帝的敬畏，缺乏對於上帝的律法的順服，社會就會重新陷入混亂之中。

原則二十四
維護家庭，捍衛婚姻

原則：決定社會強大的核心單元是家庭；
**　　　家庭當在教會和社會中發揮中堅性的作用。**

1、基督教是以家庭為中心的文化（the family centered culture）。家庭乃是聖經中最早出現的共同體，也是各種重大關係最常使用的比喻。毀壞家庭，就是毀壞教會和國家。

2、真正的美國首先不是教會，也不是國家，也不是法院和議會，當然也不是總統，而是家庭。諾曼在總結柏克所代表的保守主義的時候強調說：「正是在家庭之中，情感是絕對根本的，表現在兩個方面。首先，因為情感構成了依賴、關聯、社會融入及規範於文化吸納之類的關鍵性社會過程的基礎，人類據此成其為人。其次，因為情感賦予了客體和決策以價值與意義。沒有情感的世界就是沒有價值的世界，而沒有價值的世界就是人類無法生存的世界。」[1] 斯皮爾強調：「家庭的特質就是它是一個無可比擬的愛的共同體，……家庭的功用

1　諾曼，《艾德蒙·柏克：現代保守政治之父》，304 頁。

就是興起公民、保守教會並推動經濟的發展。」[2]

　　3、美國保守主義的「三大基本原則」就是：第一，強調小政府，大社會，限制政府權力（a philosophy of limited government）；第二，堅守傳統道德，重視家庭價值觀（moral traditionalism at home）；第三，抵制和反擊蘇聯、中國的共產主義威脅和滲透（the rollback of communism abroad）。[3] 柏克強調：「我們公共感情的培養始於我們的家庭。在冷漠的關係中，是不會有熱忱的公民的。」[4] 斯克拉頓強調：「擁護和捍衛家庭制度必定處於保守主義觀的核心。……家庭是人們感受社會生活圈子的首要制度，因而成為閒暇的主要中心和自尊的源頭。家庭制度也是自治的，是一種除自身之外再無任何其他目標的生活方式。婚姻家庭能夠做到無法以其他方式做到的事情。因此，家庭為所有成員提供了永不枯竭的理性目標的源泉。」[5]

　　4、美國的民情塑造政治，而宗教信仰則是美國民情的主要塑造者。宗教信仰的傳承者既不是建制性的國家，也不是建制性的教會，而是敬虔的家庭和婚姻。托克維爾強調：「美國確實是世界上對婚姻關係最尊重的國家，美國人對夫妻的幸福也抱有同樣高尚的和正確的看法。……但一個美國人，當他從政界的激烈鬥爭中隱退而回到家中後，馬上會生出秩序安定和生活寧靜的感覺。在家裡，他的所有享樂簡樸而自然，他的興致純真而淡泊。他好像有了生活秩序而得到幸

2　Spier, *An Introduction to Christian Philosophy*, p. 196.

3　William Berman, *America's Right Turn: From Nixon to Clinton* (Baltimore and London: The John Hopkins University Press, 2001), p. 29.

4　柏克，《法國大革命反思錄》，272 頁。

5　斯克拉頓，《保守主義的含義》，126 頁。

福，而且容易調整自己的觀點和愛好。歐洲人喜愛用擾亂社會的辦法來忘記家庭煩惱，但美國人卻從家庭中汲取對秩序的熱愛，之後再把此種感情帶到公務中去。」[6] 托克維爾的分析非常深刻，也非常幽默，那些自己不能好好治理家庭、造成家庭種種不幸的人，當然也很難在公共生活中造福他人。

5、上帝是我們在天上的父親，我們都是上帝的兒女，主耶穌基督是我們的兄長，我們蒙召進入上帝的教會。在我們的成長歷程中，教會是我們屬靈的母親。在基督和教會的關係中，基督是教會的良人，教會是基督的新婦。凡是信主的人，在上帝的面前都是弟兄姊妹。每個信主的人都當有崇高的道德情操，甚至能像托克維爾所說的那樣，「敢於單槍匹馬地抵抗國家權力的壓力，並依然能夠保持高尚人格」。[7] 這種高尚人格的基地和依託就是家庭，因此，托克維爾指出：「反對暴政的人只要還有家庭情感，就一天也不會孤立無援，他的周圍有他的近親、世交和追隨者。就算沒有這種支持，他的後代也將接替他的事業，他也會感到祖先在督促他前進。」[8] 在中國近現代史上，很多革命者和「民運」領袖不要婚姻，不顧家庭，玩弄女性，推卸撫養子女的責任，個人道德敗壞。在面對大是大非的時候，一個人似乎更容易撇家舍業，慷慨就義。但在長期的對抗專制、建立憲政的過程中，那些沒有婚姻和家庭的革命領袖們，為了滿足自己的欲望，只能不斷地破壞別人的婚姻和家庭。他們一旦掌握權力，更是肆無忌

6　托克維爾，《論美國的民主》，上卷第二部分第九章，204 頁。

7　托克維爾，《論美國的民主》，上卷第二部分第九章，220 頁。

8　托克維爾，《論美國的民主》，上卷第二部分第九章，218 頁。

憚，把權力視為他們的獵物和獎品，唯恐別人前來爭奪。孫文、毛澤東等人皆如此。

6、對於家庭生活和夫妻關係的重視，在美國生活中是無與倫比的。在歐洲，幾乎所有的社會動盪都是因為家庭生活的紊亂引發的。蔑視親情以及家庭中合法的享受，就會導致各種極端思想、情感和行動，特別是心靈的騷亂與情慾的波動。各種喧囂的情慾使得人無法安靜地享受生活，唯獨嚴苛的法律約束和政府管制才能保持基本的秩序。但是，美國人從喧囂的公共生活回到寧靜的家園，他們在家庭的秩序與寧靜中找尋自己的幸福。有序的生活是通向幸福最好的道路。在寧靜有序的家庭生活中，人的意見和品味都能歸回中道。歐洲人試圖通過擾亂社會而忘記家庭生活的煩擾，美國人則是從熱愛寧靜有序的家庭生活走向公共事務，希望每個人都能享受到這樣的安寧和幸福。那些無家無業的職業革命家是不可靠的，當然也是危險的，因為他們不能在自己的家庭和婚姻中得到滿足，就會以各種方式瘋狂地破壞別人的家庭和婚姻。在美國民主家庭中，夫妻在身分上平等，但卻各就各位，互相配搭，彼此相愛，一同建立家庭，享受生活，榮耀上帝。托克維爾甚至強調，「社會的民情乃是由女性創造的」，[9] 美國之所以繁榮昌盛、蒸蒸日上，「應當歸功於它的優秀婦女們」。[10]

7、聖經律法中清楚地規定了丈夫和妻子之間律法性、道德性和社會性的關係。丈夫有丈夫的角色和責任，妻子有妻子的角色和責任，二人在上帝及其律法面前是完全平等的，當然角色和功能各不相

9　托克維爾《論美國的民主》，下卷第二部分第九章，458 頁。
10　托克維爾《論美國的民主》，下卷第二部分第十二章，469 頁。

同。妻子的角色是堅固家庭，為丈夫和子女提供一個溫馨的家庭氣氛，而丈夫的角色就是承擔為家庭決策的責任。在聖經律法中，男人首先治理的是自己的家庭，他在自己和妻子之間要發揮的角色就是「平等而首要」（first among equals）。正如牧師在長老會中的角色一樣。夫妻之間彼此需要，互相扶持，絕不是相互利用與轄制的關係。那些家庭與婚姻生活不幸的人，就到社會上尋求滿足，吃喝嫖賭，尋歡作樂，甚至把他們的怒氣和不滿發洩到社會中，成為反社會、反文化的叛逆之人。歷史學家保羅‧約翰遜（Paul Johnson）在研究了馬克思的生平之後發現，這個口口聲聲說要廢除家庭的思想家，回應財務困境的方式，首先是剝削自己的家人。錢主宰了他與家人的往來信件，他父親海因利希寫給他的最後一封信，是一八三八年二月。當時海因利希已經時日無多，反覆抱怨馬克思對家人漠不關心，只想得到幫助或是發牢騷：「現在你法學課程才過了第四個月，你已經花了二百八十塔勒（thaler），我整個冬天都沒賺這麼多。」三個月後海因利希過世了，馬克思不打算去參加葬禮，反而開始對母親施壓。他已經接受了一種生活模式，向朋友借錢，再定期向家人討錢。他認為家人「相當有錢」，有責任援助他，讓他做重要的工作。透過他的妻子與妻子的家人（她自己也帶了嫁妝來，包括一套銀製餐具、伯爵先祖傳下來的徽章大衣，家徽刀具與寢具）。他倆收到的財富，合理投資的話，足以供應舒適的生活，且實際收入從沒有低於每年二百英鎊，是技術純熟的工人平均薪資的三倍。但是，馬克思揮霍成性，很快讓其家庭陷入窘境。有一陣子馬克思外出時，只有一件褲子可穿。燕妮的家人和馬克思的家人一樣，拒絕再幫這位無可救藥、揮霍無度的懶惰蟲女婿一把。一八五一年三月，馬克思在寫給恩格斯的信中，說自己

生了一個女兒，並抱怨：「我家連一枚錢幣都沒有。」這樣一個既不是好丈夫也不是好父親的人物，居然成為共產黨頂禮膜拜的祖師爺。

8、在養育子女方面，父母具有同樣的重要性。這就是洛克所強調的「父母的權柄」（parental power）。教育孩子的權利和責任是屬於父母的，洛克強調，父母對子女的這種養育和教育的權利和責任，「任何東西都不能解除」。[11]

9、清教徒最注重的是家庭與夫妻生活。歷史學家瓦里斯‧諾特斯坦指出：「丈夫的職責就是愛自己的妻子，並且眷顧她們。那時甚至有人建議，要給妻子一定的津貼，一些清教徒紳士就是這樣做的，他們讓妻子在一定程度上掌管家庭。更重要的是，清教徒作者們大量探討的就是家庭及其合一。從他們的日記和傳記作品來看，人們所得出的印象就是：丈夫和妻子一同致力於在地上增進上帝的國度，彼此都會很幸福。共同的目的是夫妻最好的紐帶。」[12] 婚姻不僅是上帝所賜醫治男女情慾的良藥，更是上帝親自設立並祝福生命共同體。夫妻同心，其利斷金，彼此相愛的夫妻更容易在世界上取得成功。托克維爾指出：「篤信宗教的民族和重視實業的民族，都對婚姻持有一種極其嚴肅認真的態度。前者認為婦女在生活中循規蹈矩是民情淳樸的最好保證和最明顯標誌，後者則認為這是家庭安定和繁榮的最可靠保障。美國人民既是清教徒，同時又是商業民族，因此，他們的宗教信仰和經商習慣，都促使他們要求婦女具有自我犧牲的精神。」[13] 左派

---

11 洛克，《政府論》，下篇，67 節。

12 Wallace Notestein, *The English People on the Eve of Colonization, 1603-1630* (New York: Harper Brothers, 1954), p. 168.

13 托克維爾，《論美國的民主》，下卷第二部分第十章，460 頁。

為了破壞傳統的家庭婚姻觀念，無所不用其極，甚至連法律也成為他們的攻擊性武器——由於司法機構日益左傾，法律也遭到了人為的扭曲。例如，科羅拉多州的麵包師傑克·菲力浦斯（Jack Phillips）因拒絕為一名變性活動分子製作慶祝「性別轉換」主題蛋糕，而根據該州的反歧視法被罰款五百美元。菲力浦斯是一名虔誠的基督徒，在拒絕為一場同性婚禮製作定製婚禮蛋糕後，科羅拉多州早些時候禁止他設計定制婚禮蛋糕。但他在二〇一八年贏得了最高法院的勝利。他解釋說，他不願意違反自己的信仰，他是在行使《第一修正案》規定的宗教自由權。儘管有這一裁決，科羅拉多州的官員卻再次將他作為了目標。菲力浦斯已經提起訴訟，援引他實踐信仰的權利以及《第 14 修正案》規定的平等保護權利。代表菲力浦斯的基督教非營利組織「捍衛自由聯盟」（Alliance Defending Freedom）的總顧問克里斯汀·瓦格納（Kristen Waggoner）說：「激進的活動分子和政府官員正在針對像傑克這樣的公民和基督徒，因為他們不願意宣傳違反其核心信念的婚姻和性行為的信息。」

10、父母照顧孩子長大成人，孩子聽從父母的教訓，乃是合乎自然法的。子女到了能夠獨立承擔責任的年紀，父母的監護權就自動解除了，父母不得對孩子的生命和自由加以限制。[14] 洛克認為，不僅父母有責任養育子女長大成人，子女也有責任孝敬父母，包括內在的尊敬和外部的表達。子女對父母的責任包括保護父母，安慰父母，幫助父母安度晚年。「任何國家，任何自由都不能免除孩子此類的責

---

14 洛克，《政府論》，下篇，58-59 節。

任。」[15] 可惜，在現代社會中，很多國家以福利政策的名義剝奪了子女孝敬和照顧父母的責任，最終導致的就是國家債務的無限膨脹，家人感情的無限冷漠。國家侵入傳統的家庭責任的範圍，不僅剝奪、侵占了人與人之間的親情，排斥了上帝的祝福，也使得國家自身在財政預算上無限膨脹，債務累累，只能走通貨膨脹這樣的欺詐之路。若非懸崖勒馬，最終的解決就是財政與信用的破產。

11、父母不僅塑造子女的品格，也可通過遺產的分配傳遞物質的資源，使得子女們能夠代代相繼，更加有力地完成上帝賜給的治理全地、道化天下的使命。因此，托克維爾強調：「憑藉繼承法，人可以擁有一種近乎神賜的、左右人類未來的權力。」[16] 一旦統治者破壞家庭財產的傳承，尤其是確定以平分原則為基礎，大地產就會不斷被分割，大家族就會逐漸喪失，取而代之的就是軟弱無力的原子化的個人和家庭。

12、家庭與婚姻的穩定，直接涉及到教會和國家的興盛。任何危及家庭與婚姻穩定的主張，都是違背上帝的旨意、破壞文明的延續的。不管是共產主義還是社會主義，他們直接攻擊的就是傳統的一男一女、一夫一妻、一生一世的婚姻關係；更可怕的是，他們認為孩子是國家的財產，他們通過公立教育和政治洗腦的方式，要把孩子都教育成共產主義的接班人、社會主義的支持者。今日基督徒必須重新認識家庭與婚姻的重要性，重新奪回上帝賜給父母的教育大權。維沃早就發出警告：「兒童是我們背負的責任。當一個人開始沉溺於及時行

---

15 洛克，《政府論》，下篇，66 節。
16 托克維爾，《論美國的民主》，上卷第一部分第三章，34 頁。

樂與物質享受的時候，種族延續的信念便會日漸淡薄，社會學家們的修修補補是無法彌補這種家庭裂痕的。」[17] 而左派破壞美國文明的首要步驟，就是奪取教育權、荼毒孩子的心靈。其中，一個明顯的例子是：維吉尼亞州阿靈頓郡（Arlington County）阿什隆小學（Ashlawn Elementary School）的幼稚園學生們在「全美閱讀日」（Read Across America Day）受到了「跨性別」信息的強制性玷污：一個異性裝束的男性 LGBTQ+ 活動分子在家長不知情或不同意的情況下，為孩子們朗讀了一本與事實不符的「跨性別」畫冊。該活動分子是「人權運動」（HRC）的發言人，該運動宣導同性婚姻，擴大 LGBTQ+ 的權利。全國教育協會（National Education Association）主席作為贊助商，參加了這次活動，該協會是由二百三十萬公立學校教師和準備成為教師的大學生組成的左派工會。該團體一直為墮胎、社會化醫療、囚犯權利和其他左派所珍視的事業進行宣傳。

　　13、家庭是重要的，但我們不能僅僅滿足於個人和家庭的幸福。托克維爾談及自己對美國民主的未來的憂慮時，特別提及家庭：「如果公民們繼續在日益狹窄的家庭利益的小圈子裡故步自封，並在其中永不停歇地追求這種利益，我們可以看到：他們永遠不會有那種雖然會使人民動亂，但也能使人民前進和革新的強大、無私奉獻的情操。當我看到財產是如此容易地增減，而愛財之心又是如此強烈和熱切的時候，我擔心人們將會把一切新的理論看作災難，把一切改革看作輕舉妄動。我的心在顫抖，而且我承認是由於害怕而顫抖，因為人們現在只顧追求眼前的享樂，把自己將來的利益和子孫的利益都拋諸腦後

---

17 維沃，《思想的後果》，31 頁。

了，喜歡沒有負擔地順從命運的安排，而不肯在必要的時候付出毅然決然的努力去改弦更張。人們認為新社會的面貌每天都在改變。但我卻害怕新社會過於固守原來的制度、偏見和習俗，導致最終毫無成就。結果，人類自己束縛了自己，停止了前進；人的精神逐漸萎縮，並永遠自怨自艾而無力創新；每個人都在一些小而無益的獨立活動上浪費精力，表面上看所有的人都在不斷地活動，但整個人類卻不再前進了。」[18]

　　14、基督徒要重視孝敬父母、夫妻關係、子女教育，也要重視工作倫理，積極地管理和創造財富，更要善於把上帝賜給自己的財富，智慧地用於上帝的聖工。維沃談及西方基督教文明的復興時，首先強調基督徒的心意更新，要有整全的「世界圖景」，即世界觀。在實踐性的方案上，維沃強調基督徒當充分運用私有財產制度：「由於幾個世紀以來機會主義對基本權利的侵蝕，人們心中的信念幾乎消失殆盡了。我們要尋找一個根據地，從而讓邏各斯（logos）成功地抵抗現代野蠻精神的侵蝕。似乎小規模的私人財產可以為我們提供這樣一片領地，當然這只是用來退守的地盤。我們最終要發起我們的攻勢。」[19]泰勒呼籲：「願在講說英語的世界中，每一個真正的基督徒都在房頂上宣告：不首先在個人的生活中接受基督的王權，就不可能享受基督教的諸般善果。在基督的身體之外，背離上帝的世界最終領受的只能是定罪和刑罰。只有基督使我們脫離罪的權勢和罪疚，使我們享受聖靈的相通，使我們在基督裡一同被接納為上帝的兒女，上帝成為我們

18　托克維爾《論美國的民主》，下卷第二部分第二十一章，504-505 頁。
19　維沃，《思想的後果》，151 頁。

共同的父。離開在基督裡的救贖，所謂的『自由』、『平等』、『博愛』之類的世俗的人本主義的價值，不過是令人痛苦的陰影而已。」[20]

20　Taylor, *The Christian Philosophy*, pp. 308-309.

原則二十五

治理全地，造福人類

**原則：美利堅合眾國秉承特殊的使命，
即成為全人類的榜樣和祝福。**

1、美利堅合眾國有沒有來自上帝的獨特的使命？大而言之，任何個人、民族與國家都在上帝的計畫中，有其獨特的不可取代的使命和地位。因此，美利堅合眾國必定有其自身獨特的使命和地位。使得美國得以延續的最大的組織是家庭，使得美國家庭不斷延續的是使命的聖火。一旦每個人都以自己當下感官的享樂作為人生的首要目的，就沒有人願意結婚和生育，美國在一兩代人的時間內就會走向衰落和滅亡。

2、美國開創者們具有強烈的明確的使命意識。菲斯克指出：「他們深信自己正在從事的是一件奇妙的大事。他們覺得自己是成就某種『顯明的命運』的工具。他們的出埃及是選民的出埃及，而選民的終極目的就是在地上為上帝的國度奠定永恆的根基……。對於他們來說，這種對於一位看不見的統治者和引領者的堅定不移的信心，就是白天有雲柱，晚上有火柱。這種信心有著極大的道德價值，使得他們目的明確，力量集中。正像當初以色列人一樣，這種信心使得他們

成為一個具有不可摧毀的生命力、所向無敵的戰鬥力的民族。」[1] 米德明確指出：「美國肩負上帝使命，美國的安康福祉取決於美國人民對他們的使命有多大的忠誠度。」[2] 當然，這種使命感既然是來自上帝的，那麼美國就要成為一種榜樣性、僕人性的文明大國，而不是爭奪生殺大權、欺凌弱小國家的沙文主義大國。因此，這種對於美國之獨特使命的認信，不應出於個人或群體的傲慢。事實上，在改革宗神學中，上帝的揀選使人更加謙卑，承認自己並不比別人強。米德分析說：「恰恰是美國人清醒意識到他們並不比其他地方的人更優秀，所以他們認為出於神祕莫測的原因，上帝揀選了美國人在歷史的這個階段引領他的旨意。」[3]

3、約翰‧亞當斯強調：「我始終以敬畏和驚奇之心思考美國之建立，上帝在其護理中開啟了一幕宏大的場景和設計，目的就是要照亮愚昧的人，解放全世界人類中被奴役的人。」[4] 富蘭克林認為在美國憲法之下自由的發展是「世界最好的盼望」，在美國所成就的，「必會成為其他國家人民追求並效法的豐碑與榜樣。」[5] 當初美國的建國者們始終思考的是放在他們身上的責任，約翰‧亞當斯寫道：「有史以來，上帝在其護理中交託給這麼少的一群人最好的計畫和最大的信

1　Fiske, *The Beginnings of New England,* pp. 304-305.

2　米德，《上帝與黃金：英國、美國與現代世界的形成》，411 頁。

3　米德，《上帝與黃金：英國、美國與現代世界的形成》，413 頁。

4　Quoted in Conrad Cherry, *God's New Israel* (Englewood Cliffs, N. J.: Prentice-Hall, 1971), p. 65.

5　Bergh, *Writings of Thomas Jefferson*, 10:217.

託，現在就在美國人民的手中。」[6] 漢密爾頓在憲法審批的過程中強調：「人的社會，是否真能通過反思和選擇，建立良好政府？還是命中註定，要依賴機遇和暴力，建立政治制度？人們反覆指出，這個重大問題，是留給國家的人民，要他們採取行動，樹立榜樣。」假如美國人民在這樣的使命中功虧一簣，乃是「全人類的不幸」（the general misfortune of mankind）。[7] 約翰‧亞當斯強調，假如美國人民離棄憲法中陳明的自由，就是「對全世界的盼望的背叛」。[8]

4、約翰‧傑伊在憲法制定後強調：「這個國家，這個民族，猶如天作之合，彷彿上蒼獨創，遺傳一脈相承，合成同胞，恰如其分，由堅強的紐帶相連，永不分離為幾個彼此嫉妒、互不交往、互補相容的主權國家。」[9] 傑伊甚至指出，面對鬆散的邦聯所帶來的危險：「這個聰明的民族，看出了這些缺欠，深感惋惜。他們對聯合的依戀，有增無減，勝過對自由的迷戀。他們看到了危險，現在，威脅著聯合，將來會威脅公民權利。有人勸告他們：要想充分保障聯合和公民權利，只有建立一個架構更為明智的全國政府。」[10] 美國人雖然珍惜自由，珍惜各州的自由，但他們從長遠的角度考量，仍然崇尚一個「明智的全國政府」，這也是美國人的「大一統」概念。當然這種「大一統」所依仗的不是赤裸裸的武力征服，而是理性的說服、制度的設計和文明的吸引。麥迪森也同樣強調這種聯合的必要：「我們已經看到

6　Koch, *The American Enlightenment*, p. 257.

7　《聯邦黨人文集》，1篇，1頁。

8　Koch, *The American Enlightenment*, p. 367.

9　《聯邦黨人文集》，2篇，8頁。

10《聯邦黨人文集》，2篇，9頁。

聯邦存在的必要，它是防禦外來危險的堡壘，是我們內部和平的保護人，是我們商業和其他利益的保衛者，因為，只有聯合，才能替代曾經摧毀過舊世界自由的軍事建制；只有聯合，才能治療過去給民眾政府帶來致命打擊的黨派弊病，在我們自己的體制中，也已經出現需要警惕的黨派弊病徵兆。」[11]

5、麥迪森強調，美國憲政的設計繼承了歐洲所發現的「代議制這個偉大的機制」，但美國的獨特之處就是：「把這一發現，變成共和制的基礎，運用到未來聯合而且地廣人多的國度。」因此，他充滿自豪地發出這樣的感嘆：「幸哉美國，我們相信，對整個人類而言，美國人民正在追求一種嶄新的、更為高尚的事業。他們完成了人類編年史上一場無可匹敵的革命。他們編織出一個如網狀結構般的政府，舉世無雙，他們設計出一個偉大聯盟，使其存在，把改進和使之長存的人物，留給後繼者。如果說他們的作品還不夠完美，我們感到驚詫的是，缺點為什麼那麼少。」[12] 阿倫特感嘆說，對於美國而言：「共和國的降臨不是基於『歷史必然性』，也不是基於有機體的進化，而是基於一種深思熟慮之舉：以自由立國。」[13]

6、美國就是真正的「聯合國」，也是真正的「理想國」。全世界的精英都彙集到這個國家，享受上帝及其約法之下的自由，努力聯合起來，實現自己的理想。當然，美國也是全世界最大的爭戰之地，那些熱愛真理和自由的人在這裡建立家園，自由發展；那些試圖顛覆基

---

11 《聯邦黨人文集》，14 篇，85 頁。
12 《聯邦黨人文集》，14 篇，86 頁，90 頁。
13 阿倫特，《論革命》，202 頁。

督教文明的人也以各種名義來到美國。美國就其內部而言，也有隨時崩潰的危機。早在一七七九年的時候就有人認為美國已經患上了最致命的疾病：「某種惡疾已經侵入我們的政體，它即便不毀滅我們，至少也將危及並阻礙我們進入成年。」[14] 如今轉眼已經二百多年的時間過去了，美利堅合眾國不僅沒有崩潰，反倒已經稱為全世界最強大的國家。我們必須相信憲政民主制度自身具有一定的自我更新的能力，更要相信上帝對美國的保守和復興。但是，正如維沃在一九四八年所警告的那樣：「很顯然，使命這個觀念已經消失了。人們不再感到有責任把潛在轉化為現實，人們心中已經失去了像大教堂的建造者們所懷有的那種勞動目標了。然而，如果他們看不到自己與傳統之間的這種關係，他們將陷入最極端的自我縱容和自我厭惡，隨之而來的可能是真正的病態。宗教沒落了，但是我們這個時代的醫學科學仍然解釋了這樣一個古老的真理：勞動有益於健康。」[15]

　　7、更可怕的是，很多人即使已經宣誓成為美國公民，並沒有發自內心地認同基督教和美國的憲政民主制度。他們甚至仇恨美國，巴不得美國日薄西山，隨時崩潰。我們必須知道，在這個世界上很多人仇恨以英美為代表的新教及其文明，這種仇恨是由來已久的，正如米德指出的那樣：「對世界上很多地方來說，憎恨盎格魯－撒克遜的一切已成為一項古老而光榮的傳統。仇英心理是十九世紀最普遍的狀態，當時英國是世界上最強大的國家，擁有世界動力最強勁、最先進的經濟；反美主義是當今的首選形式。但不討論直接目標的話，從極

14　伍德，《美利堅合眾國的締造：1776-1787》，383 頁。
15　維沃，《思想的後果》，119 頁。

左到極右，從共產主義者、法西斯主義者、納粹、天主教神父和神學家、世俗的傳統主義者、激進的雅各賓派到瘋狂的保皇黨，自克倫威爾時代到現在，謾罵的狂流一直傾瀉在盎格魯－撒克遜世界。在盎格魯－撒克遜領袖們數世紀用高度一致的元素展開修辭時，敵人們對白人盎格魯－撒克遜新教徒的攻擊也一直綿延不斷。」[16] 很不幸的是，此類人士之中也包括很多華人基督徒，甚至華人基督徒牧長。正如有人二〇二〇年八月十八日在臉書上貼文所表明的那樣：「美國前景不容樂觀，我覺得衰敗是大趨勢，差別也只在加速還是減速之間。對基督徒來說，這提醒我們只能『舉目望天』，我們的更美家鄉和終極盼望不在地上。美國不是燈塔，上帝若是讓燈塔倒掉，也是祂的主權，也有祂的美善的旨意；黨派政治不是偶像，上帝若是藉著大選讓基督徒破除偶像，也是萬事相互效力，讓愛神的人得益處。」既然「美國不是燈塔」，為什麼還說「上帝若是讓燈塔倒掉」呢？此類缺乏連貫性的口號式表述充斥今日華人教會，我們實在需要主的憐憫！

　　亨廷頓強調說：「文明史中壓倒一切的教訓是：很多事情都是可能的，但任何事情都不是不可避免的。文明能夠，並且已經自我改革和更新。西方的中心問題是，除了任何外部挑戰之外，它能否制止和扭轉內部的衰敗過程。西方是進行自我更新，還是任憑內部持續的腐敗加速其終結（或者）屈服於其他在經濟和人口方面更有充滿活力的文明？」[17]

16　米德，《上帝與黃金：英國、美國與現代世界的形成》，73 頁。

17　亨廷頓，《文明的衝突》，279 頁。

8、那些要唱衰美國的人，為什麼向我們報惡信呢？為什麼有的基督徒非要唱衰美國呢？難道真的是領受了至高上帝的特殊啟示嗎？美國不是燈塔，難道當今世界上還有別的國家可以作為燈塔國嗎？黨派政治當然不是偶像，基督徒所參與的並不是黨派政治，我們並不是崇拜某個特定的政黨及其領導人，而是根據聖經啟示的大是大非的原則，來決定我們到底在選舉中把神聖的選票投給誰。正如亨廷頓所總結的那樣，針對多元文化主義對美國基督教文明的猖狂進攻：「美國和西方的未來，取決於美國人在此確認他們對西方文明的責任。在美國國內，這意味著拒絕造成分裂的多元文化主義的誘人號召。在國際上，則意味著拒絕要求美國認同亞洲的令人難以理解的、虛幻的號召。」[18]

美國和西方文明的未來絕不在於中國大陸設立的「孔子學院」，也絕不在於伊斯蘭教信仰的傳播，我們必須明確地歸回美國立國的根基，即基督教真理與文明。美國是捍衛西方文明即基督教文明的核心國家，一旦美國不戰而降，被敵基督者（黑命貴分子、社會主義者、穆斯林恐怖主義者等）從內部顛覆，全世界只能淪落在紅色中國和綠色伊斯蘭國家的暴政之下，這絕對是非常可悲的。當然，我們深信上帝的子民不會放棄基督教國家與文明的理想，世界上一切愛好真理與和平的人也絕不放棄對美國憲政民主的期盼和祝福。更重要的是，正如美國愛國歌曲《美麗的亞美利加》（*America the Beautiful*）所吟唱的那樣：「亞美利加，亞美利加，上帝修復你每一過犯；你的靈魂要勇於自治，在律法中得享自由！」（America! America! God mend thine

---

18 亨廷頓，《文明的衝突》，282 頁。

ev'ry flaw; Confirm thy soul in self-control, thy liberty in law!）。

9、那些要唱衰西方文明的人，就是西方文明的敵人！西方文明的本質就是基督教文明！那些仇恨基督教文明的人必然仇恨美國，正如米德所言：「美國被自己的居民認為是山巔之城、自由堡壘。對於那些因資本主義的明亮燈火而使得自身文化或宗教價值觀受到威脅或者是被摧毀了的人們、那些被排除在閃閃發光的繁榮之外的人們、那些憎恨美國強權的人們，這個國家是可怕的新巴比倫。」[19] 雖然這個文明並不是完美的，仍然在不斷發展的過程中，但這個文明已經證明自身在確保個人的權益和尊嚴上勝過世上其他任何文化和宗教，更勝過二十世紀致使上億人在和平時期，死於非命的共產主義恐怖運動。二〇二〇年十一月十六日，美國國務卿蓬佩奧在巴黎接受法國《費加羅報》專訪。他特別強調，我們「拒絕接受西方正在衰退的觀點，因為我們不相信這個前提。我們相信，西方終將勝利，我們的價值體系必須得到捍衛。」[20] 我們不可中了仇敵的詭計，放棄我們對於基督教國家和文明的信心！

10、基督徒還要繼續「站著望天」嗎?! 真正的基督徒絕不能消極無為、坐等升天，因為上帝賜給的使命就是要在世界上、在具體的歷史事件中尋求上帝的國度降臨，使上帝的旨意「行在地上，如同行在天上」。

一九八五年，雷根總統在諾曼第海灘上發表演講，記念諾曼第登

---

19 米德，《上帝與黃金：英國、美國與現代世界的形成》，419 頁。

20「蓬佩奧：如果我們放棄，我們將成為中國專制政權的殖民地」，https://www.rfi.fr/cn/，2020 年 11 月 18 日。

陸四十週年，他的演講完美地闡釋了美國為何而戰：「我們在此銘記歷史上的這一天，盟軍在戰鬥中攜手，收復這片大陸使之重獲自由。大半個歐洲在漫長的四年中被可怕的陰影籠罩。自由過度淪陷、猶太人在集中營裡哭號、千百萬人呼求解放。歐洲遭受奴役，全世界祈求它獲救。救援行動就從諾曼第這裡開始。盟軍在此站穩腳跟，在人類歷史上第一次無與倫比的巨大任務中對抗暴政。」他進而指出，「諾曼第灘頭上的人們堅信他們的行動正確，堅信他們為了全人類而戰，堅信公義的上帝將正在這一處或下一處灘頭陣地賜予他們慈悲。」他宣稱，美軍和盟軍純粹是受到「信念及信心」、「忠誠與愛」，以及「上帝支持這項偉大的目標」的認知所激勵。

文化戰爭與真槍實彈的戰爭，在本質上沒有區別，甚至更加艱巨與危險。真正的戰爭會攫取人的生命（身體），但文化戰爭卻試圖奪取人的靈魂。今天的美國人知道美國正在陷入的這場「文化戰爭」的意義嗎？今天的美國人會任憑共產黨顛覆美國的憲政民主制度嗎？願更多的基督徒清醒過來，自覺地積極地投入到這場在伊甸園中就已經開始的善與惡的大征戰之中。

11、民主制度建立的國家，不能「躺平」，因為民主不是一勞永逸。托克維爾在談及民主國家的發展時強調：「我越來越堅信，只要民主國家願意，建成高尚而繁榮的社會不是不可能的。我知道有些當代人覺得人民生來就不能自己作主，必須服從外部環境、種族、土地以及氣候所產生的難以克服和無法理解的力量的支配。這種觀點是錯誤和消極的，只能永遠使人軟弱和使國家畏縮不前。上帝既沒創造絕對獨立的人類，又沒創造絕對奴性的人類。確實，上帝是在每個人的周圍畫了一個不可逾越的圈子，但是人在這個廣闊的範圍內卻是強大

和自由的。一個國家或民族也是如此。」[21] 因此，當今社會的發展只能走向注重身分平等的民主社會。但是，「平等到底導致自由還是奴役，野蠻還是文明，貧困還是繁榮，就全靠各國自己了。」[22]

12、上帝對於美國的旨意到底如何？上帝對於中國大陸的旨意到底如何？美國會不會由「基督教國家」成為「去基督教國家」，然後成為「敵基督教國家」？對於上帝隱祕的旨意，我們無法得知，不可妄自窺探。針對美國的危機，斯坦恩在《美國獨行》一書的最後挑戰說：「我們已經袖手旁觀太久了，而逃避者根本不配擁有一個偉大的文明。要想走出新的黑暗時代，路漫漫其修遠兮；可是，要想接受新的黑暗時代，下場將更加慘不忍睹。」[23] 美國基督徒沒有退路可言，我們必須為真理和自由積極鬥爭。一旦我們總是想坐享其成——「安樂死」，喪失這樣的警醒和戰鬥意識，我們就已經不戰而敗了。

13、文明的大海潮起潮落，歷史從來不是直線發展的。當我們面對西方文明的興盛的時候，不能忽視其中潛伏的西方文明衰微的危險和跡象；當我們指出西方文明衰微的危險和跡象的時候，不可放棄對西方文明的復興的盼望和努力。更重要的是，要捍衛基督教文明，沒有任何方便法門可走，我們必須願意為此付出眼淚的祈禱、汗水的辛勞和鮮血的代價。維沃強調：「宗教信仰的沒落、所有充滿鬥志的信念的消失，使思想附屬於經濟上的自私自利。這一切都導致一種軟弱化；軟弱者總是尋求更容易的方式來獲取等量的利益，這就導致了文

---

21 托克維爾，《論美國的民主》，下卷第四部分第八章，551-552 頁。
22 托克維爾，《論美國的民主》，下卷第四部分第八章，552 頁。
23 斯坦恩，《美國獨行》，296 頁。

明的衰退。」[24] 面對美國和西方文明的衰微，維沃展望說：「也許等待我們的是一場巨大變革，父輩犯下的罪過將永遠貽害後代，一直到人們再一次看清了罪惡的本質並作出熱情的回應（例如中世紀盛行的騎士精神和靈性追求）為止。如果這就是我們可以期待的最好結果，那麼在這個西方文明衰落的時代，我們就應當用思想和意志的力量為未來的這場變革做好準備。」[25]

14、羅馬帝國的滅亡，是今日美國的前車之鑒。英國歷史學家吉本（Edward Gibbon）在《羅馬帝國興衰史》中總結說，以下五點是促成羅馬帝國覆亡的主要原因：（1）因為富足而炫耀、奢侈；（2）貧富極度懸殊，富人為富不仁；（3）放縱肉體情慾，不重婚姻家庭；（4）藝術畸形發展，以贗品代替真品，把狂熱當作才能；（5）人人都想依賴國家生活，不願自己從事生產或工作。[26] 任何一個長期富足的社會都會出現這樣的傾向，關鍵是教會也教導人民在富足的時候仍然過樸素的生活，通過慈善的方式照顧那些真正貧窮的人，注重婚姻家庭，提倡藝術的聖潔和工作的倫理。

15、我們需要的是宗教上的覺醒，就是基督徒要具有「基督徒意識」（Christian consciousness），就是我們在基督裡作為上帝百般恩賜的好管家，要根據上帝所啟示的律法來完成治理全地的文化使命。[27]美國的基督徒必須作出明確的抉擇，自覺地為已有的基督教國家和文

---

24 維沃，《思想的後果》，131 頁。

25 維沃，《思想的後果》，192 頁。

26 薛華，《前車可鑒》，192 頁。

27 H. Evan Runner, *Scriptural Religion and Political Task* (Toronto: Wedge Publishing Foundation, 1974), pp. 8-9.

明爭戰！願上帝祝福美國！願基督徒忠心地守護美國的理想！願上帝繼續保守美國為全世界的山巔之城和燈塔之國！願上帝使中國早日擺脫偶像崇拜的文化醬缸和皇權專制的暴政糞坑，走向真正的憲政、民主、自由與繁榮，使每個人都得到最大程度的自由、尊重和實現！

16、只有懦夫，才會說「美國完了」！因為他們不願為美國的理想爭戰！只有狂人，才會說「美國是完美的」！因為他們不願正視美國的問題！只有真正認識和熱愛美國的人，才會說：「美國是上帝保守下的美麗的國家，但美國不是完美的樂園，我們需要繼續靠著上帝的恩典為美國的理想戰鬥！」

保守派政治新聞網（#BPN）的創建者、政治作家、評論家和製片人賈德‧鄧寧（Judd Dunning）呼籲並鼓勵基督徒和保守派戰鬥到底。他指出，保守主義總是既美得簡單又美得複雜。保守派站在簡單的效忠立場上，保護並建立良好、真實和持久的事物。保守派知道一個簡單的事實，即：小政府在這裡為我們服務。無數次以相反理念為名的失敗實驗，竟導致了上億人喪命。時至今日，保守的石蕊測試產生了顯著的成果。這些事情仍然值得人們用生命、財富和神聖的榮譽去爭取。在超過兩百四十五年的神聖祝福中，美國早已成為自由、安全、繁榮，且政治上極其幸運的居住美地。儘管天天面對挑戰，保守派依然過著有尊嚴和感恩的生活。近百分之七十七有宗教信仰的美國人，切實感受到了那種超自然的護佑和恩典，他們也感受到上帝在背後支持著我們公平的國家，祂一方面與美國站在一起，另一方面在全球範圍內抵擋邪惡。當美國人的品格得以提升，盡自己的本分為良善而戰時，奇蹟似乎成為可能。

賈德‧鄧寧認為，在重建美國的時期，保守派可以從《尼希米

記》裡「刀劍與泥刀」的故事中獲得聖經的指導——耶路撒冷城牆被毀後，猶大人決定通過在各個家庭和支派之間分配任務來重建城牆。在被口頭攻擊、甚至暴力威脅包圍之後，他們終於得到長官們的祝福，開始重建。為了成功地重建，猶大人必須帶著劍和泥刀，直到城牆被再次建成。他們頑強地站立，恢復了他們的城牆、他們的尊嚴，以及他們的民族身分、信仰和人民的力量。對於保守派來說，這個教訓很簡單——再次來到被毀的城牆前，必須努力工作，直到一切恢復正常。重建美國既簡單又複雜。保守派必須保持堅定和警覺。左派強迫人們忘記、超越和順應新常態。然而，對於保守派來說，基督教信仰必須得到捍衛和保護，基督徒不會束手就擒。在爭奪美國靈魂的屬靈爭戰中，一手握劍一手持泥刀的保守派必須起來保護她，永不懈怠，直到她得到恢復。[28]

---

28 賈德・鄧寧（Judd Dunning）《重建美國：刀劍和泥刀》，https://www.newsmax.com/judddunning/conservatism-america-rebuilding/2021/05/24/id/1022513/。

附錄

二○二○年華人牧者
對關於美國大選之勸勉

（王志勇牧師起草，由數十名北美華人教會牧師、傳道簽名公開發表）

面對二○二○年十一月即將到來的美國大選，我們呼籲華人基督徒積極履行身為基督徒和美國公民的責任，本著聖經啟示和個人良心，投出神聖的一票。

一、身為基督徒，我們蒙召為聖徒，「作上帝百般恩賜的好管家」。參與世界的治理和管理，乃是上帝創世之初就賜給人的不可推卸的託付與使命。

二、政治乃是公共性事務，與每個人的生活都息息相關。我們參與政治，是盡公民的義務，是對所生活的社會負責，也是愛鄰如己。這是我們不可避免、理所當然的責任。

三、教政分離是指作為組織的教會和國家各有各的職分和功能，不可僭越，絕非是指基督徒不可參與政治，更不是指把基督教和教會逐出公共領域。

四、基督徒參與大選，不是陷入黨派之爭，不是為了自己的私利，而是求上帝的國度和公義，是公開宣告基督教的世界觀

與價值觀。

五、美國乃是明確地以基督教立國的國家。美國法定的座右銘是：「我們信靠上帝」（In God We Trust）。美國的忠誠誓言明確宣告：「我謹宣誓效忠美利堅合眾國國旗及其所代表之共和國，上帝之下統一的國家，自由平等全民皆享。」（I pledge allegiance to the Flag of the United States of America, and to the Republic for which it stands, one Nation under God, indivisible, with liberty and justice for all.）

六、基督徒積極參與政治，參與美國大選，乃是自覺地參與屬靈爭戰。

七、任何政黨及其候選人都是有限有罪之人。基督徒的政治參與和投票應當以合乎聖經啟示的基本原則為標準，誰更加合乎聖經，哪個政黨的國策、法案更加合乎聖經，就當向誰投出神聖的一票：

1. 是否捍衛個體生命的尊嚴，反對以國家資金支援墮胎。

2. 是否捍衛一男一女、一夫一妻為原則的婚姻，反對各種形式的違背聖經律法的性關係。

3. 是否尊重私有財產神聖不可侵犯，反對以高稅收方式搶劫公民財產和收入，重新分配財富。

4. 是否尊重勞動為神聖呼召，不勞動者不得食，反對國家成為慈善組織，當由個人、家庭、教會等非政府組織從事慈善與救助事務。

5. 是否敬畏上帝和尊重基督教，反對在公共領域中詆毀上帝、打壓基督教。

6. 是否強調上帝面前人人平等，上帝賜給每個人生命、自由和追求幸福的權利，反對各種形式的種族歧視和打砸搶行為。

7. 是否贊同合法移民，反對各種形式的非法移民。

二〇二〇年十月五日

LOGOS 系列 10

美國：以基督教立國
——清教徒神學與英美保守主義建國二十五大原則

作　　者：王志勇
發 行 人：鄭惠文
編　　輯：余杰
封面設計：海流設計
排　　版：旭豐數位排版有限公司

出版發行：主流出版有限公司 Lordway Publishing Co. Ltd.
出 版 部：臺北市南京東路五段 123 巷 4 弄 24 號 2 樓
電　　話：(02) 2857-9303
傳　　眞：(02) 2857-9303
電子信箱：lord.way@msa.hinet.net
劃撥帳號：50027271
網　　址：www.lordway.com.tw

經　　銷：

紅螞蟻圖書有限公司
臺北市內湖區舊宗路二段 121 巷 19 號
電話：(02) 2795-3656　　傳眞：(02) 2795-4100

華宣出版有限公司
新北市中和區連城路 236 號 3 樓
電話：(02) 8228-1318　　傳眞：(02) 2221-9445

初版 1 刷：2021 年 10 月
書號：L2108　　　　　　　　　　　著作權所有　翻印必究
ISBN：978-986-06294-3-9（平裝）
Printed in Taiwan

國家圖書館出版品預行編目資料

美國：以基督教立國 —— 清教徒神學與英美保守
主義建國二十五大原則 / 王志勇著 . -- 初版 . --
臺北市：主流出版有限公司 , 2021.10
　面；　公分 . -- (LOGOS；10)

ISBN 978-986-06294-3-9（平裝）

1. 神學　2. 基督教哲學

242　　　　　　　　　　　　　110015764